LECTURES PATRIOTIQUES

SUR

L'HISTOIRE DE FRANCE

A L'USAGE DES ÉCOLES PRIMAIRES

PAR

J.-D. LEFRANÇAIS

PARIS
LIBRAIRIE CH. DELAGRAVE
15, RUE SOUFFLOT, 15

LECTURES PATRIOTIQUES

Paris. — Imp. P. Mouillot, 13, quai Voltaire — 25340.

LECTURES PATRIOTIQUES

SUR

L'HISTOIRE DE FRANCE

A L'USAGE DE L'ENSEIGNEMENT PRIMAIRE

PAR

J.-D. LEFRANÇAIS

DEUXIÈME ÉDITION CORRIGÉE

PARIS
LIBRAIRIE CH. DELAGRAVE
15, RUE SOUFFLOT, 15

1882

LECTURES PATRIOTIQUES

PREMIÈRE PARTIE

DEPUIS LES ORIGINES JUSQU'A JEANNE D'ARC

I. — Les Gaulois.

Il y a deux mille ans, le beau pays que nous habitons ne s'appelait pas encore la FRANCE ; il s'appelait la GAULE, parce qu'il était habité par un peuple nommé les *Gaulois*. Le pays qu'ils occupaient s'étendait beaucoup plus loin que le nôtre, car il allait jusqu'aux bords du Rhin : ainsi ils possédaient en plus que nous, non seulement les provinces qui nous ont été prises par les Allemands en l'année 1871, c'est-à-dire l'Alsace et le pays de Metz, mais la Belgique et une partie de la Hollande et de la Prusse rhénane.

Il y avait encore des Gaulois dans bien d'autres pays que la Gaule. C'était un peuple entreprenant, qui aimait à aller fonder au loin de grandes colonies. Ils en fondèrent en Angleterre, dont une partie a conservé jusqu'à ce jour le nom de Gaule : c'est le pays qui s'appelle *Pays de Galles* ; ils en fondèrent dans l'Italie du Nord, où ils construisirent de grandes villes qui subsistent encore, comme Padoue, Vérone, Bologne et d'autres encore ; ils en fondèrent en Bohême, en Bavière et jusqu'en Asie.

Allant ainsi par tous les pays, ils avaient appris à tous les peuples à admirer et redouter le nom de Gaulois. Leur courage, qui était fameux dans tout l'univers, allait jusqu'à la témérité et souvent jusqu'à la folie. On les voyait parfois s'élancer à la bataille sans bouclier, sans armure, la poitrine nue, dédaignant une victoire qu'ils n'auraient pas due à la seule force de leurs bras et de leur cœur; par un faux point d'honneur, ils méprisaient les stratagèmes de guerre comme étant la ressource du lâche, et auraient rougi, comme d'une trahison, d'un succès auquel la ruse aurait eu part. Ils ne craignaient ni les hommes ni la nature : ils tenaient tête à la tempête comme à un ennemi, et, quand le ciel tonnait, ils lui lançaient des flèches comme pour le faire taire. Un jour, le roi Alexandre, un des plus grands conquérants qui aient jamais existé, demandait à des Gaulois ce qu'ils redoutaient le plus, espérant sans doute qu'ils répondraient : le roi Alexandre. « Je ne craindrais qu'une seule chose, répondit leur chef : c'est la chute du ciel. » Les rois en guerre se disputaient l'alliance des Gaulois : « Il est impossible, disait-on, de régner sans eux ni contre eux. » Il y avait en Italie un peuple redoutable, les Romains, qui devait plus tard conquérir tout ce que l'on connaissait alors du monde ; très faibles encore à cette époque, ils avaient imprudemment provoqué les Gaulois de l'Italie du Nord; les Gaulois avaient aussitôt marché droit sur Rome, avaient exterminé une armée en une heure, et avaient pris et saccagé Rome, qui avait été obligée de se racheter en payant rançon. La terreur qu'ils avaient inspirée aux Romains fut telle que désormais, toutes les fois qu'il y avait guerre contre eux, les Chambres romaines déclaraient la patrie en danger, et tout le monde prenait les armes, même les prêtres et les vieillards : « Dans ces guerres-là, disaient les Romains, ce n'est point notre gloire qui est en jeu, mais notre vie même. »

Le courage n'était point la seule vertu des Gaulois : ils étaient généreux et bons. Ils ressentaient l'injustice faite à leurs amis ou à leurs alliés comme si elle leur était faite à eux-mêmes : dès qu'ils apprenaient que leur voisin était opprimé, ils se rassemblaient pour le délivrer ou le venger, et la cause du faible était toujours leur cause. Ils étaient hospitaliers et libéraux de leur bien ; leur table était toujours servie pour le pauvre, et l'étranger était accueilli sans défiance, comme un ami inconnu envoyé par les dieux.

Leur mépris des artifices de la guerre ne tenait qu'à un point d'honneur exagéré, non à la faiblesse de l'intelligence. Les Romains admiraient leur finesse autant que leur courage ; ils comprenaient aisément, et sur-le-champ, les inventions les plus nouvelles pour eux et les plus compliquées : « C'est une nation d'une habileté suprême et d'un talent rare à imiter, » disait d'eux César, leur vainqueur. Enfin, ils aimaient les choses de l'esprit autant que celles de la guerre : « Il y a deux choses, disaient les Romains, que les Gaulois aiment avant tout : bien parler et bien combattre. » Une belle parole était pour eux une chose plus noble qu'un beau coup d'épée et un grand orateur valait un grand capitaine. Ils seraient restés des heures entières à entendre les chants de leurs poètes, — de leurs *bardes*, comme on les appelait, — et ils avaient bien raison, car leurs bardes ne leur parlaient que de belles choses : ils disaient la gloire du brave et la honte du lâche, et chantaient ceux qui s'étaient dévoués pour la patrie, pour leurs amis, pour les faibles, pour la justice et le droit.

Avec tant de belles vertus, les Gaulois auraient dû devenir les maîtres du monde. Et pourtant ils furent à la fin vaincus et conquis. Que leur manquait-il donc? Il leur manquait une seule chose, l'unité : une seule vertu, la concorde. Au lieu de faire un seul État, uni et puissant, ils s'étaient divisés en plusieurs centaines de petits États, ayant chacun ses chefs et ses lois ; et, aimant la guerre comme ils le faisaient, tous ces peuples étaient toujours à guerroyer les uns contre les autres, ne fût-ce que pour le plaisir de voir qui était le plus brave. Ce n'est pas tout : à l'intérieur même de chaque État, il y avait des querelles continuelles, parce que l'on n'était pas d'accord sur le gouvernement. La plupart des États étaient en République ; mais il y avait beaucoup d'ambitieux, qui voulaient s'élever au-dessus des autres ; tantôt c'étaient les *druides,* c'est-à-dire les prêtres, qui voulaient avoir en main tout le gouvernement ; tantôt c'étaient les nobles ; tantôt c'était un chef illustre qui voulait se faire roi ; et le peuple, qui était très inconstant et qui se laissait aisément séduire par les exploits de celui-ci ou les belles paroles de celui-là, passait souvent d'un parti à l'autre, et c'étaient des révolutions perpétuelles.

Or, aux portes de la Gaule, grandissait un peuple, bien moins noble et moins généreux, mais qui avait plusieurs des qualités qui manquaient aux Gaulois : c'étaient les Romains. C'étaient des hommes durs et secs, mais d'un sérieux et d'une persévérance extraordinaires. Ils étaient braves, mais ils pensaient que, si l'on se bat, ce ne doit pas être pour l'unique plaisir de montrer sa bravoure, mais pour vaincre ; aussi ils aidaient leur courage de tous les secours du calcul et de la science. Ils adoptaient les armes les plus légères et les plus efficaces, empruntant sans fausse honte celles de leurs ennemis quand ils reconnaissaient qu'elles étaient meilleures ; ils apprenaient la langue de leurs ennemis et étudiaient leur pays. Enfin leur République, étant une et indivisible, pouvait mettre en mouvement toutes les forces de la nation avec une unité et une énergie admirables ; elle les pliait à une discipline sévère, et, confiants dans les chefs qu'elle leur donnait, ils supportaient sans se plaindre toutes les fatigues, toutes les épreuves, et même la défaite, sachant bien qu'en fin de compte la victoire reste toujours au plus opiniâtre et au plus sage. Aussi, comme ils ne se lançaient jamais dans une entreprise sans avoir tout fait pour mettre toutes les chances de leur côté, ils allaient de succès en succès, et les drapeaux de la République romaine avançaient toujours, sans reculer jamais.

Aussi, en présence d'un pareil adversaire, la Gaule était bien faible. Elle eût été invincible si elle avait été unie, mais elle ne songea à s'unir que quand il fut trop tard. Elle succomba donc et devint romaine. Mais la Gaule vaincue ne perdit pas ses vertus premières et elle prit en plus les vertus de ses conquérants. Aussi fut-elle bientôt la province la plus florissante, la plus éclairée et la plus influente de l'empire romain, qu'elle sembla avoir conquis elle-même. Profitons de cette leçon et tâchons que notre République française soit brave, généreuse, amie des arts, comme l'étaient les républiques gauloises, et sérieuse, travailleuse, infatigable et unie, comme le fut la République romaine.

II. — Vercingétorix.

Environ soixante ans avant la naissance du Christ, il y avait à Rome un ambitieux, plein de génie, nommé César, qui rêvait de renverser la République et de se faire roi. Pour éblouir les Romains par sa gloire militaire et se faire une armée dévouée, il résolut de conquérir la Gaule. Il connaissait l'état de division des Gaulois, et savait qu'il n'aurait jamais à lutter contre toutes leurs forces réunies. En deux années, en effet, il eut raison des divers peuples de la Gaule l'un après l'autre. Des insurrections formidables éclatèrent; mais, comme elles éclataient sans ensemble, il les écrasa une à une et sans peine, et la Gaule semblait soumise définitivement.

C'est alors seulement que les Gaulois, instruits par l'expérience, songèrent à s'unir contre l'ennemi commun. Les chefs se réunirent en secret dans une forêt, chez les Carnutes[1] : chacun avait apporté le drapeau de son peuple, et là, levant la main sur les drapeaux de la Gaule, qui étaient réunis pour la première fois en un seul faisceau, ils jurèrent solennellement de reconquérir l'indépendance et l'honneur qu'ils avaient reçus en héritage de leurs ancêtres ou de périr les armes à la main. Les Carnutes se chargeaient de donner le signal.

Au jour convenu, la ville de Genabum[2], où beaucoup de commerçants romains s'étaient déjà établis, est emportée d'assaut par les Carnutes, au point du jour. La nouvelle de la révolte court aussitôt de ville en ville et arrive, le soir même, à cinquante lieues de là, jusqu'à la capitale des Arvernes[3], Gergovie[4]. Il y avait là un jeune noble, nommé VERCINGÉTORIX. Son père avait été condamné à mort pour avoir essayé d'établir la royauté, et César avait pensé gagner aisément Vercingétorix en lui promettant de le faire roi des Arvernes, s'il l'aidait lui-même à assujettir les Gaulois. Mais le jeune homme avait le cœur trop noble pour vouloir du pouvoir à ce prix, et son rêve était de devenir, non pas le maître des siens, mais leur libérateur. A la nouvelle de la révolte, il appelle le peuple aux armes et à la liberté. Son oncle et

1. Les habitants du pays de Chartres et de Châteaudun.
2. La ville appelée aujourd'hui Orléans.
3. Les Arvernes étaient les habitants de l'Auvergne.
4. La ville appelée aujourd'hui Clermont-Ferrand.

les principaux du pays, craignant la colère de César, le chassent de la ville; mais le jeune patriote court dans les campagnes, et appelle à lui tous ceux dont le cœur bat pour la patrie. Il rentre à leur tête dans Gergovie, chasse les partisans de l'étranger, reçoit le pouvoir des mains de ses compatriotes, et est bientôt acclamé par toute la Gaule. Il forme une armée et lui impose une discipline de fer : pour la première fois, les Gaulois se plient au joug salutaire de la règle, et apprennent la prudence sous les ordres d'un capitaine de vingt ans. Ils apprennent à manier les machines de guerre comme les Romains, à se retrancher dans des camps fortifiés, à se garder des surprises et à contenir leur fougue. Malheureusement, la Gaule avait à lutter contre le plus grand capitaine des temps anciens : il était trop tard pour réparer les fautes du passé, mais il était encore temps de sauver l'honneur, et Vercingétorix le sauva.

Le jeune chef, voyant ses lieutenants battus en trois rencontres, rassemble un conseil et déclare qu'il faut conduire la guerre autrement qu'on ne l'a fait jusqu'ici; il faut lancer contre les Romains un nouvel ennemi, la famine; il faut faire le désert autour d'eux, brûler les moissons, leur couper les vivres et le fourrage, pour les forcer à se disperser et pour les détruire en détail; il faut brûler les villes et les villages où ils pourraient s'établir. « Ces sacrifices sont durs, dit-il, mais il est plus dur encore de voir nos femmes et nos enfants traînés en esclavage: l'indépendance et la liberté valent bien le prix d'une récolte ou d'une maison. »

La proposition de Vercingétorix est votée à l'unanimité : en un jour, dans le seul pays de Bourges, vingt cités sont livrées aux flammes; beaucoup sentaient leur cœur saigner en mettant le feu à la maison où ils étaient nés, mais c'était un sacrifice au salut commun que nul ne songeait à refuser à la patrie. César vit l'incendie courir au devant de lui et menacer de l'envelopper, et pour la première fois ses amis le virent pâlir et douter de sa fortune. Une seule ville était encore debout à vingt lieues à la ronde; c'était la capitale du pays, la belle cité d'Avaricum [1]. Au moment de l'incendier, une douleur immense avait saisi les habitants; ils s'étaient jetés aux pieds de Vercingétorix, le suppliant de ne pas les forcer de brûler de leurs mains la plus riche cité de la Gaule, la fleur et l'ornement de la patrie; ils lui assurent qu'il n'est point nécessaire de la brûler pour empêcher l'ennemi d'y entrer, car ils sauront la défendre et la conserver à la Gaule. Vercingétorix résiste longtemps, car de sombres pressentiments l'agitent; il cède cependant aux pleurs des siens, et Bourges est épargnée.

Aussitôt César, pressé par la famine, marche sur Bourges, l'assiège, dresse une terrasse contre la ville, et élève deux tours qui la dominent. Les Gaulois harcèlent l'assiégeant par des sorties continuelles, creusant des mines sous les terrasses romaines et incendiant les tours. Devant la porte de la ville se tenait un Gaulois, à qui l'on passait de main en main des boules de suif et de poix, qu'il lançait sur les tours en flammes pour attiser l'incendie. Un trait lancé d'une machine romaine l'ayant étendu mort à terre, son voisin passe par-dessus le corps, prend sa place et remplit la même tâche; il tombe à son tour, frappé de même. Un troisième le remplace, qui périt à son tour, puis un quatrième; et le poste, toujours rendu libre par la mort et toujours rempli de nouveau, ne fut abandonné qu'au moment où les Romains arrivèrent à éteindre l'incendie et où les Gaulois rentrèrent dans leurs lignes. Quelques jours après, les Romains pénétrèrent par

1 Bourges.

surprise dans la ville : tout fut massacré. Sur quarante mille hommes, huit cents seulement revinrent au camp de Vercingétorix, dont les prévisions n'étaient que trop tristement réalisées.

César, après s'être refait à Bourges, marcha sur Gergovie, la capitale de Vercingétorix; il fut repoussé et perdit quarante-six officiers supérieurs. A la suite de cet échec, il se crut un instant perdu ; il songea à abandonner la Gaule et fit retraite vers l'Italie. Vercingétorix le poursuivit dans sa fuite et l'atteignit. Cette fois, César combattit pour la vie, et il n'échappa que par une bravade folle d'un Gaulois. Il avait perdu son épée : un cavalier gaulois l'avait enlevé prisonnier sans le connaître et l'emportait sur son cheval : un autre, qui reconnaît César, s'écrie en riant : « C'est César, lâche-le! », et le Gaulois jette son prisonnier à terre avec dédain. La bataille resta longtemps indécise ; mais, à la fin, un mouvement tournant des cavaliers germains [1] à la solde de César jeta la panique dans la cavalerie gauloise, qui lâcha pied, et Vercingétorix, avec les débris de son armée, se réfugia dans la ville d'Alésia [2], située sur une colline en Bourgogne. Le lendemain, César parut sous les murs de la ville et commença à l'envelopper d'un immense retranchement, coupé de vingt-trois redoutes.

Vercingétorix fit un dernier et suprême appel à la Gaule ; avant que l'investissement fût achevé, il renvoya les cavaliers qui lui restaient et qui lui étaient inutiles à présent, et il leur dit : « Retournez chacun dans votre pays; appelez aux armes tous ceux qui sont en état de combattre. J'ai des vivres pour un mois, je vous attends.

1. On appelait alors Germains le peuple que nous appelons Allemands.

2. Dans le département de la Côte-d'Or là où se trouve à présent le village d'Alise.

Le terme fixé était déjà dépassé, et la famine commençait ses ravages dans Alésia, quand, du haut de leur colline, les assiégés aperçurent une immense armée au lointain. C'était la levée en masse des Gaules qui approchait : il y avait deux cent cinquante mille guerriers. Les assiégés font une sortie furieuse pour percer jusqu'à l'armée de délivrance, qui fond de son côté sur le camp romain. Mais César avait mis le temps à profit et avait fait de son camp une forteresse inexpugnable des deux côtés. Trois fois les assiégés d'Alésia viennent se briser contre les remparts romains ou s'abîmer dans les fossés hérissés de pieux. Cependant l'armée de secours, commandée par un cousin de Vercingétorix, comble de ses cadavres les fossés extérieurs : les armes et les forces commencent à manquer aux Romains, le camp va être enlevé, quand soudain une division de cavalerie, tournant les Gaulois, fond sur eux par derrière; la victoire se change en déroute; presque tous les chefs sont tués ou pris. Soixante-quatorze drapeaux sont enlevés, tout fuit : c'en est fait de la dernière armée des Gaules.

Tout était fini. Vercingétorix, n'ayant pu sauver la liberté de ses frères, veut au moins sauver leur vie et offre la sienne en sacrifice pour apaiser César. Revêtu de sa plus riche armure, monté sur un cheval magnifiquement paré, comme pour une fête ou une bataille, il descend de la ville, et traverse au galop l'espace qui le sépare du camp de César; arrivé devant le tribunal où le Romain siège, il arrête brusquement son cheval devant lui, saute à terre et jette aux pieds du vainqueur son épée, son javelot et son casque, sans prononcer un seul mot. A ce geste, devant la fierté et le calme du jeune héros, au souvenir de ses exploits, les Romains tressaillent d'admiration et de pitié. Mais César, qui comptait le voir se jeter en suppliant à ses pieds, se sentit humilié de tant de noblesse : il frémit de colère et éclata en insultes. Il lui reprocha d'avoir oublié ses bienfaits, d'avoir trahi son mitié et le fit mettre aux fers. Il le laissa languir pen-

Vercingétorix devant César.

dant six ans dans un cachot, puis il le traîna en triomphe dans les rues de Rome et le fit égorger. César, comme tous les grands conquérants, avait du génie, mais n'avait pas de cœur.

III. — Éponine.

Cent vingt ans environ après la conquête de la Gaule, avait éclaté une révolte qui avait failli un instant réussir, mais qui fut bientôt comprimée par l'empereur VESPASIEN. Le chef de la révolte était un nommé SABINUS. Il aurait pu aisément s'enfuir, mais il aurait fallu pour cela abandonner sa femme, ÉPONINE, qu'il aimait tendrement; il ne pouvait s'y résigner, et il ne voulait pas non plus l'exposer aux périls de la fuite et aux souffrances de l'exil. Il résolut de se cacher en Gaule et de se faire passer pour mort. Il renvoya tous ses serviteurs, à l'exception d'un seul, qui lui était dévoué jusqu'à la mort, et leur fit ses adieux en leur disant qu'il allait s'empoisonner pour ne pas tomber aux mains des vainqueurs. Puis, il fit livrer aux flammes une de ses maisons, et bientôt l'on vint annoncer à Éponine que son mari s'était empoisonné, qu'après avoir vidé la coupe de poison il avait mis le feu à sa maison, et que son cadavre avait été consumé avec elle. Sabinus voulait qu'Éponine même le crût mort, afin que la douleur de la femme convainquît les étrangers de la mort du mari. Quant à lui, il s'était réfugié dans un souterrain qui s'étendait au dessous de la maison et qui n'était connu que de lui seul et de son fidèle serviteur.

Son calcul réussit au delà de ses espérances et au delà même de ses désirs. Éponine, à la funeste nouvelle, se jeta à terre avec des sanglots et des larmes, et demeura trois jours et trois nuits refusant toute nourriture. A quoi bon continuer de vivre, puisqu'elle avait perdu celui qui faisait le bonheur de sa vie? Et elle restait ainsi dans les pleurs, en attendant la mort.

Sabinus fut à la fois ravi et effrayé d'apprendre à quel

point il était aimé. Il craignit d'avoir bientôt à pleurer une perte réelle en retour de la perte imaginaire que pleurait Éponine, et il envoya l'esclave qui avait annoncé sa mort annoncer qu'il était toujours vivant, mais qu'il fallait qu'Éponine persévérât quelque temps encore dans son deuil, afin de ne pas éveiller les soupçons. Éponine, prête à mourir de joie, comme elle avait failli mourir de douleur, eut assez de force pour réprimer dans son cœur le bonheur dont il débordait; elle continua à pleurer et à gémir avec le paradis dans l'âme, et elle mettait sur ses lèvres des paroles de désolation et de désespoir, tandis que des cris de joie et de triomphe lui montaient du fond du cœur.

Quand la nuit venait, elle sortait en secret de sa demeure, se glissait en silence dans le souterrain de Sabinus, et repartait en hâte au chant de l'alouette, pour reprendre avec le jour la comédie de la douleur. Elle passa ainsi neuf années, restant tout le temps qu'elle pouvait enterrée vivante avec son mari. Elle eut deux enfants et les éleva dans cette caverne, comme une lionne qui élève ses lionceaux. Aucune des amies qu'elle voyait le jour dans la ville ne s'aperçut de son secret ou ne le trahit. A la fin, cependant, ils furent découverts et on les conduisit à Rome devant l'empereur. Éponine se jeta à ses pieds en criant *grâce!* et serrant entre ses bras ses deux enfants, qui, pour la première fois depuis leur naissance, voyaient la lumière du jour, elle les présenta à l'empereur en lui disant : « Vespasien, je les ai enfantés et élevés dans la tombe, afin que nous fussions plus de suppliants à t'implorer. » Les Romains, autour de Vespasien, écoutaient avec des larmes; mais l'empereur n'était pas de ceux qui pardonnent. Rentrés dans leur prison, Sabinus et Éponine apprirent qu'il fallait mourir. Éponine, heureuse du moins de mourir avec celui qu'elle ne pouvait plus sauver, répondit au messager qui lui apportait la nouvelle : « Allez dire à votre empereur que dans les ténèbres et sous terre j'ai vécu plus heureuse que lui sur son trône. »

Telles étaient les femmes du pays de Gaule.

IV. — Roland.

CHARLEMAGNE, ayant longtemps guerroyé en Espagne, rentrait en France à la tête de son armée victorieuse. Le gros de l'armée avait franchi heureusement les Pyrénées et filait déjà dans la plaine. L'arrière-garde, qui suivait avec les bagages, fut assaillie dans le défilé étroit de Roncevaux[1] par une nuée de montagnards, qui, postés sur les sommets de la montagne et dissimulés par les forêts qui la couvrent, criblèrent les Français d'une grêle de traits et les écrasèrent sous des blocs de rochers. Les Français périrent tous jusqu'au dernier. Il y avait dans le nombre maint brave guerrier et entre autres le chef même de l'arrière-garde, qui s'appelait le comte ROLAND. Cela se passait il y a onze cents ans, le 15 août de l'an 778.

Charlemagne ne put venger ses braves, car les montagnards, une fois le coup fait, s'étaient réfugiés avec leur butin dans des retraites inaccessibles. Charles[2] en eut un grand chagrin et toute la joie de ses succès en Espagne en fut obscurcie. Mais le peuple surtout pleura ces vaillants morts et ne les oublia plus. Partout l'on chantait des chansons qui célébraient leur vaillance et disaient comme ils avaient honoré la France par la beauté de leur

1. Le col de Roncevaux, sur la frontière des Basses-Pyrénées.
2. Le vrai nom de Charlemagne était Charles; *magne* est un vieux mot qui signifiait *grand* et *Charlemagne* signifie *Charles le Grand.*

mort. Un poète, dont on ne connaît pas le nom, en fit un poème qui est la plus belle chose qu'on ait écrite en Europe dans les temps anciens, et qui s'appelle la *Chanson de Roland*. Voici ce que cette chanson racontait.

Le comte Roland est le neveu de Charlemagne : c'est le plus brave guerrier de la chrétienté. Mais il a un ennemi mortel ; c'est son beau-père, GANELON [1], et le traître va le vendre au roi des Sarrasins, MARSILE. Charlemagne l'avait envoyé en ambassade à Marsile pour le sommer de se soumettre. Le Sarrasin, effrayé, interroge Ganelon sur Charlemagne : « Parlez-moi de lui, dit-il ; je suis émerveillé de ce vieil empereur en cheveux blancs. Il est si vieux et a déjà duré tant de temps ! Il a bien deux cents ans passés, je crois. Il a promené son corps par tant de terres ! il a reçu tant de coups sur son bouclier ! il a réduit à mendier tant de rois si riches ! Quand donc sera-t-il las de guerroyer ?

— Jamais tant que vivra Roland, répond Ganelon.

— J'ai quatre cent mille hommes, répond Marsile ; c'est bien assez pour venir à bout de Charles et de ses Français.

— Folie ! répond le traître.... Mais usez de ruse : soumettez-vous ; Charles rentrera en France, et je ferai en sorte qu'il laisse à l'arrière-garde son neveu Roland, avec vingt mille Français. Vous lancerez sur lui cent mille païens : ils périront ; mais vous en lancerez cent mille autres encore, et il faudra bien à la fin qu'il succombe. Qui fait périr Roland coupe à Charles son bras droit : adieu alors ses merveilleuses armées ! et la grande terre de France rentrera en repos. »

1. La mère de Roland avait épousé Ganelon en secondes noces.

Le traître et le roi échangent leurs serments. Ganelon revient à l'armée de Charles ; il lui remet de la part du Sarrasin les clefs de Saragosse, un tribut et vingt otages. « Grâces à Dieu ! » s'écrie l'empereur. Les Français lèvent le camp, mille clairons sonnent le départ, et l'on s'achemine vers la douce France.

Ils remontent lentement vers les Pyrénées ; pendant ce temps, les païens chevauchent en hâte devant eux par les vallées, la cuirasse au dos, le casque en tête, le glaive au côté, la lance à la main. Ils s'abritent dans les taillis des montagnes. Ils sont là cent mille, attendant que le gros de l'armée ait passé ; et les Français qui n'en savent rien !

L'aube luit, les Français approchent des Pyrénées : « Barons, dit Charles, vous voyez ces défilés étroits ; qui restera à l'arrière-garde? — Ce sera mon beau-fils Roland, s'écrie Ganelon. Vous n'avez point de soldat plus fier dans toute votre armée. »

Roland devine que Ganelon veut sa perte. Il n'en dit mot et répond : « Mon beau-père, merci ! Puisque vous m'avez fait adjuger l'arrière-garde, soyez sûr que le roi de France ne perdra, par ma faute, pas un cheval, pas un mulet, pas un âne. »

Mais Charles craint pour son neveu, et il lui offre de garder la moitié de l'armée. « Je n'en ferai rien, répond Roland. Dieu me confonde, si je démens ma race ! Je ne garderai que vingt mille Français de France ; passez les défilés sans crainte, et ne craignez rien d'âme qui vive, tant que je suis en vie. »

Roland monte à cheval ; il a revêtu sa cuirasse et son casque, il a suspendu à son cou son bouclier peint à fleurs ; il dresse sa lance, dont les longues franges d'or descendent jusqu'au pommeau de son épée, sa bonne épée nommée Durandal. Autour de lui se rangent son ami, le sage OLIVIER, les douze pairs de France [1], le brave TURPIN, archevêque de Reims, et vingt mille autres. Pendant ce temps, l'armée s'engage dans les défilés : elle couvre les montagnes hautes, les vallées sombres, les roches noires. La terre de France apparaît enfin ; ils songent à leurs femmes, à leurs filles, qu'ils vont revoir, et il n'en est pas un qui ne pleure de joie. Charles, lui aussi, pleure ; mais c'est d'angoisse ; il pleure à cause de son neveu qu'il a laissé aux défilés d'Espagne.

« *A Roncevaux!* » crient les Sarrasins. Voici le neveu de Marsile qui lui dit : « Mon oncle, je vous ai bien servi ; pour vous j'ai souffert bien des peines et des fatigues, j'ai livré et gagné bien des batailles ; je ne demande qu'une récompense : c'est de frapper Roland. » Et les douze plus braves seigneurs de l'armée de Marsile viennent un à un pousser le cri : « Roncevaux ! A mort Roland ! » Les païens, avec leurs casques de Saragosse, leurs épées d'acier viennois et leurs lances de Valence, chevauchent sur leurs chevaux de bataille, en rangs serrés. Le jour était clair, le soleil était beau ; il n'y avait pas une armure qui ne resplendît ; mille clairons sonnent pour que la fête soit plus belle. Les Français en entendent le bruit. « Ami Roland, dit Olivier, nous pourrions bien avoir bataille aujourd'hui. — A la grâce de Dieu ! répond Roland. Nous devons tenir ici pour la France ! car pour elle tout Français doit souffrir ; pour elle il doit endurer les chauds et les froids, perdre de son sang et de sa chair, et frapper de grands coups, afin que l'on ne chante pas de méchantes chansons contre lui. »

Olivier monte au plus haut de la montagne, il regarde dans la vallée herbeuse ; il voit venir au loin l'armée

1. On appelait ainsi les douze premiers seigneurs du royaume.

païenne. Il appelle Roland : « Quel bruit qui vient de la terre d'Espagne! que de blanches cuirasses! que de casques flamboyants! Trahison! c'est Ganelon qui nous perd.

— Silence, Olivier! répond Roland; c'est de mon beau-père que tu parles. »

Que de bataillons! On se perdrait à les compter. Olivier redescend près des Français et rapporte ce qu'il a vu : « Vous aurez, leur dit-il, une bataille telle qu'il n'y en eut jamais. »

Et les Français répondent : « Honte à qui s'enfuit! Nul ne manquera à l'appel pour mourir. »

Roland et Olivier sont amis : Roland est fiancé à la sœur d'Olivier, la belle Aude. Roland est brave et Olivier est sage. Olivier dit : « Les païens sont en force, et nos Français sont bien peu. Sonnez de votre cor, Roland! Charles l'entendra et ramènera son armée.

— Je serais bien fou, répond Roland. J'en perdrais ma gloire dans la douce France. Non! Je frapperai de grands coups avec Durandal, et la lame en sera sanglante jusqu'à l'or du pommeau.

— Où serait le déshonneur? répond Olivier. Je les ai vus; les vallées en sont couvertes, avec les montagnes, et les clairières et les grandes plaines.

— Tant mieux! répliqua Roland. A Dieu ne plaise que par moi la France perde de sa gloire! »

L'ennemi approche; le voici : oh! maintenant, Charles est trop loin : « Vous n'avez pas voulu sonner du cor, par excès d'orgueil, dit Olivier. En avant donc! et ne pensons plus qu'à deux choses : bien frapper et bien mourir. »

Quand Roland voit qu'il y aura bataille, il se sent plus fier qu'un lion ou qu'un léopard. Il a vingt mille hommes d'élite, et il sait qu'il n'y aura pas un lâche parmi eux.

L'archevêque Turpin bénit les soldats : « Si vous mourez, leur dit-il, vous aurez une place au paradis ; et pour pénitence de vos fautes, battez-vous bien ! »

Montjoie[1] *!* crient les Français. Et ils piquent de l'éperon et galopent éperdûment. Voilà aux prises Français et Sarrasins. Roland frappe le premier coup : c'est pour le neveu du roi Marsile ; Olivier frappe le second coup : c'est pour le frère du roi Marsile. Et les douze pairs de France abattent les douze pairs d'Espagne. « Comme ils sont peu ! avait dit un chef païen ; pas un n'échappera. » Turpin, qui l'entend, pique son cheval avec ses éperons d'or et lui plante sa lance au cœur.

La bataille est merveilleuse. Roland frappe de la lance, tant que le bois en dure ; mais la voilà brisée par quinze coups ; il tire Durandal et chevauche dans la bataille, avec son épée nue et sanglante, qui taille et qui tranche. Olivier a brisé sa lance, il n'a plus en main qu'un tronçon de bois dont il frappe encore. « Que faites-vous ? dit Roland. Ce n'est pas un bâton qu'il faut dans une pareille bataille, mais du fer et de l'acier. Où est donc votre épée Hauteclaire, à la garde d'or, au pommeau de cristal ?

— Je n'ai point le temps de la tirer, répond Olivier ; j'ai trop à frapper. » Et les douze pairs ne sont pas en retard. « Bravo ! » leur crie l'archevêque.

Que de lances brisées et sanglantes ! Que de drapeaux et d'étendards en lambeaux ! Que de Français qui perdent là leur jeunesse et ne reverront plus leur mère, ni leur femme, ni ceux de France qui là-bas les attendent !

Voilà un nouveau corps ennemi qui vient, soixante mille hommes ! Les païens tombent par cent et par mille ; mais les Français perdent les meilleurs d'entre eux. Ils

1. *Montjoie!* était autrefois le cri de guerre des Français.

ne reverront point leur mère, ni leur famille, ni Charlemagne, qui là-bas les attend !

Or, en France, il y eut en ce moment une tourmente effroyable de tonnerre, de vent, de pluie, de grêle ; la foudre tombe et retombe ; la terre tremble sur toute la France, de l'Océan au Rhin et du Sud au Nord ; en plein midi, le ciel est noir comme à minuit, sauf quand l'éclair le fend. « C'est la fin du monde ! » dit le penple. Non ! non ! ce n'est pas cela ! Ils ne se doutent pas de la vérité : c'est le grand deuil pour la mort de Roland.

Un Sarrasin a couru vers Marsile, il lui crie : « A cheval, sire ! car la moitié des Français a péri, le reste n'a plus d'armes ; ils sont bons à vaincre. » Marsile envoie dix nouvelles colonnes ; sept mille clairons sonnent la charge.

Un Sarrasin, plus rapide que l'épervier, fond sur un des douze pairs ; il le transperce de sa lance à travers la cuirasse et le bouclier ; le Français tombe raide mort ; mais Olivier le venge. Et l'archevêque va dans la bataille ; jamais pareil prêtre ne chanta la messe ; jamais prêtre ne fit telles prouesses de son corps ; il abat sur l'herbe verte maint vaillant Sarrasin. « Bravo ! crient les Français. Voilà un archevêque qui sait garder sa crosse ! »

Mais ils sont trop : les pairs tombent un à un. « Comme les nôtres meurent ! » disent les Français. Il ne reste plus que trois cents épées nues. Ils frappent et frappent encore, et les Sarrasins fuient vers Marsile : « Au secours, Marsile !

— Maudite sois-tu, terre de France ! s'écrie Marsile. Il n'est point de peuple hardi comme le tien. » Et il lance en avant dix nouvelles colonnes. Oh ! ce dernier choc fut fatal aux Français. Roland, Olivier, l'archevêque font merveille; mais il ne reste plus que soixante guerriers. Du moins, avant de mourir, ils se vendront cher.

Olivier appelle Roland : « Ami, viens près de moi, que nous ne mourions pas l'un sans l'autre ! »

Roland regarde autour de lui : « Olivier, dit-il, vois tous ces braves qui gisent à terre. Nous pouvons bien pleurer sur la douce France, la belle France, qui va demeurer veuve de tels hommes. O Charlemagne, que n'êtes-vous ici ! Comment pourrions-nous faire, Olivier, pour lui donner de nos nouvelles?

— Je n'en sais rien, répond Olivier; mais la mort plutôt que la honte!

— Je vais sonner du cor, dit Roland; Charles l'entendra des défilés et il viendra certainement.

— Ce serait honte, répond Olivier. Quand je vous le demandais, vous n'avez daigné le faire. Le courage sensé n'a rien à faire avec la folie. Nos Français sont morts par votre légèreté. Si vous m'aviez cru, Charles serait ici, et la bataille serait nôtre; Marsile serait pris ou tué; mais, à présent, je ne saurais vous approuver; il faut mourir. »

L'archevêque entend leur querelle; il pique son cheval et accourt : « Roland, Olivier, au nom du ciel, ne vous querellez point. Le cor ne vous servira plus de rien; sonnez-en pourtant : car du moins, Charles viendra nous venger, et ceux d'Espagne ne s'en retourneront pas en joie. Nos Français viendront chercher nos corps, nous pleurer et nous ensevelir, et nous ne serons pas dévorés par les chiens, les sangliers et les loups.

— Comment feras-tu pour sonner? dit Olivier; tu as les deux bras tout sanglants.

— C'est vrai, dit Roland en souriant, j'ai donné de si fiers coups. » Il approche pourtant le cor d'ivoire de ses lèvres, et sonne de toutes ses forces, avec grande peine et grande souffrance : le sang lui jaillit de la bouche, et les tempes du front se rompent dans l'effort. Le son court au loin, le long des roches; l'écho s'entend à trente lieues à la ronde.

Charles l'entend et dit : « C'est le cor de Roland; il n'en sonnerait pas, s'il n'y avait bataille. » Ganelon le traître répond : « Il n'y a personne sous le ciel qui osât attaquer Roland; il est sans doute à s'amuser avec ses pairs. Il est homme à corner toute la journée pour un lièvre. »

Le comte Roland a la bouche sanglante, ses tempes s'ouvrent. Il sonne encore, il sonne avec douleur. « C'est Roland qui souffre là-bas, s'écrie Charles; c'est la plainte de Roland. Au secours! »

Charles fait sonner les cors. Les Français tournent bride vers l'Espagne; ils éperonnent les chevaux, ils vont, ils courent, et se disent entre eux : « Oh! si nous retrouvions Roland encore vivant! Quels beaux coups nous frapperions ensemble! » Hélas! il est trop tard.

Le jour vient, les armures reluisent au soleil. Ils vont dans les hautes montagnes, grandes et ténébreuses, dans les vallées profondes, par-dessus les torrents qui courent. Par devant, par derrière, les clairons sonnent en répondant au cor de Roland. Ils vont, priant Dieu de garder Roland; ils pleurent de n'être pas avec Roland le capitaine, qui lutte avec les Sarrasins d'Espagne. Hélas! ils arriveront trop tard.

A Roncevaux, ils ne sont plus que trente : « Frère Olivier, dit Roland, ici je mourrai avec vous. » Avec son épée Durandal il a tué vingt-quatre païens : tels que le cerf qui fuit devant le chien, ainsi les païens fuient devant Roland. « C'est bien, dit l'archevêque, voilà comme doit être un chevalier; autrement, je n'en donnerais pas deux sous, et autant en faire un moine, à genoux, en oraison tout le long du jour.

— Frappez! répond Roland; frappez, Français, de vos épées étincelantes : disputez bien votre mort, votre vie, et que la douce France n'ait pas à rougir de nous! Quand Charlemagne viendra sur notre champ de bataille, quand il verra comme nous avons traité l'ennemi, qu'il en comptera quinze morts contre un de nous, il ne laissera pas de nous bénir. »

Olivier tombe percé d'un coup de lance; Roland abat son meurtrier, et lui crie : « Tu n'iras pas te vanter chez les tiens. » Mais Olivier se sent frappé à mort, le sang clair coule tout le long de son corps : « Roland, dit-il, viens près de moi, car voici l'instant où nous allons nous quitter. » Et il lève les mains au ciel, il prie Dieu de bénir Charles et la douce France, et Roland par-dessus tous les hommes. Puis le cœur lui manque, il penche la tête sur l'épaule de Roland et meurt.

Il ne reste plus que deux Français, Roland et l'archevêque. L'archevêque a son casque brisé et son cheval mort sous lui; il a quatre coups de lance au corps, il tombe; mais il se relève pour tirer l'épée en disant : « Je ne suis pas vaincu : un brave n'est point vaincu tant qu'il est en vie. » On trouva plus tard cinquante cadavres autour de lui.

Mais voici soixante mille trompettes qui sonnent, si haut et si fort que les monts en retentissent et que les vallées répondent. « C'est Charles! » crient les Sarrasins, et ils s'enfuient de terreur.

Roland et Turpin restent là seuls, mourants.

Roland délace la cuirasse de l'archevêque, il bande ses plaies, le couche doucement sur l'herbe verte. Puis il se traîne sur le champ de bataille; il ramasse les corps des douze pairs et d'Olivier, les dépose et les range devant Turpin : le mourant les bénit, puis meurt.

Roland est à l'agonie. Un Sarrasin caché sous les morts se redresse, le saisit et crie : « Il est vaincu, le neveu de Charles! Je porterai son épée en Arabie. » Roland rouvre les yeux, et, avec son cor qu'il n'a point lâché, brise le crâne du Sarrasin : « Pauvre fou; de me toucher! murmure Roland. Mais mon cor en est tout fêlé, l'or et les pierreries en sont tombés. »

Il reprend alors son épée, et la frappe pour la briser contre la roche brune. L'acier grince, mais il ne se brise ni ne s'ébrèche. « O ma bonne Durandal, dit Roland, vous avec qui j'ai gagné tant de batailles, conquis tant de royaumes, je ne puis plus vous défendre! » Trois fois il frappe le granit et l'épée rebondit vers le ciel : « Puisses-tu, dit-il, rester au moins dans des mains françaises et ne jamais tomber aux mains d'un homme qui fuirait devant un autre [1]! » Il se recouche à terre, met sous lui son cor et son épée et tourne la tête du côté du pays ennemi, afin que Charles et les Français puissent dire qu'il est mort en conquérant. Il se prend alors à se souvenir de plusieurs choses, de ses conquêtes passées, de ses amis, de ses parents, de Charlemagne qui l'a élevé et de la douce France ; puis il rend l'âme.

Voici Charlemagne et les siens. Pas une voie, pas un

1. Quant à ce que devint Durandal, voici ce que l'on raconte en Norvège. Charles envoya tour à tour plusieurs chevaliers pour prendre l'épée de Roland; mais le mort la serrait si fortement dans la main qu'ils ne purent la saisir. Il en envoya cinq à la fois, un pour chaque doigt; et le mort défendit encore son arme. On comprit alors que Durandal ne se laisserait toucher que par un chevalier qui valût Roland. Charles s'approcha donc, il pria, et la main de Roland se desserra et laissa saisir l'épée. Charles garda le pommeau et jeta la lame à la mer, parce qu'il pensait que nul homme au monde n'était digne de s'en servir après Roland.

sentier, pas un pied de terrain où il n'y ait des corps de Français et de Sarrasins. « Où es-tu, Roland? crie Charlemagne. Où es-tu, Olivier? Où es-tu, Turpin? Où sont les douze pairs de France? » Charlemagne cherche parmi les morts; il monte sur le tertre le plus élevé; car il se rappelle que Roland lui avait dit souvent, que s'il mourait en pays étranger, on le trouverait en avant de ses hommes et de ses pairs, le front tourné vers l'ennemi. C'est là en effet qu'il le trouve, il le prend dans ses bras et s'évanouit.

Charlemagne ensevelit les Français, mais il emporta les corps de Roland, d'Olivier et de Turpin, et les déposa dans des tombeaux de marbre blanc, à Blaye[1], dans l'église Saint-Amant. Quand il rentra à Aix, sa capitale[2], une belle jeune fille vint à lui, dans son palais; c'était la belle Aude, la sœur d'Olivier, la fiancée de Roland. Elle dit au roi: « Où est Roland le capitaine, qui a promis de m'épouser? » Charles pleure, s'arrache sa barbe blanche: « Chère enfant, dit-il, c'est d'un mort que tu t'informes. Mais je te donnerai pour mari mon fils même, le prince Louis[3], qui doit régner après moi. » La belle Aude répond: « Je ne comprends pas ce que vous dites là. A Dieu ne plaise, ni à ses saints et ses anges, que je survive quand Roland est mort! » Elle pâlit, elle tombe aux pieds de Charles: elle est morte.

Telle était l'histoire que l'on contait et que l'on chantait en France. Elle était si belle que tous les peuples de l'Europe la chantèrent après nous, les Italiens, les Allemands, les Suédois, les Norvégiens, les Danois. Quand les Normands passèrent en Angleterre pour la conqué-

1. Dans le département de la Gironde.
2. Aix-la-Chapelle, dans la Prusse rhénane, qui faisait partie de la France sous Charlemagne.
3. Celui qui fut le roi Louis le Débonnaire.

rir, en l'an 1066, il y avait un chanteur, nommé Taillefer, qui caracolait devant les rangs, et, lançant en l'air son épée, la recevait par le pommeau en chantant la chanson sur Roland et les preux [1] qui moururent à Roncevaux.

C'est ainsi qu'un Français devint dans toute l'Europe le modèle de la valeur et du dévouement à la patrie.

En 1823, un jeune officier français, nommé Alfred de Vigny [2], étant en garnison dans les Pyrénées, alla en pèlerinage à Roncevaux. Comme il entendait un soir les montagnards sonner du cor au fond des bois, cela lui rappela le cor de Roland; et se passant la main sur le front, il crut revoir toute la scène qui s'était déroulée là il y a onze cents ans; il en écrivit une pièce qui a suffi pour faire de lui un des grands poètes de notre siècle. En voici quelques vers :

Tous les preux étaient morts, mais aucun n'avait fui :
Il [3] reste seul debout, Olivier près de lui;
L'Afrique [4] sur les monts l'entoure et tremble encore :
« Roland, tu vas mourir; rends-toi! criait le More [5].

« Tous les pairs sont couchés dans les eaux des torrents. »
Il rugit comme un tigre et dit : « Si je me rends,
Africain, ce sera lorsque les Pyrénées
Sur l'onde avec leurs corps rouleront entraînées [6].

— Rends-toi donc, répond-il, ou meurs! car les voilà [7]. »
Et du plus haut des monts un grand rocher roula.

1. *Preux* signifiait *brave*.
2. Né en 1797, mort en 1863.
3. Roland.
4. C'est-à-dire les Africains; les Sarrasins d'Espagne étaient venus de l'Afrique.
5. *More* est un nom des Sarrasins.
6. C'est-à-dire qu'il ne se rendra jamais.
7. Ils font rouler dans le torrent les rochers des Pyrénées.

Il bondit, il roula jusqu'au fond de l'abîme,
Et de ses pins, dans l'onde, il vint briser la cime[1].

« Merci! cria Roland, tu m'as fait un chemin. »
Et jusqu'au pied des monts le roulant d'une main,
Sur le roc affermi, comme un géant s'élance;
Et prête à fuir, l'armée, à ce seul pas balance[2].

Pendant ce temps Charlemagne et les siens regagnent joyeusement la France; ils n'ont rien à craindre, puisque Roland garde les monts. Tout à coup l'on entend le son lointain d'un cor. « Entendez-vous? » dit Charles.

— Ce sont des pasteurs qui rappellent leurs troupeaux, lui répond-on.

Charles reprend sa marche, mais il est soucieux, il craint la trahison, et voici que le son du cor éclate de nouveau, expire, puis renaît et se prolonge. « Malheur» ! s'écrie Charles:

Malheur! c'est mon neveu! malheur! car si Roland
Appelle à son secours, ce doit être en mourant.

Il repasse la montagne, les chevaux s'arrêtent blancs d'écume sur les sommets de Roncevaux:

« Dis-moi, n'as-tu rien vu dans le fond du torrent?
— J'y vois deux chevaliers[3], l'un mort, l'autre expirant.
Tous deux sont écrasés sous une roche noire,
Le plus fort dans sa main élève un cor d'ivoire,
Son âme en s'exhalant nous appela deux fois. »

Dieu! que le son du cor est triste au fond des bois!

1. Le rocher brise dans le torrent la cîme des pins dont il est couvert.
2. A ce seul pas de Roland, l'armée des ennemi hésite et est prête à fuir.
3. Roland et Olivier.

V. — Le premier siège de Paris (885-886).

On raconte qu'une fois le grand empereur Charlemagne, alors sur la fin de sa carrière, étant venu visiter un de ses ports, vit venir de la haute mer une flottille de pirates normands. Les pirates, apprenant que Charles était là, s'enfuirent aussitôt à toutes voiles, sans débarquer. Charles, de la fenêtre, les regarda s'enfuir, et, le front appuyé sur la main, il se prit à pleurer longtemps et en silence. Puis s'adressant à ses serviteurs émus, qui n'osaient l'interroger, il leur dit : « Savez-vous, mes fidèles, la cause de mes larmes? Certes, je ne crains pas que ces gens-là puissent me nuire : mais je pleure quand je pense que, de mon vivant, ils ont osé insulter ce rivage et que je songe aux maux qu'ils infligeront à mes descendants. »

En effet, sous les faibles successeurs du grand empereur, l'immense empire qu'il avait fondé tomba en ruines ; la guerre civile l'épuisa, et les pirates revinrent sans péril le ravager. Ces pirates s'appelaient dans leur langue les Northmans ou Normands, ce qui veut dire les hommes du Nord, parce qu'ils venaient des pays du Nord, le Danemark et la Norvège. Nés et élevés sur les côtes orageuses de ces pays, c'étaient en ce temps-là les premiers marins du monde ; les flots étaient leur vraie patrie, et quand l'orage les jetait sur des côtes ennemies, ils le remerciaient de sa complaisance, puisqu'il épargnait à leurs bras la peine de ramer et les portait sans effort au but de leur voyage. On les voyait paraître à l'improviste à l'embouchure des fleuves, les remonter sur leurs barques longues et rapides, leurs *dragons de mer*, comme ils disaient; puis, débarquant au voisinage des grandes villes et saisissant les chevaux des paysans, ces marins sans pareils se transformaient en cavaliers infatigables, qui fondaient soudain sur les villes, les pillaient et les incendiaient, massacraient les habitants, et, redescendant avec leur butin le long des fleuves, allaient le déposer en sûreté dans les îles des embouchures, dont ils faisaient leurs forteresses et leurs repaires. Il était impossible de prévoir leurs attaques et de tenir contre leur élan, tant ils étaient prompts et irrésistibles. La terreur était universelle; les paysans fuyaient éperdus au seul bruit de leur approche; le roi, toujours en lutte avec les seigneurs, ne savait le plus souvent qu'acheter leur retraite à prix d'argent, ce qui n'était que les inviter à revenir au plus tôt. Pendant plus de soixante ans, ils coururent ainsi le pays, pillant, égorgeant, détruisant tout. Il se trouva enfin un vaillant seigneur, Robert, comte de l'Ile de France, qui leur tint tête et prouva qu'ils n'étaient pas invincibles; mais il périt trop tôt. Un jour, il en avait enfermé quatre cents dans une église, à Brissarthe, près d'Angers; les Normands ayant fait une sortie, il accourut la tête et la poitrine découvertes, parce qu'il n'avait pas eu le temps de mettre son armure, et périt en les repoussant, au seuil même de l'église où il entrait derrière eux (866). Plus tard, ce fut un jeune roi de dix-huit ans, le roi Louis III, qui les tailla en pièces à Saucourt, dans la Somme (881); il y en eut des chansons de joie dans toutes les campagnes; mais le petit roi mourut d'accident quelque temps après et les Normands eurent le champ libre. La couronne passa à un Allemand, Louis le Gros, empereur d'Allemagne, que l'on avait fait roi de France parce qu'il descendait de Charlemagne; mais ce gros homme était plus vaillant buveur que bon soldat, et s'il avait du sang de Charlemagne dans les veines, il n'avait rien de son cœur ni de son génie.

C'est alors que les Normands organisèrent la plus

grande expédition qu'ils eussent lancée jusque-là. Ils remontèrent la Seine au nombre de 30,000 hommes, sur 700 navires qui couvraient la rivière sur une étendue d'une lieue. Ils voulaient remonter jusqu'aux sources de la Seine et, de là, se répandre dans la Bourgogne qu'ils n'avaient pas encore pillée et où ils savaient trouver du butin à foison et du bon vin. Ils arrivèrent, le 25 novembre 885, en vue de Paris.

Paris n'était pas encore la ville immense qu'elle est à présent, s'étendant sur les deux rives de la Seine, dans une enceinte de 34 kilomètres, avec une ceinture inexpugnable de fortifications et de forts. Les deux petites îles de la Seine, nommées à présent l'île de la Cité et l'île Saint-Louis, étaient tout le Paris d'alors; il n'y avait point de murs et point de forteresses, et il y avait quelques milliers d'habitants, au lieu de deux millions.

Les Normands ne pensaient pas s'arrêter longtemps à Paris; tout au plus un jour ou deux, le temps de piller la ville et d'y mettre le feu.

Aussi furent-ils fort étonnés de trouver la ville entourée de murailles neuves, toutes couvertes d'hommes en armes, et la Seine barrée par deux ponts de bois, l'un au nord de l'île, l'autre au sud, et tous deux défendus par une grosse tour. Les Parisiens étaient las d'entendre parler des exploits sanglants des pirates; ils étaient décidés à donner un grand exemple et à garantir autant qu'ils le pourraient leurs frères de Bourgogne. Tous les gens de cœur des environs étaient accourus dans la petite ville, et après l'avoir fortifiée de leur mieux, ils attendaient les Barbares de pied ferme. Ils avaient à leur tête trois vaillants hommes : Hugues, marquis d'Anjou; Eudes, comte de Paris, et l'abbé de Saint-Germain des Prés, Gozlin, que les Parisiens venaient d'élire évêque.

Force fut aux Normands de s'arrêter. Ils se souciaient

fort peu de perdre leur temps à un siège, car ils avaient hâte d'arriver dans cette plantureuse Bourgogne dont on leur avait dit monts et merveilles. Ils essayèrent de la diplomatie. L'un de leurs chefs, Sigefried, demanda une entrevue à l'évêque Gozlin et lui dit : « Nous ne demandons rien aux Parisiens que le libre passage de la Seine; laissez passer nos barques sous vos ponts; nous vous jurons de ne pas toucher à vos biens. » Gozlin répondit : « On nous a donné Paris à garder. Dis-moi, si par hasard la défense de ses murs avait été remise à ta loyauté comme elle l'a été à la nôtre, ferais-tu pour nous ce que tu nous demandes de faire pour toi? — Si je le faisais, s'écria Sigefried, je mériterais qu'on me tranchât la tête pour la jeter aux chiens. Mais il n'importe : ouvrez-nous vos portes, ou nous les ouvrirons par les armes, la famine et la peste. »

L'attaque commença le lendemain au soleil levant. Elle porta sur le pont du Nord qui n'était pas encore achevé. Les Normands firent pleuvoir sur la tour une grêle de traits et de balles de plomb et l'ébranlèrent à coups de bélier[1]. Le soir, elle était à moitié détruite; mais pendant la nuit les assiégés réparèrent les brèches, affermirent les étais, relevèrent la hauteur de la tour, et le lendemain matin les Normands retrouvèrent la forteresse plus solide que la veille. Ils reprirent l'assaut avec fureur, mais sans succès; ils s'avançaient vers la tour en faisant la tortue, c'est-à-dire en étendant leurs boucliers au-dessus de leurs têtes, ce qui de loin donnait l'apparence d'une immense carapace de tortue. Ainsi couverts, ils amoncellent des matières combustibles au pied de la tour qui s'enflamme, tandis que le bélier, poussé avec rage, l'ébranle et la fait trembler. Mais les assiégés, du

1. Machine de guerre terminée en tête de bélier que l'on poussait contre les murs.

haut de la tour, lancent des pierres énormes qui rompent la tortue, et, répondant à la flamme par la flamme, ils font couler sur les assiégeants des ruisseaux d'huile bouillante, de cire et de poix. Les cadavres normands s'entassent; un abbé, l'abbé Èbles, perce ou blesse d'un seul coup de javelot sept pirates à la file : le soir, les assiégeants, découragés, se retirent.

Renonçant à prendre Paris d'assaut, ils en font le siège. Ils établissent leur camp autour de l'église de St-Germain-l'Auxerrois, et passent plusieurs semaines à construire des machines plus formidables, tandis qu'une partie de leurs bandes court infester les campagnes entre la Seine et la Loire. Çà et là les populations, encouragées par l'exemple de Paris, les reçoivent à la façon des Parisiens.

Ils reviennent néanmoins chargés de butin à leur camp de Paris et donnent un nouvel et terrible assaut. Ils avaient construit une tour roulante à trois étages qu'ils poussaient contre la tour française : mais les Parisiens tuent à coups de flèches les hommes qui la dirigent. Pour isoler la tour, les Normands lancent contre les piles du pont de bois trois navires chargés d'arbres enflammés; mais ces bûchers flottants viennent se briser contre un môle de pierre qui soutenait le pont. Ils s'élancent en frénétiques contre la tour, en s'abritant sous la tortue, et comblent les fossés de la tour avec les cadavres de leurs prisonniers; mais les machines des assiégés brisent encore la tortue. Les Normands sont forcés de rentrer dans leur camp.

Mais tandis que les Parisiens fêtent leur victoire, un allié imprévu vient au secours des pirates. Dans la nuit du 6 janvier, une crue irrésistible de la Seine emporte une partie du pont de la rive gauche et isole la tour du sud, que les Normands n'avaient pas encore attaquée; ils s'y portent en masse aussitôt. Douze hommes faisaient toute la garnison de la tour; ils la défendirent de l'aube au soir contre une armée entière. Les Parisiens assistent la mort dans l'âme à cette défense héroïque qu'ils ne peuvent aider que de leurs acclamations impuissantes. La tour est incendiée; les douze hommes se retirent sur les débris du pont et se défendent encore de pied ferme. Les Normands leur crient : « Rendez-vous, braves gens, vous aurez la vie sauve.» Sur la foi de l'ennemi, ils posent les armes et sont aussitôt massacrés. Il y en avait un parmi eux, nommé Hervé, homme de belle mine et richement armé, que les Normands, à son air, prirent pour un prince: ils voulaient l'épargner, espérant avoir riche rançon; mais comme il avait vu périr tous ses compagnons, il ne tenait plus à vivre; il leur cria: « Vous n'aurez rien de moi pour ma tête; » et ils l'égorgèrent à son tour.

Cependant le bruit de la résistance de Paris venait rendre le courage à l'Empire. On fit quelques efforts pour le délivrer. Henri, duc de Saxe, traversa de nuit le camp des Normands et fit entrer quelques renforts dans Paris. Mais la situation devenait plus critique de jour en jour, car la famine approchait, le typhus ravageait la garnison et travaillait pour les Normands mieux que n'avaient fait leurs machines et leurs flèches. Le duc Hugues, l'abbé Gozlin, tous les héros de la résistance, moururent l'un après l'autre. Le comte Eudes avait quitté la ville pour aller en personne chercher des secours, et l'abbé Ébles resta quelque temps à la tête de la défense. Enfin, un jour, les assiégés, du haut de la tour d'où ils interrogeaient en vain l'horizon, virent briller au lointain sur les hauteurs de Montmartre les casques d'Eudes et de ses compagnons.

Les Normands accourent en foule pour barrer le passage au comte. Il lance son cheval à travers les rangs serrés des pirates, et, sabrant de droite et de gauche, rentre sain et sauf auprès des siens et leur annonce le retour du duc Henri, conduisant l'avant-garde de l'armée de l'empereur.

Henri, en effet, parut bientôt; mais ce ne fut qu'une courte espérance. Comme il faisait une reconnaissance sur le camp ennemi, il tomba dans un fossé que les Normands, dans l'attente d'une attaque, avaient creusé autour du camp et dissimulé sous la paille et le gazon. Aussitôt les Normands tombent sur lui et l'égorgent. Ses soldats, privés de leur chef, retournent sur leurs pas, et Paris est abandonné à son sort, sans secours et sans espérance (juillet 886).

Tout semblait perdu : les Normands crurent pouvoir tenter un coup décisif. Ils opèrent une attaque formidable sur trois points à la fois, contre la tour, contre le pont et contre l'île. Paris, épuisé et mourant, retrouve de la force pour repousser ce suprême effort : une sortie furieuse de la garnison terrifie les Normands; ils fuient en désordre et n'attendent plus la victoire que de la famine.

Trois mois se passèrent ainsi. Enfin, l'inerte empereur arriva en vue de Montmartre à la tête d'une armée de soixante mille hommes : il avait mis quatre mois à venir de Metz à Paris. A la première rencontre, les Normands perdirent 3000 hommes : se voyant hors d'état de résister, ils évacuent leur camp et se retirent sur la rive gauche; l'armée les suit. Le jour de la vengeance semblait enfin venu, et l'on pouvait exterminer la horde en un jour, quand soudain les Parisiens apprennent avec indignation et dégoût que l'empereur, sur le bruit de l'arrivée d'une nouvelle bande de pirates, vient d'acheter la paix comme un vaincu, et qu'il a offert aux Normands sept cent livres d'argent pour la rançon de Paris vainqueur, avec l'autorisation d'aller passer l'hiver en Bourgogne et de la ravager à leur aise.

Telle était la honte à laquelle aboutissait tant d'héroïsme, de dévouement et de souffrance.

Les Parisiens refusèrent de souscrire à la lâcheté de l'empereur. Quand les Barbares, conformément au traité, réclamèrent le libre passage de la Seine, l'abbé Ébles appela les citoyens au rempart, et lui-même, quand la flotte parut, abattit d'une flèche le pilote qui dirigeait le premier vaisseau. La flotte s'arrêta. Les Normands furent obligés de tirer leurs barques à sec, et de les traîner ainsi sur un espace de plus d'une lieue, jusqu'à ce qu'ils fussent hors de portée de trait de la vaillante cité; ils ne les remirent à flot que bien au-dessus de Paris.

C'est en cette année de 886 qu'il parut pour la première fois que la petite bourgade des Parisiens était digne de devenir la capitale de la France, puisqu'elle s'était sacrifiée pour le salut de tous.

VI. — La Chevalerie.

Au moyen âge, les nobles seuls avaient le droit de porter les armes; quand le jeune noble était en âge, il recevait une épée et était armé chevalier. Il était fort injuste que le peuple fût considéré comme indigne ou comme incapable de se battre pour le pays, et nous ne devons pas regretter un ordre de choses si insultant pour la plus grande partie de la nation et qui fut souvent funeste à la sécurité de la France : car les chevaliers, qui étaient en général très braves, mais peu sensés, ne cherchaient qu'à faire briller leur courage et nullement à faire triompher le pays. Aussi quelques-unes des plus honteuses défaites de la France furent dues à leur imprudence et à leur indiscipline. Néanmoins, il y eut parmi les chevaliers des hommes vraiment nobles et purs, et le parfait chevalier, celui qui accomplissait réellement les devoirs de son ordre, était un digne et bon Français[1].

Le jeune homme qui aspirait au titre de chevalier était d'abord dépouillé de ses vêtements et mis au bain, en signe de purification. Puis il revêtait trois vêtements : d'abord une tunique blanche, en signe de pureté ; ensuite, une robe rouge, en signe de son sang qu'il devait être prêt à verser pour sa foi ; enfin un justaucorps noir, en signe de la mort qui attend tous les hommes.

Il observait un jeûne rigoureux de vingt-quatre heures, en signe des fatigues et des privations qu'il devait être prêt à souffrir pour le devoir, et, le soir venu, entrait dans l'église où il passait toute la nuit à prier et à méditer sur ses devoirs.

Le lendemain, il s'avançait à l'autel, faisait bénir son épée et allait s'agenouiller devant le seigneur qui devait l'armer chevalier, et celui-ci lui disait : « A quel dessein désirez-vous entrer dans l'ordre ? Si c'est pour être riche, pour vous reposer et être honoré sans faire honneur à la chevalerie, vous en êtes indigne ». Sur sa réponse que c'était pour remplir les obligations d'un bon chevalier, son seigneur l'acceptait dans l'ordre ; on lui apportait toutes les pièces de son armure et le seigneur lui donnait l'accolade, c'est-à-dire trois coups du plat de l'épée sur l'épaule, en disant : « Je te fais chevalier. Sois preux, hardi et loyal. » Là-dessus le chevalier prêtait serment de servir fidèlement son roi et sa patrie, de ne jamais offenser personne volontairement, de tenir toujours sa parole, de protéger les faibles, les enfants et les femmes.

Dans notre pays, depuis l'an 1789, il n'y a plus de dis-

1. Voir les *Lectures sur Bayard*, pages 105-118.

tinction de nobles et de vilains, et tout Français est chevalier parce qu'il est citoyen libre. Sans porter une armure de fer, sans recevoir l'accolade avec l'épée, sans prêter à haute voix le serment du chevalier, il doit remplir tous les devoirs auxquels s'engagait le chevalier d'autrefois. Il doit se dire à lui-même: « Sers toujours fidèlement la loi et la patrie; dis la vérité et tiens ta parole; n'offense jamais qui ne t'a point fait de mal; protège et respecte les faibles, les enfants, les femmes, et sois toujours preux, juste et loyal ! »

VII. — Saint Louis à Chypre (1254).

Saint Louis revenait en France de sa croisade en Égypte (1254). Comme le vaisseau passait près de l'île de Chypre, une brume s'éleva sur la mer et cacha l'île aux nautoniers, qui, croyant que la terre était bien loin, firent avancer hardiment, de sorte que le vaisseau heurta contre un banc de sable caché sous l'eau. Le choc fut si rude que chacun se crut perdu, et des cris de désespoir s'élevèrent de tout côté. Le capitaine jeta la sonde et dit : « Nous avons touché terre, tout est fini. »

La nuit se passa ainsi dans l'attente du naufrage.

Le lendemain, on jeta la sonde de nouveau et l'on reconnut que le vaisseau n'était plus sur le bas-fond; mais trois toises de la quille avaient été enlevées par la violence du choc. Les marins crièrent: « Ça, qu'on fasse approcher le galère pour sauver le roi! » Et comme le roi demandait aux officiers ce qu'il y avait à faire, ils le pressèrent de quitter le navire et d'entrer dans un autre, parce que les ais étaient tout disloqués, « et, disaient-ils, quand votre vaisseau viendra en haute mer, il ne pourra soutenir le choc des vagues, sans se mettre en pièces. Dernièrement, le même accident est arrivé : un vaisseau, ayant heurté comme le vôtre, n'a pu résister aux vagues et a éclaté en pleine mer : tous ont péri, sauf une femme et un enfant qui ont échappé sur un débris de la nef.» Le roi demanda alors conseil à tous les seigneurs de sa suite, qui répondirent tous unanimement qu'il devait suivre l'avis des nautoniers et passer sur un autre vaisseau avec sa femme et ses enfants.

Le roi dit alors : « Messieurs, j'ai entendu votre avis, et voici le mien : il y a sur ce vaisseau cinq cents personnes et plus qui ont bien le droit de tenir à leur vie autant que je tiens à la mienne ; que deviendront-elles ? J'aime mieux me mettre en danger, avec la reine et mes enfants, et partager leur sort, car il ne convient pas que le chef se sauve, quand les autres sont en péril. Restons donc tous à la grâce de Dieu ! » Et saint Louis demeura sur le vaisseau, qui, malgré ses avaries et malgré de nouvelles tempêtes qui l'assaillirent, aborda enfin heureusement en France : car la fortune aime à protéger dans le danger ceux qui ont du cœur et du calme.

VIII — IX. — Les Bourgeois de Calais (1347). — Comment Calais fut repris (1558).

I. LES BOURGEOIS DE CALAIS.

Le roi d'Angleterre Édouard III prétendait avoir des droits au trône de France, comme petit-fils du roi Philippe le Bel[1]. Il envahit la Normandie, prit Caen, et remonta la Seine jusqu'à Saint-Germain : ses coureurs arrivaient jusqu'en vue de Paris.

Le roi de France, Philippe VI, ayant assemblé une

1. Son père, Édouard II, avait épousé une fille du roi de France Philippe le Bel.

grande armée, composée de la fleur de la chevalerie, marcha sur Édouard. Le roi anglais, inférieur en forces, battit en retraite et se dirigea vers le Nord, pour se mettre en sûreté derrière la Somme, dans le pays de Ponthieu, qui lui appartenait. Il franchit les gués du fleuve, qui étaient mal défendus, et, poursuivi de près par Philippe, s'arrêta sur un monticule près de Crécy, s'y retrancha et attendit l'attaque. L'indiscipline de la noblesse française et l'incapacité de ses chefs donnèrent aux Anglais une victoire éclatante : onze princes, douze cents seigneurs, trente mille soldats restèrent sur le champ de bataille. Le roi de France, qui du moins avait lutté en brave, n'avait plus le soir autour de lui que cinq barons et soixante hommes d'armes.

Édouard ne le poursuivit pas : malgré sa victoire inattendue, il continua à remonter vers le Nord et mit le siège devant Calais : s'il parvenait à s'emparer de ce port, situé à deux heures de traversée de l'Angleterre, il avait en main la clef de la France.

Le siège commença le 3 septembre 1346. La ville était bien fortifiée : elle était défendue par les chevaliers des environs, qui s'y étaient enfermés, et par les habitants de la ville, la plupart gens habitués à la guerre et corsaires redoutés des marchands anglais. Le gouverneur de la ville était un brave chevalier de Bourgogne, Jean de Vienne. Édouard reconnut bien vite qu'il ne pouvait emporter Calais de force, et il fit construire toute une ville en bois, où il s'installa avec son armée, comme s'il eût dû rester là à demeure ; marchés, boucheries, boulangeries, draperies, rien ne manquait à la nouvelle cité qu'il appela Ville-Neuve la Hardie ; deux fois par semaine on tenait marché, et les soldats venaient s'y approvisionner de toutes les denrées nécessaires, qu'un service réglé de vaisseaux apportait d'Angleterre, sans compter le butin qu'on rapportait des campagnes et des villes de l'alentour. Le roi ne donnait point d'assaut, sachant qu'il perdrait sa peine et son monde : il trouvait plus profitable et plus prudent de s'en remettre à la famine, et il attendait tranquillement dans sa cité de bois, résolu à ne point la quitter, été ni hiver, que la faim ne lui eût ouvert les portes de la ville.

Calais, cependant, se ravitaillait par le port, grâce aux populations maritimes des côtes. Il y avait surtout deux marins d'Abbeville, nommés Marant et Mestriel, qui faisaient merveille, faisant passer des convois entre les croisières anglaises, toujours pourchassés et jamais pris. Une fois ils firent entrer tout un convoi de trente vaisseaux. Il y eut à cause d'eux plus d'un Anglais qui se noya devant Calais.

Le roi d'Angleterre, pour fermer la mer aux assiégés, fit alors construire sur la côte un château fort muni d'artillerie, qui domina l'entrée du port, et la famine commença à ravager la ville. Un convoi de quarante vaisseaux, signalé à la hauteur du Crotoy[1], fut dispersé par les Anglais. Le lendemain, au point du jour, les Anglais prirent un vaisseau qui essayait de sortir du port ; le patron, avant d'être pris, jeta à la mer une lettre attachée à une hache : on la retrouva le lendemain à la marée basse ; c'était une lettre adressée par le gouverneur au roi de France ; c'était le cri d'angoisse de la cité assiégée qui jetait son dernier appel : « Nos ressources sont épuisées, disait le gouverneur ; nous avons tout mangé, chiens, chats et chevaux, et nous ne pouvons plus trouver de vivres dans la ville à moins de manger de la chair humaine. Nous avons donc pris la résolution, si nous ne recevons prompt secours, de sortir de la ville et de com-

1. Petit port à l'embouchure de la Somme.

battre pour vivre ou mourir. Si vous ne vous hâtez, jamais plus vous n'aurez de lettre de nous, car la ville et nous-mêmes serons perdus. Que Dieu vous donne longue vie, et, si nous mourons pour vous, sachez-en gré à nos héritiers. »

Le roi de France avait compté, pour arracher Édouard au siège de Calais, sur une diversion des Écossais, nos alliés : trente mille Écossais, sous la conduite du roi David Bruce, avaient envahi l'Angleterre. Mais Édouard n'avait point bougé : sa femme, Philippe de Hainaut, s'était mise à la tête d'une armée de douze mille hommes, avait battu Bruce et l'avait fait prisonnier ; et la reine victorieuse était venue rejoindre son mari sous les murs de Calais, et tenir sa cour dans son palais de bois, comme elle aurait pu le faire à Londres.

Le roi de France, voyant Édouard III ainsi acharné à sa proie, résolut enfin de faire un effort pour délivrer la vaillante cité. Il donna rendez-vous à tous les chevaliers de France dans la ville d'Amiens pour l'époque de la Pentecôte. Tous furent fidèles au rendez-vous. On se mit en marche, et bientôt les défenseurs de Calais virent l'armée de délivrance paraître en face d'eux sur les hauteurs, et les bannières françaises flotter au vent. La milice de Tournay emporta d'assaut une tour anglaise située en avant du camp. Ce fut à Calais un jour de grande joie, mais aussi, hélas ! de grande déception. Car, arrivé au pont de Nieulay, Philippe reconnut que le camp d'Édouard était protégé par des marais inextricables où l'armée ne pouvait s'engager sans se perdre. Le lendemain, Philippe envoya dire à Édouard, avec la naïveté d'un chevalier du temps, qu'il était venu pour le combattre, mais que, ne trouvant pas de chemin pour arriver jusqu'à lui, il le priait de lui assigner un rendez-vous pour vider leur querelle. Édouard répondit froidement qu'il avait attendu là près d'un an, qu'il était à la veille de prendre Calais, qu'il n'avait pas l'intention d'agir au plaisir et au goût de Philippe, et que, s'il ne trouvait pas ici de chemin pour le joindre, il n'avait qu'à en chercher un autre ailleurs. Philippe, impuissant, abandonna Calais sans tenter un effort : il leva le camp le 2 août avant le jour, et les habitants, désespérés, comprirent que tout était perdu.

Il fallait se rendre. Le gouverneur monta sur les créneaux et fit signe aux assiégeants qu'il demandait à parlementer. Édouard envoya le sire[1] Gautier de Mauny. Jean de Vienne lui dit que les bourgeois, épuisés, rendaient leur ville et qu'ils demandaient la permission de se retirer sains et saufs, abandonnant au roi d'Angleterre la ville et le château. Gautier répondit : « Le roi n'entend pas que les gens de Calais puissent s'en aller ainsi : il veut que vous vous livriez à lui et vous remettiez à sa volonté, afin qu'il mette les uns à rançon et les autres à mort, comme il lui plaira. Les gens de Calais lui ont fait trop de mal, lui ont causé trop de pertes et lui ont fait périr trop de monde. »

Jean de Vienne répondit : « Nous sommes ici, à côté des habitants, un certain nombre de chevaliers, qui avons servi notre seigneur le roi de France loyalement et de tout notre pouvoir, comme vous auriez fait en pareil cas, et qui avons enduré mainte peine et mainte fatigue. Mais nous souffrirons plutôt mille morts que de consentir à ce que le moindre bourgeois de la ville souffre pis que le plus grand de nous. »

Le sire de Mauny retourna au camp, rapporta la réponse à Édouard et tenta de le fléchir, mais sans succès. Se voyant impuissant, il fit appel à l'égoïsme du roi et lui dit : « Sire, vous pourriez bien avoir tort. C'est un mauvais

1. *Sire* signifiait *seigneur.*

exemple que vous donnez, et si vous faites mourir ces gens, il se pourrait bien que les hommes qui gardent vos forteresses les défendent sans grand cœur contre vos ennemis, par crainte d'un pareil traitement ». Ces paroles, appuyées par les autres seigneurs, firent réfléchir le roi, qui répondit : « Je ne puis tenir seul contre vous tous. Allez donc à Calais et dites au capitaine qu'il faut que six notables de la ville viennent ici, tête et pieds nus, la corde au cou, m'apporter les clefs de la ville et du château : de ceux-là je ferai ce qu'il me plaira ; le reste aura la vie sauve ».

Gautier de Mauny vint rapporter au gouverneur les paroles du roi. Jean de Vienne se rendit au marché, fit sonner la cloche d'appel, et, quand tout le peuple fut rassemblé sur la place, il prit la parole, et, les larmes dans la voix, fit connaître les conditions du vainqueur. Les sanglots de la foule répondirent à ses paroles.

Au milieu du désespoir général, le plus riche bourgeois de la ville, nommé Eustache de Saint-Pierre, se détacha de la foule, et, s'avançant sur la place, dit : « Messieurs, ce serait grand'pitié de laisser périr un peuple comme celui-ci, quand il suffit que quelques-uns se sacrifient. Il me serait doux de mourir pour sauver tant d'âmes, et je suis prêt à aller en chemise, tête nue et pieds nus, la corde au cou, me remettre à la merci du roi d'Angleterre. » Hommes et femmes se jetèrent à ses pieds en pleurant tendrement.

Alors se leva un second bourgeois, père de deux belles jeunes filles, et il dit qu'il tiendrait compagnie à son ami Eustache de Saint-Pierre. On le nommait Jean d'Aire.

Puis vinrent deux frères, Jacques et Pierre de Wissant, puis encore deux autres bourgeois. Ils dépouillèrent leurs vêtements sur la place même, et se mettant la corde au cou, prirent en main les clefs de la ville et sortirent pieds nus par la porte de Calais. Jean de Vienne les précédait, monté sur une petite haquenée, parce qu'il ne pouvait marcher, à cause d'une blessure qu'il avait reçue dans le siège. Arrivé aux barrières du camp anglais, il remit les six bourgeois aux mains de Gautier de Mauny, qui les attendait, en disant : « Messire Gautier, comme capitaine de Calais, et avec le consentement du pauvre peuple de cette ville, je vous remets ces six bourgeois, les plus honorables de Calais par leur personne, leurs biens et leur famille, et qui vous apportent les clefs de la ville et du château. Priez pour eux le roi d'Angleterre. »

Gautier conduisit les six bourgeois vers le palais du roi. Le roi était alors dans sa chambre, en grande compagnie de comtes, de barons et de chevaliers. Quand il apprit l'arrivée des bourgeois, il sortit sur la place, suivi de ses chevaliers et accompagné de la reine. Gautier s'avança vers le roi, lui présenta les bourgeois, et Eustache de Saint-Pierre dit au roi : « Sire, nous sommes six bourgeois notables de Calais qui vous apportons les clefs de la ville et du château et qui nous livrons à vous, afin que vous épargniez le reste du peuple, qui a enduré tant de souffrances. » Tous ceux qui assistaient à cette scène contemplaient les Français avec émotion, et les larmes dans les yeux. Mais le roi les regarda longtemps avec rage, et sans dire un mot, comme s'il était muet de colère ; car il haïssait fort les gens de Calais à cause du mal que leurs marins lui avaient fait au temps passé. Il retrouva enfin la parole pour ordonner de leur trancher la tête.

Les seigneurs qui entouraient le roi le supplièrent de faire grâce : il resta inflexible. Gautier de Mauny lui dit : « Sire, retenez votre colère ; vous avez partout une haute renommée de générosité et de noblesse ; prenez garde qu'elle ne soit amoindrie et qu'on ne parle de vous avec blâme! Ne craignez-vous pas un renom de cruauté, si vous faites périr des hommes qui se sont dévoués pour le salut des autres? » Le roi l'interrompit en grinçant des dents, et dit : « Monsieur Gautier, il suffit. Les gens de Calais ont fait mourir tant de mes hommes qu'il faut que ceux-ci meurent à leur tour. Appelez le bourreau. »

Alors la reine d'Angleterre, qui était restée silencieuse jusque-là, se jeta aux pieds du roi et lui dit : « Ha! sire, depuis que j'ai repassé la mer après avoir affronté pour vous de si grands périls, je ne vous ai rien demandé, vous le savez ; eh bien! je vous en supplie à présent, au nom du ciel et pour l'amour de moi, prenez en pitié ces six hommes! »

Le roi resta silencieux, regardant la reine, qui pleurait à ses pieds. Il n'osa résister à ses larmes, et, sacrifiant sa vengeance, il la releva doucement et dit : « Madame, vous priez si tendrement que je n'ose vous refuser. Je vous donne ces six hommes, faites d'eux ce que vous voudrez. » La reine, joyeuse, fit relever les six bourgeois, leur fit ôter la corde du cou, leur donna de riches vêtements, les fit dîner dans sa chambre, puis reconduire en sûreté hors du camp.

II. COMMENT CALAIS FUT REPRIS (1558).

Quand les Anglais eurent été chassés de France, ils gardèrent Calais, de sorte que les portes de la France restaient ouvertes. Cela dura deux cent dix ans, jusqu'en 1558. A cette époque, la France était en guerre avec l'Espagne et l'Angleterre coalisées, et elle venait de subir une défaite sanglante à Saint-Quentin. Un général français, le duc de Guise, profitant avec une audace inouïe de la défaite même, se dirigea à marches forcées sur Calais, que les Anglais, habitués à une tranquille possession de deux siècles et sachant d'ailleurs les Français écrasés, n'avaient pas songé à mettre en état de défense. Les Français parurent tout à coup en vue de Calais, le 1er janvier 1558 : le pont de Nieulay, où deux siècles avant était venue échouer l'immense armée de Philippe VI, est emporté d'un coup de main ; le fort de Risbank, qui domine la mer et couvre le port, se rend sans résistance ; le 6 janvier au soir, un détachement traverse le port à la marée basse, avec de l'eau jusqu'à la ceinture, et prend d'assaut le château. Le retour de la marée ayant isolé les Français dans le château, les Anglais montent à leur tour à l'assaut, mais ils sont repoussés avec perte. Le 8 janvier, le gouverneur se rend sans conditions. Il avait à peine ouvert les portes qu'une escadre anglaise, envoyée à son secours, paraissait en vue de la place : elle ne put que retourner en Angleterre et rapporter la nouvelle que les Anglais n'avaient plus un pied de terrain en France. A partir de ce jour, la reine d'Angleterre, Marie Tudor, ne fit plus que dépérir, et elle mourut en disant : « Si l'on ouvrait mon cœur, on y trouverait écrit le nom de Calais ».

C'est ainsi que la France rentra, après deux siècles, en possession de son bien qu'on lui avait enlevé. Les Français de Calais, qui semblaient devenus étrangers pour toujours, rentrèrent dans le sein de la grande patrie. C'est qu'une conquête injuste, si longtemps qu'on la garde, se perd toujours à la fin, et ne laisse au conquérant que le souvenir de son injustice et la honte de son châtiment. Cela s'est toujours vu dans le passé et cela se verra toujours dans l'avenir, parce que le droit prime la force.

X. — Le Combat des Trente (1352).

Pendant la guerre de Cent ans, les Anglais avaient envahi la Bretagne. Un capitaine anglais, nommé Richard Bramborough, gouverneur de Ploermel, ravageait la campagne. Un jour, un capitaine breton, nommé Robert de BEAUMANOIR, gouverneur du château de Josselin[1], vit une bande de paysans que les Anglais emmenaient en esclavage, comme un troupeau de bœufs que l'on mène au marché : il en eut pitié et envoya dire au capitaine anglais : « Vous avez grand tort d'opprimer le pauvre peuple, qui ne vous fait point de mal ; c'est aux gens de guerre que vous devez faire la guerre. Donc, venez avec trente hommes dans la lande de Josselin ; j'y serai avec trente hommes, et nous combattrons, soldats contre soldats, avec l'épée, la dague et la hache ».

Le défi fut accepté et la rencontre eut lieu dans la lande, par une chaude journée d'août, en l'année 1352. C'est ce que l'on a appelé le Combat des Trente. Dès le commencement de la lutte, le capitaine Beaumanoir fut blessé. Comme il souffrait de la chaleur et de la fièvre et se mourait de soif, il cria à ses hommes : *De l'eau! de l'eau!* Un de ses soldats, Geoffroi Dubois, occupé à abattre un Anglais, se retourna vers Beaumanoir et lui cria :

— « Bois ton sang, Beaumanoir! La soif te passera. »

Beaumanoir rougit de sa faiblesse et se releva plus fort pour la lutte. La rencontre se termina à notre avantage. Le capitaine Bramborough périt, les Anglais se rendirent, et le parti français triompha en Bretagne.

1. Ploermel et Josselin sont dans le Morbihan.

Le mot du soldat Geoffroy Dubois passa en proverbe, et pour dire : « Supporte bravement ton mal, puisqu'il n'y a pas de remède ! » on disait : « Bois ton sang, Beaumanoir ! » Il y a toujours de la faiblesse d'âme à se plaindre, et dans la maladie, l'affliction, la misère, dans toute souffrance, quelle qu'elle soit, il faut nous rappeler qu'il y en a d'autres que nous qui souffrent autant ou plus que nous-mêmes, et en pensant à eux nous ne songerons plus à nous plaindre.

XI. — Le grand Ferré (1359).

Après leur grande victoire sur les chevaliers français à Poitiers, les Anglais se crurent les maîtres de la France, car il n'y avait plus d'armée. En ce moment-là, un pauvre paysan leur montra ce que peut un homme quand il combat pour son champ et sa famille.

Dans le petit village de Longueil, près de Compiègne, il y a un lieu assez fort et facile à défendre. Les habitants, voyant qu'ils seraient en péril si les Anglais l'occupaient, s'y établirent avec la permission de leur seigneur, le fortifièrent solidement, et choisirent pour capitaine un brave et beau fermier, nommé Guillaume des Alouettes, à qui ils jurèrent de défendre le poste jusqu'à la mort. Guillaume avait à son service un autre paysan de haute taille et d'une force incroyable, mais d'une docilité et d'une modestie extrême. Le capitaine faisait de lui tout ce qu'il voulait, et le lançait ou le retenait à son gré, comme un cheval vigoureux qui obéit à la bride ; on l'appelait le Grand Ferré.

Ils étaient donc là deux cents, tous laboureurs et pauvres gens, de ceux qui gagnent leur vie du travail de leurs mains. Les Anglais de Creil, apprenant la chose, se dirent : « La position est bonne, il faut la prendre; allons chasser ces manants. » Ils arrivent sans être aperçus, et trouvant les portes ouvertes, — car les pauvres gens, peu habitués aux choses de la guerre, ne se gardaient pas, — ils entrent hardiment comme chez eux. Au bruit qu'ils font, des paysans se mettent aux fenêtres, et voyant de quoi il s'agit, descendent dans la rue; leur capitaine était avec eux et il se mit à frapper bravement sur les Anglais; mais il fut entouré et frappé à mort. Le grand Ferré et les autres descendent à leur tour et se disent : « Vendons chèrement notre vie, car il n'y a pas de merci à attendre. » Ils se rassemblent donc et tombent sur les Anglais, sur lesquels ils frappent comme s'ils battaient le blé dans l'aire. Les bras se levaient et s'abattaient et à chaque coup un ennemi tombait.

Cependant Ferré arrive près de son capitaine, et, le voyant frappé mortellement, il gémit profondément : puis il s'occupe de le venger. Il s'avance entre les Anglais et les siens, dominant les uns et les autres de toute la hauteur de la tête. Il maniait une hache de fer, si lourde qu'un homme ordinaire pouvait à peine à deux mains la soulever de terre; et lui, la faisait aller à droite et à gauche, et à chaque coup il fendait un casque ou abattait un bras, et il fit si bonne besogne que la place fut nette en un instant.

Les Anglais se sauvent, plusieurs sautent dans le fossé et se noient. Ferré tue l'homme qui porte la bannière anglaise et dit à un de ses camarades d'aller la jeter dans le fossé. L'autre lui montrant qu'il y a encore trop d'ennemis entre lui et le fossé, Ferré lui dit : « Eh bien! suis-moi! » et il se mit à marcher devant lui, jouant de sa hache de droite et de gauche, et il se fit un chemin jusqu'au fossé, où l'autre jeta dans la boue la bannière ennemie. Ferré alors se reposa un instant, car il était bien fatigué de la besogne qu'il avait faite ; mais il retourna bientôt après contre ce qui restait d'Anglais. Bien peu de ceux qui étaient venus faire le coup purent s'échapper, grâce à Dieu et au grand Ferré, qui en tua, ce jour-là, plus de quarante.

Les Anglais de Creil furent honteux et furieux de voir tant de leurs braves mis à mort par des vilains. Ils revinrent le lendemain en plus grand nombre : mais on ne les craignait plus à Longueil. Les gens de Longueil vinrent au-devant d'eux, le grand Ferré en tête avec sa grande hache. Quand les Anglais le virent et sentirent la force de son bras et de sa hache, ils auraient bien voulu n'être pas venus de ce côté-là. Mais ils ne purent s'en aller si vite qu'ils ne laissassent bien des morts et des prisonniers.

Mais le grand Ferré s'était fort échauffé dans la bataille, parce que la besogne était rude : il but de l'eau froide en rentrant, et aussitôt la fièvre le prit. Il retourna à son village, rentra dans sa cabane pour se faire soigner par sa femme, et se mit au lit : mais il eut soin de mettre près de lui sa bonne hache de fer, qui lui avait si bien servi.

Quand les Anglais apprirent que le grand Ferré était malade, ce sont eux qui furent contents ; ils se dirent : « Il ne faut pas qu'il ait le temps de guérir, » et ils dépêchèrent douze hommes pour le tuer. Sa femme les vit venir de loin et lui cria : « Oh ! mon pauvre Ferré, voici les Anglais, que vas-tu faire ? » Lui, oublie son mal, se lève vite, et, prenant sa bonne hache, sort dans la cour. Quand les Anglais entrèrent, il leur cria : « Ah ! brigands, vous venez pour me prendre au lit : mais vous ne me tenez pas encore. » Il s'adossa au mur pour n'être pas entouré, et jouant de la hache, il les mit à male mort. Sur douze il en tua cinq et le reste se sauva bien vite.

Alors Ferré se remit au lit: mais, comme il s'était encore fort échauffé, il but encore de l'eau froide ; la fièvre en redoubla, et, quelques jours après, il mourut. On l'enterra au cimetière du village et tous les gens du pays pleurèrent à sa mort plus que si c'était un duc ou un prince ; car, de son vivant, les Anglais n'auraient jamais osé approcher, et quand les pillards venaient ravager la campagne, tuant, brûlant et volant, les pauvres paysans disaient en soupirant : « Ah ! si le grand Ferré était encore ici ! »

XII. — Ringois (1360).

Par la paix de Brétigny, une des plus honteuses que la France ait jamais eu à subir, le roi Jean cédait au roi d'Angleterre plus du quart de la France. Mais il est plus facile à l'étranger de conquérir le sol que les gens qui l'habitent, et, bien que le pays fût épuisé, les populations cédées refusèrent longtemps de passer sous la loi de l'ennemi. Les gens de La Rochelle fermèrent une année entière les portes de leur ville aux commissaires anglais qui venaient en prendre possession, et, quand il leur fallut céder enfin, sur les ordres répétés du roi, ils dirent aux Anglais : « Nous vous ferons hommage du bout des lèvres, mais le cœur reniera les lèvres ».

Une des villes qui avaient le plus de peine à se faire à l'idée de devenir anglaise était Abbeville. Les gens de ce pays étaient de braves et hardis marins qui avaient fait la course avec succès contre les Anglais, et qui, dans le temps, avaient fait merveille pour aider Calais assiégé[1]; et comme ils n'avaient pas été vaincus, eux, ils s'indignaient d'avoir à subir le joug de l'étranger. Aussitôt que les Anglais eurent pris possession de la ville, une insur-

1. Voir plus haut, page 40.

rection éclata. Un des principaux chefs était un bourgeois, nommé Ringois. L'insurrection fut réprimée et Ringois fut pris. Le gouverneur anglais pensa que ce serait une grande chose de gagnée s'il pouvait décider Ringois à reconnaître le roi d'Angleterre, car il pourrait dire alors aux habitants : « Vous voyez bien que nous avons le droit pour nous, puisqu'un patriote comme Ringois nous reconnaît. » Il lui offrit donc la vie sauve s'il consentait à prêter serment au roi d'Angleterre. Ringois répondit : « Non ! Je suis Français. » On le transporta alors en Angleterre, espérant que, séparé de ses compatriotes et seul sur la terre étrangère, son courage faiblirait.

Il y a sur la côte d'Angleterre, à Douvres, en face de Calais, à l'endroit où la mer qui sépare la France de l'Angleterre est le plus étroite, une falaise d'une hauteur prodigieuse. Elle est si haute que du sommet l'on n'entend pas le bruit des vagues qui se brisent à ses pieds : les corbeaux qui volent à mi-chemin paraissent à peine gros comme des hannetons, et les barques des pêcheurs paraissent comme des points sur la mer. C'est là que les soldats conduisirent Ringois, et lui montrant du doigt l'abîme, lui dirent : « Prête serment. »

Il répondit : « Je suis Français, » et il tomba aussitôt, précipité à coups de lance dans le gouffre.

C'est ainsi que mourut Ringois, plutôt que de reconnaître le droit de la force, et, malgré la conquête, il mourut Français comme il avait vécu.

XIII. Popularité de Du Guesclin.

Du Guesclin[1] est un des chevaliers qui ont le plus fait pour relever la France après les défaites du roi Jean.

1. Bertrand Du Guesclin, né près de Rennes en 1320, mort en 1380.

Mais si son nom est resté célèbre parmi le peuple, ce n'est point seulement à cause de sa valeur, car la valeur n'a jamais été chose bien rare en France; c'est surtout à cause du bien qu'il a fait aux faibles et aux pauvres. Une des grandes calamités de l'époque, c'étaient les ravages des bandes d'aventuriers qui s'étaient formées pendant la guerre et qu'on appelait les Grandes Compagnies. Elles étaient formées de pillards de tous les pays, Anglais, Allemands, Italiens, Français même, qui étaient accourus pour prendre part au pillage de la France. Les Grandes Compagnies n'étaient ni françaises, ni anglaises; elles se battaient pour le parti qui les payait le mieux, et le plus souvent se battaient pour elles-mêmes. Elles parcouraient les campagnes, pillant et massacrant les paysans, mettant les villes mêmes à rançon. Elles étaient aussi féroces et aussi redoutées que les pirates normands qui étaient venus cinq siècles auparavant.

Le grand bienfait de Du Guesclin fut de débarrasser la France de ces bandits. Il leur fit une guerre sans relâche, les poursuivant et les exterminant, et il nettoya de cette peste la Bretagne, le Poitou et le Maine. Mais il y en avait tant, et les habitudes de pillage s'étaient si bien enracinées, que, pour une bande détruite ici, il en repoussait dix ailleurs. Alors Du Guesclin, qui s'était fait la terreur de ces bandes par ses exploits, imagina de se mettre à leur tête pour les conduire dans des aventures lointaines. Il y avait une guerre civile en Espagne, où un prince, Henri de Transtamare, disputait le trône à son frère, le roi Pierre. Le roi de France se déclara en faveur de Henri, qui lui promettait l'alliance de l'Espagne s'il devenait roi, et Du Guesclin amena au secours du prétendant les Grandes Compagnies, qui débarrassèrent ainsi la France de leur présence, et allèrent se faire tuer pour elle au-delà des Pyrénées. C'était double profit.

Aussi le peuple voua à Du Guesclin une reconnaissance sans bornes. Le paysan qui rentrait son grain en grange se disait que, grâce au brave chevalier breton, il était sûr désormais que son bien lui resterait, et, quand il faisait sa prière du soir, il n'oubliait jamais d'ajouter à son nom et à celui des siens le nom du bon connétable.

Du Guesclin savait combien il était aimé et il en était fier. Un jour, il fut fait prisonnier en Espagne par le prince de Galles, qui soutenait le parti du roi Pierre. Le prince, qui l'estimait à sa valeur, tenait peu à rendre la liberté à un si rude adversaire et refusait toute rançon. Un jour, Bertrand rencontra le prince, qui lui dit :

« Comment allez-vous, messire Bertrand?

— A merveille, répondit le rusé Breton, car on dit partout que je suis le premier chevalier du monde, puisque vous n'osez me mettre à rançon. »

Le prince, piqué au vif, lui dit : « Eh bien! fixez vous-même votre rançon.

— Je la fixe à cent mille livres, répondit fièrement Du Guesclin ?

— Et où les trouverez-vous ? s'écria le prince, qui savait bien que le brave Breton n'avait pour toute fortune que son épée et sa cotte de mailles.

— Monseigneur, répondit Bertrand, le roi de France paiera la moitié, le prince Henri d'Espagne paiera l'autre, et, s'ils n'ont pas d'argent, il n'y aura pas de fileuse en France qui ne veuille filer une quenouille pour aider au paiement de ma rançon ».

XIV. — Mort de Du Guesclin (1380).

Du Guesclin avait fait si rude guerre aux Anglais qu'il ne leur restait plus que quelques châteaux forts dans la Guienne. Il se rendit là avec une armée, enleva sur son passage toutes les places qu'il rencontrait, et arriva enfin devant une forteresse appelée Château-Neuf de Randon[1], qui était défendue par une forte garnison et une puissante artillerie. Elle opposa une résistance vigoureuse, et Du Guesclin fit serment de ne point lever le siège qu'elle ne se fût rendue. A la fin, le gouverneur, désespérant du succès, fit demander une trêve, livra des otages, et s'engagea à rendre la place à un jour fixé, s'il ne recevait pas de secours auparavant.

Pendant la trêve, Du Guesclin tomba malade et bientôt il sentit qu'il allait mourir. C'était le dernier jour de la trêve. Il appela ses compagnons d'armes et leur dit : « Je vais mourir. J'aurais voulu auparavant mettre fin aux guerres de France et rendre au roi tout son royaume : mais vous le ferez après moi. Il y a seulement une chose que je veux vous demander pour mourir content. Vous savez qu'aujourd'hui expire le délai que les Anglais ont fixé pour se rendre. J'aimerais que le château me fût rendu avant que je meure. »

La journée se passa sans que la garnison reçût de secours. Le lendemain matin, le maréchal Louis de Sancerre se rendit devant le château, appela le gouverneur et lui dit : « Capitaine et ami, au nom de monseigneur le connétable Du Guesclin, je viens vous prier de rendre les clefs du château, selon votre promesse ». Le gouverneur répondit qu'il allait consulter la garnison et rendrait réponse après dîner. Louis de Sancerre revint auprès du connétable et lui rendit compte de sa démarche : mais, quelques minutes après, Du Guesclin expira, et les cris de douleur qui s'élevèrent dans le camp apprirent aux Anglais que leur grand adversaire avait cessé de vivre.

Les Anglais sortirent du château, le gouverneur en

1. Dans la Lozère.

tête ; le maréchal les conduisit à l'hôtel où reposait le mort, et le gouverneur vint déposer les clefs sur le corps du connétable. Tous, autour du lit, Français et Anglais, pleuraient ou priaient en silence.

C'est ainsi que Du Guesclin vainquit encore pour son pays après la mort et son ombre même remportait des victoires.

XV. — Le siège de Rouen et Alain Blanchard (1418-1419).

Du Guesclin et Charles V avaient chassé les Anglais; Édouard III était mort désespéré : le nouveau roi d'Angleterre, Richard II, avait épousé une fille de Charles V et la paix régna entre les deux pays. Malheureusement, Richard II fut bientôt renversé et étranglé par un de ses cousins, qui monta sur le trône sous le titre de Henri IV.

L'usurpateur, odieux à ses sujets, mourut bientôt, dévoré de soucis et de remords. Comme il était à l'agonie, son fils entra dans sa chambre, et, le croyant mort, saisit la couronne placée près du lit et la mit sur sa tête. Le mourant rouvrit les yeux, et, songeant à ses crimes, lui dit avec un sourire amer : « Mon fils, quel droit avez-vous à cette couronne? Votre père n'y avait pas droit. »

Le nouveau roi, Henri V, était un jeune homme d'une ambition ardente, sans pitié ni scrupule, mais d'une énergie rare. Il pensa que le meilleur moyen de s'affermir sur le trône était de lancer le pays dans une guerre nouvelle contre la France : il promit aux siens de la gloire et du butin, et envahit la France.

Le moment était bien choisi. Le roi Charles VI était fou; la reine Isabeau de Bavière était une Allemande sans cœur et sans vertu. La guerre civile régnait : le duc d'Orléans, frère du roi, avait été assassiné par son cousin, le duc de Bourgogne; son gendre, le comte d'Armagnac, avait pris les armes pour le venger, et une guerre atroce, la guerre des Armagnacs et des Bourguignons, inondait la France de sang. C'est en ce moment que Henri V débarqua en Normandie; il prit Harfleur, qui résista un mois et lui détruisit la moitié de son armée; cependant, avec le reste de son armée, quinze mille hommes à peine, il extermina la noblesse française à la honteuse bataille d'Azincourt (1415). Il rentra en triomphe à Londres, chargé de butin, puis revint deux ans plus tard en Normandie, et mit le siège devant la capitale de cette province, Rouen.

La ville de Rouen était alors beaucoup plus grande qu'aujourd'hui : elle comptait près de 200,000 habitants, et c'était la plus riche cité de France après Paris. L'armée assiégeante comptait cinquante mille hommes. Rouen, qui avait embrassé le parti des Bourguignons, parce que le duc de Bourgogne, Jean sans Peur, se donnait pour l'ami du peuple et promettait de gouverner pour le bien des petits, fit appel au duc : mais le duc aimait beaucoup mieux garder ses troupes pour faire la guerre aux Français de l'autre parti qu'aux Anglais, avec qui il traitait en secret, et il n'envoya que quatre mille hommes. Les Parisiens, qui avaient pourtant eux-mêmes besoin de toutes leurs forces chez eux, envoyèrent six cents volontaires. Tout cela était bien peu pour tenir tête à une armée admirablement conduite : aussi les Rouennais comprirent qu'ils ne pouvaient compter que sur eux-mêmes : ils s'organisèrent en milice et formèrent un corps de douze mille hommes, sous les ordres d'un bourgeois énergique, nommé Alain Blanchard.

Les Anglais furent signalés au commencement de juillet : une proclamation enjoignit à tous les habitants qui ne servaient pas de se munir de vivres pour dix mois : ceux qui ne pourraient le faire devaient quitter la ville. Malheureusement, cette ordonnance ne put s'exécuter : la moisson n'était pas encore mûre, les communications avec les provinces étaient coupées, et, loin de se débarrasser des bouches inutiles, la ville se vit bientôt encombrée de toute la population des campagnes environnantes, qui fuyait éperdue devant l'ennemi et venait chercher un refuge dans les murs de Rouen. La population s'éleva à près de 300,000 âmes, dont un quinzième à peine pouvait servir à la défense.

Bientôt arriva un envoyé du roi d'Angleterre, qui sommait les habitants de rendre la ville au roi : on leur promettait de respecter leurs droits et de leur accorder de nouveaux priviléges. Les Rouennais répondirent simplement : « Nous n'avons rien à recevoir du roi d'Angleterre, et rien à lui donner. » Ils savaient bien qu'ils étaient abandonnés à eux-mêmes, qu'il n'y avait plus de gouvernement en France, et qu'ils périraient sans doute dans la lutte ; mais ils savaient aussi qu'ils étaient Français et qu'ils devaient à la France de lutter pour elle jusqu'au bout, fussent-ils seuls contre toutes les forces du roi d'Angleterre.

Le 29 juillet, à minuit, le roi d'Angleterre arrivait sous les murs de Rouen et distribuait immédiatement ses troupes autour de la ville. Le lendemain, à l'aube du jour, les Rouennais virent les bannières et les lances anglaises étinceler de toutes parts au soleil, et les corps d'armée se développer en silence et en ordre autour des murailles. Le jour même, ils firent une sortie générale par toutes les portes : après une lutte acharnée, ils furent refoulés dans la ville, mais leurs canons, tirant des hauteurs de la ville, firent de grands ravages dans les rangs ennemis, qu'ils tinrent à distance. Les sorties recommencèrent les jours suivants, et le roi, pour se garantir, fit creuser entre son camp et les murailles un immense retranchement, qui bientôt enveloppa la ville tout entière et coupa ses communications du côté de la terre. Un fort avancé qui couvrait Rouen du côté de Paris, le fort Sainte-Catherine, fut investi, isolé, et, après des assauts inutiles repoussés avec perte, dut ouvrir ses portes devant la famine. Pour couper les communications par eau, le roi jeta sur la

Seine, à cinq kilomètres en amont de Rouen, un pont fortifié d'où il arrêtait les vaisseaux rouennais; en aval, il tendit, dans la Seine même, d'une rive à l'autre, trois immenses chaînes de fer, l'une au-dessus des eaux, l'autre à la surface, la troisième à un pied et demi de profondeur. La flotte rouennaise devenait inutile, car le courant l'eût brisée contre ce rempart : les habitants la brûlèrent, pour qu'elle ne tombât pas aux mains de l'ennemi. Rouen se trouva dès lors isolée du reste du monde, au milieu de ses ennemis; mais son courage ne faiblit point. Tous les assauts furent repoussés, et le roi, renonçant aux attaques par la force, attendit patiemment que la faim fît tomber les armes des mains des assiégés. « La guerre a trois servantes à son service, disait-il : la flamme, le fer et la faim ; j'ai choisi la plus douce des trois ».

Cependant le duc de Bourgogne, maître de Paris, où il venait de faire massacrer les Armagnacs, ne bougeait pas et laissait les Anglais tranquilles devant Rouen. Vers la fin d'octobre, un vieux prêtre parvint, au péril de sa vie, à traverser les lignes anglaises, et arriva jusqu'à Paris. Il fut introduit devant la cour, présidée par le roi fou, Charles VI, et par le duc de Bourgogne, et il prononça ces simples mots : « Sire, et vous, qui avez le gouvernement du roi et du royaume, duc de Bourgogne, il m'est enjoint par les habitants de Rouen de vous jeter le grand cri de détresse, à cause de l'oppression que nous subissons des Anglais; et ils vous font savoir par moi, que si, faute d'être secourus par vous, ils deviennent sujets du roi d'Angleterre, vous serez maudits à tout jamais, vous et votre postérité. » Le conseil fut ému ou sembla ému, et le duc promit du secours à bref délai. Le messager vint rapporter la bonne nouvelle, qui fut accueillie avec enthousiasme. Les cloches sonnèrent à toutes volées, pour fêter la délivrance prochaine : c'était la première fois qu'on les entendait depuis le commencement du siège, et c'est la dernière fois qu'on les entendit jusqu'à la fin.

Mais le duc de Bourgogne n'avait de décision et d'énergie que pour la guerre civile. Il perdit tout le mois de novembre à négocier avec le roi d'Angleterre, qui lui laissait espérer la paix et qui traînait les choses en longueur avant de rompre, attendant les ravages de la famine à l'intérieur de Rouen. Il n'y avait plus de blé, plus de viande : un cheval maigre se vendait 1,300 francs, un œuf 5 francs. On rongeait les écorces d'arbres et les peaux d'animaux. Chaque jour mouraient des victimes sans nombre, que les survivants n'avaient point la force d'ensevelir. Aux premiers jours de décembre, on fut obligé de prendre une résolution cruelle : on mit hors des murs quinze mille bouches inutiles, femmes, enfants, vieillards, espérant d'ailleurs que l'ennemi les laisserait passer. Les malheureux se présentèrent devant les lignes anglaises, demandant le passage : les femmes se jetaient à genoux avec leurs enfants dans les bras, en criant *pitié!* Les soldats anglais, touchés de pitié, leur donnèrent quelque pain ; mais le roi défendit de les laisser passer et ordonna de les refouler dans le fossé du rempart. Ils restèrent là des semaines entre le feu de la ville et celui du camp, sous le froid de décembre, arrachant l'herbe et les racines amères au revers des fossés : chaque jour des centaines expiraient. Le roi n'avait qu'un mot à dire pour les sauver ; mais il refusa de le dire, espérant que la vue de cette misère déciderait les Rouennais à capituler. Il se trompait : sa dureté ne fit qu'exaspérer leur courage. Le chanoine Robert de Livet, remplaçant l'archevêque qui s'était enfui, vint du haut des murs lancer solennellement l'excommunication et l'anathème sur Henri V et son armée, et les Rouennais prêtèrent serment sur l'épée nue de mettre à mort quiconque parlerait de se rendre. Mieux valait mourir de faim ou périr dans le combat que de devenir les sujets de ce roi.

Cependant les jours s'écoulaient et les secours annoncés par le duc de Bourgogne n'arrivaient pas. Les Rouennais résolurent d'aller les chercher eux-mêmes en forçant le camp ennemi : on forma un corps d'élite de dix mille combattants, et l'on rassembla tout ce qu'on put trouver de vivres dans la ville, afin que chaque homme eût deux jours de vivres et que l'on pût ainsi aller jusqu'à Beauvais, où se rassemblait l'armée du duc de Bourgogne. La nuit venue, un corps de deux mille hommes sortit subitement par la porte du Nord-Est et fondit sur le quartier du roi, où il fit un grand carnage. Mais ce n'était qu'une feinte pour masquer la véritable attaque qui se faisait du côté de l'Ouest : huit mille hommes sortaient du château pour percer les lignes anglaises, qui étaient dégarnies de ce côté, ses défenseurs s'étant portés au secours du roi ; de là on devait marcher sur Beauvais. Déjà les premiers rangs avaient passé le pont du château, et le gros de la colonne s'engageait à sa suite, quand un fracas horrible retentit : c'était le pont qui croulait en entraînant dans le fossé tous ceux qu'il portait. L'ennemi accourt au bruit ; ceux qui avaient déjà passé sont coupés et pris ; la tentative était manquée. Ce qui était pis que l'échec, c'est que la confiance et la concorde étaient ébranlées du même coup : car on accusait de trahison le gouverneur du château, le sieur Guy le Bouteiller : on disait qu'il avait fait scier en secret les poutres du pont. On pouvait bien lutter contre la faim et le fer ; mais comment lutter contre la trahison? Les Rouennais tentèrent une dernière démarche auprès du duc de Bourgogne. Ils lui envoyèrent un message où ils lui rappelaient ses promesses mensongères et déclaraient que, s'ils n'étaient point secourus, ils étaient prêts à se rendre. Il leur demanda d'attendre quinze jours encore : ils promirent.

On était arrivé à la nuit de Noël, jour de fête et de joie chez tous les peuples chrétiens, et que les Anglais, en particulier, ont de tout temps célébré avec entrain. C'était fête et réjouissance au camp. Le roi Henri V, au milieu des cris et des chants des siens, eut un instant de pitié pour les malheureux qui se mouraient dans les fossés. Il voulut qu'ils eussent, eux aussi, leur part de fête et leur fit distribuer par deux prêtres des aliments et de la boisson en abondance. Mais le lendemain toute sa dureté reparut et la faim revint avec toutes ses horreurs. Il avait, dit-on, soit par pitié, soit par ironie, envoyé à Rouen même des hérauts chargés d'offrir des vivres aux habitants pour le jour de Noël. Les Français refusèrent, en voulant rien de l'ennemi.

Le terme fixé par le duc était arrivé : l'armée qu'il avait si lentement réunie, mal équipée, mal entretenue, mal payée, s'était dispersée sans combattre, et il fit dire sèchement aux Rouennais qu'ils pouvaient traiter avec les Anglais pour leur salut. Après cinq mois de siège, les murs de la ville étaient encore intacts et les canons ennemis n'avaient pas ouvert une brèche : mais la faim brise les remparts de pierre : cinquante mille personnes étaient mortes de faim en cinq mois.

Le 3 janvier, les parlementaires se rendirent au quartier du roi pour discuter les conditions de la capitulation ; le roi déclara qu'il fallait se rendre sans conditions. Cette réponse, rapportée à Rouen, souleva une indignation générale, et le peuple, convoqué en masse sur la place publique, s'écria qu'il valait mieux périr tous ensemble dans un dernier effort que de se livrer sans conditions à la merci du vainqueur. Il fut décidé qu'on minerait un pan de muraille, et qu'après avoir mis le feu à tous les quartiers de la ville, les hommes valides, formant une masse compacte, au milieu de laquelle on placerait les femmes, les enfants et les vieillards, précipiteraient le mur dans le fossé, fondraient sur les lignes anglaises, et s'en iraient par cette trouée où Dieu voudrait bien les conduire.

Le roi d'Angleterre fut averti à temps et il eut peur de ce coup de désespoir ; il craignait d'ailleurs de perdre le butin immense qu'il comptait trouver à Rouen. Il fit reprendre les négociations, et la capitulation fut signée le 9 janvier. Il garantissait à la garnison la vie sauve, aux habitants leurs propriétés, à la ville une partie de ses libertés municipales : mais Rouen payait une rançon de 18 millions, et neuf citoyens étaient exceptés de l'amnistie ; c'étaient ceux qui avaient le plus énergiquement dirigé la défense, entre autres Robert de Livet, celui qui avait lancé l'anathème contre le roi, et le chef de la milice, Alain Blanchard. Le 20 janvier, le roi entra en triomphe à Rouen, à la tête de son armée, au son des cloches, précédé du clergé, qui chantait des hymnes ; les rues où il passait étaient encore encombrées de cadavres, et de mourants qui demandaient du pain.

Sur les neuf victimes qu'il s'était réservées, huit offrirent rançon ; le roi accepta, car il aimait mieux encore l'or que le sang. Alain Blanchard seul périt. Il avait été l'âme de la défense, et il refusa d'offrir rançon pour sa vie. Le vainqueur, non content de le tuer, voulut le déshonorer, mais se déshonora lui-même, en le faisant périr d'un supplice infamant ; il le fit attacher à la potence, supplice réservé aux malfaiteurs. « Je suis trop pauvre pour me racheter, dit le fier bourgeois en marchant à la mort ; mais quand j'aurais de quoi payer ma rançon, je ne voudrais pas racheter le roi d'Angleterre de son déshonneur. »

Rouen resta trente ans aux Anglais : cinq fois la cité se révolta sans succès, mais sans perdre la volonté et l'espoir de redevenir française. Elle assista en frémissant au procès et au martyre de Jeanne d'Arc. Mais le bon droit a toujours son heure à la fin : les Rouennais, qui s'étaient défendus seuls contre l'Anglais, se délivrèrent seuls également ; en 1449, ils chassèrent d'eux-mêmes la garnison et ouvrirent les portes de leur ville au roi de France ; beaucoup de ceux qui avaient vu le roi d'Angleterre traverser leur ville en triomphe purent voir, avant de mourir, le drapeau de France flotter au-dessus de leurs murailles.

XVI. — La Dame de La Roche-Guyon.

Quand Henri V, roi d'Angleterre, eut pris Rouen [1], il s'empara aisément de toutes les places qui restaient en Normandie. Quand le seigneur de la place le reconnaissait pour roi de France et lui prêtait hommage, il lui laissait ses biens et son rang : quand il résistait, il le chassait ou le mettait à mort et le remplaçait, soit par un seigneur anglais, soit par quelque Français traître à la patrie. Il rencontrait d'ailleurs peu de résistance : l'exemple de la soumission avait été donné par le gouverneur même de Rouen, le sieur Guy le Bouteiller, celui-là même à qui les Rouennais attribuaient l'échec de leur dernière tentative et qu'ils accusaient tout bas de trahison [2] ; après la capitulation, il avait prêté serment à Henri V, pendant que le brave Alain Blanchard périssait [3] ; et il était resté gouverneur au service de l'Angleterre, après l'avoir été

1. Voir la Lecture précédente.
2. Voir plus haut, page 62.
3. Voir page 64.

au service de la France. En ce moment-là, l'exemple du patriotisme et de la loyauté fut donné par une femme.

Un des plus riches châteaux de la Normandie était le château de LA ROCHE-GUYON, à 17 kilomètres de Mantes. Le seigneur de ce château, Guy de La Roche-Guyon, était resté parmi les morts sur le champ de bataille d'Azincourt. Il laissait une jeune veuve avec trois enfants en bas-âge, deux fils et une fille. La jeune femme, retirée dans son château, prépara tout pour la résistance. Le roi d'Angleterre lui demanda de le reconnaître, et lui promit de lui laisser tous ses biens si elle voulait épouser son fidèle serviteur, Guy le Bouteiller. Il pensait sans doute relever dans l'esprit des Rouennais un traître qui lui était utile, si une si noble dame acceptait de porter son nom. Mais la jeune veuve, tout entière au souvenir de son mari et de la patrie, repoussa avec mépris cette offre déshonorante, et les Anglais vinrent l'assiéger dans son château. Elle tint deux mois entiers, jusqu'à ce que la famine fît tomber les armes des mains. Le roi, admirant son courage, et désireux plus que jamais de se l'attacher, lui offrit de nouveau de lui laisser tous ses biens, si elle consentait à lui prêter hommage. Mais la fierté française brûlait dans son cœur; elle aima mieux tout abandonner que de s'abaisser devant l'étranger, devant le vieil ennemi de sa patrie, devant le meurtrier de son mari et des siens, et laissant derrière elle son château, ses terres et toutes ses richesses, elle prit ses enfants par la main, et, dénuée de tout, partit, à la grâce de Dieu, sans jeter un regard en arrière.

A aucune époque ne fut mieux réalisé le vers de notre grand poète Victor Hugo :

Quand tout se fait petit, femmes, vous restez grandes.

Au moment où, en Normandie, la châtelaine de La Roche-Guyon donnait aux hommes ce noble exemple, à l'autre extrémité du pays, dans une pauvre chaumière de Lorraine, grandissait une petite paysanne, qui devait bientôt délivrer la France et dissiper les armées anglaises.

Enfants, respectez vos mères et vos sœurs, et rappelez-vous que c'est souvent dans le sein d'une Française qu'a battu le plus fort le noble cœur de la France.

FIN DE LA PREMIÈRE PARTIE.

DEUXIÈME PARTIE

DEPUIS JEANNE D'ARC JUSQU'A LA RÉVOLUTION.

XVII. — Jeanne d'Arc. (6 janvier 1412 — 31 mai 1431).

I

ÉTAT DE LA FRANCE QUAND PARUT JEANNE D'ARC.

Le 21 mai 1420, l'Allemande Isabeau de Bavière, reine de France, traitant au nom du roi fou Charles VI, avait livré la France au roi d'Angleterre Henri V. Par le traité de Troyes, elle déshéritait son fils, le dauphin Charles, et transférait la couronne à sa fille Catherine, qu'elle donnait en mariage à Henri V. Deux ans plus tard, le roi d'Angleterre et le roi de France étant morts presque en même temps, le fils de Henri V et de Catherine, âgé de neuf mois, fut proclamé à Saint-Denis roi d'Angleterre et de France.

Les Anglais possédaient toute la France du Nord jusqu'à la Loire, et, au sud même de la Loire, ils avaient tout le littoral jusqu'aux Pyrénées. Mais le centre de la France n'avait pas reconnu le traité de Troyes et avait proclamé le fils de Charles VI, Charles VII.

Par malheur, cet honneur sans pareil de représenter la patrie dans l'heure du désastre était tombé sur une tête indigne. Indolent et égoïste, livré à des favoris sans cœur, et s'inquiétant peu des bruits de défaite qui de jour en jour venaient le poursuivre au milieu de ses plaisirs, le triste roi ne songeait qu'à perdre gaiement son royaume, et laissait sans mot dire de braves gens combattre et mourir pour lui. Tout était dans l'anarchie : il n'y avait plus d'armée ; les derniers corps réguliers venaient d'être anéantis dans deux batailles, à Cravant-sur-Yonne et à Verneuil[1] : il n'y avait plus que des bandes indisciplinées, qui couraient la campagne sous la conduite de chefs à moitié indépendants, qui faisaient souvent la guerre pour leur propre compte et ne faisaient pas moins de mal aux paysans que les troupes anglaises. Partout la ruine, le meurtre, le pillage ; les laboureurs quittaient les champs et disaient : « Fuyons dans les bois avec les bêtes fauves ! » Comme la terre n'était point cultivée, la famine venait, et derrière elle venait la peste : les loups entraient dans les villes pour enlever les cadavres.

Cependant les Anglais voulurent en finir une fois pour toutes avec *le roi de Bourges*, comme ils appelaient Charles VII ; ils résolurent de passer la Loire pour le chasser de ses dernières provinces. Il fallait d'abord prendre Orléans, qui est la clef de la France du Sud : une armée anglaise vint l'investir le 12 octobre **1428.** La résistance fut énergique ; les habitants s'étaient organisés en trente-quatre compagnies, dont chacune défendait une des trente-quatre tours de l'enceinte, et les meilleurs capitaines du temps, La Hire, Xaintrailles et Dunois, vinrent s'enfermer dans la ville avec leurs hommes. Les Anglais se mirent alors à entourer la ville d'un cercle de forteresses, pour la réduire par la famine, et les vivres commencèrent à manquer.

1. Cravant est dans l'Yonne, Verneuil est dans l'Eure. La première défaite eut lieu en 1423, la seconde en 1424.

On apprit que les Anglais, eux-mêmes à court de vivres, attendaient de Paris un convoi conduit par sir John Falstaff et escorté par 2,500 hommes. Un prince du sang, le comte de Clermont, se chargea de s'emparer du convoi. Il réunit autour de lui 5,000 hommes, les plus brillants chevaliers des provinces du centre, et vint attaquer Falstaff à Rouvray. L'artillerie française avait à moitié renversé les retranchements que Falstaff avait élevés à la hâte, quand les chevaliers, impatients de combattre de près, s'élancèrent en désordre à l'assaut. Les archers anglais les percèrent de flèches à bout portant, et le comte de Clermont s'enfuit honteusement avec 2,000 hommes. Le dernier espoir d'Orléans était perdu ; la famine et l'ineptie des nobles livraient la vaillante cité aux Anglais, et l'on commençait à murmurer le mot de capitulation, quand tout à coup le bruit se répandit qu'il venait de paraître une jeune fille, qui était comme le génie de la patrie, et qui devait délivrer Orléans, faire sacrer le roi à Reims et chasser les Anglais de France. Son nom était Jeanne d'Arc.

II

JEANNE D'ARC ; SON ENFANCE. — ELLE ENTEND LA VOIX DE LA FRANCE.

Jeanne d'Arc était née en Lorraine, le 6 janvier 1412, à Domremy, petit village sur les bords de la Meuse[1]. Son père était un pauvre laboureur, nommé Jacques d'Arc ; sa mère se nommait Isabelle Romée.

Jeanne, dès son enfance, fut douce et rêveuse. La chaumière de son père touchait à l'église, et elle restait des heures à écouter avec ravissement le son des clo-

1. Dans les Vosges, arrondissement de Neufchâteau.

ches, comme si c'étaient les voix des anges. Plus loin il y avait une belle fontaine d'eau claire, sous un vieil hêtre que l'on appelait l'arbre des *Dames* ou l'arbre des *Fées*, parce que l'on croyait que, la nuit, les bonnes fées venaient y danser, et parfois les jeunes filles s'imaginaient apercevoir les blanches robes des belles dames à travers le feuillage. Plus loin encore il y avait un bois de chênes, que l'on appelait le *Bois-Chênu*, et, parmi les gens du pays, tous bons patriotes, courait une vieille prédiction, disant que la France, perdue par une femme (la reine Isabeau de Bavière), serait sauvée par une femme venue du Bois-Chênu. Jeanne aimait à rêver au pied de l'arbre des Fées et à errer seule dans le Bois-Chênu.

Jeanne était bonne et compatissante; quoiqu'elle fût très pauvre, tout ce qu'elle avait était pour les pauvres, et quand il y avait un malade dans le village, c'était elle qui le soignait. Mais elle était triste, parce qu'autour d'elle elle voyait beaucoup de souffrances et de ravages et n'entendait parler que des misères du pays de France. Le village de Mixey, situé en face de Domremy, sur l'autre rive de la Meuse, était du parti des Bourguignons [1], et souvent elle avait vu ses frères et les petits garçons de Domremy revenir, tout meurtris, de leurs luttes avec ceux de Mixey. Ce n'était là encore qu'une guerre d'enfants : mais bientôt était venue la vraie guerre avec toutes ses horreurs; car les bandes anglaises et bourguignonnes s'étaient avancées jusqu'en Lorraine et avaient ravagé le bailliage de Vaucouleurs [2], d'où dépendait Domremy. Plus d'une fois les pauvres habitants

1. Le duc de Bourgogne, Jean sans Peur, ayant été assassiné par les gens du dauphin, son fils avait fait alliance avec les Anglais, et, pour venger son père, il ruinait la France.

2. Vaucouleurs est dans la Meuse, arrondissement de Commercy.

durent s'enfuir et chercher un abri dans les îles de la Meuse. Jeanne écoutait avec terreur et angoisse les nouvelles sinistres qui venaient de l'intérieur de la France : armées défaites, villes prises, provinces perdues, et le sang français coulant à flots de toutes parts. Et l'enfant songeait à tous ces pauvres gens qui périssaient et souffraient sans nul qui pût les sauver, et à ce pauvre petit roi déshérité et renié par sa mère, errant de ville en ville, chassé de son héritage, qui pourtant avait le bon droit pour lui et qu'elle ornait naïvement de toutes les vertus imaginables. Elle implorait le seigneur et ses anges, se demandant avec terreur s'il était possible que la France fût abandonnée et que l'injustice triomphât, et elle sentait que cela ne pouvait pas être et que cela ne serait pas. Elle aurait voulu être un homme d'armes pour venir au secours de la France, et parfois, comme elle se promenait seule dans le Bois-Chênu, elle se disait en tremblant et en rougissant : « Si j'étais celle qui doit sortir du Bois-Chênu et sauver la France ! »

Un jour d'été, à midi, comme elle était dans le jardin de son père, près de l'église, dont les cloches sonnaient, elle eut un éblouissement; elle avait jeûné le matin et le jour précédent; elle crut voir une lumière éclatante et entendre une voix qui lui disait : « Jeanne, sois bonne et sage. » Elle eut peur. Une autre fois, qu'elle s'était longtemps demandé ce qu'il y aurait à faire pour la France et comment on pourrait s'y prendre, cette lumière reparut encore, et elle crut voir une figure ailée, celle de saint Michel, qui était à cette époque le patron de la France, et elle se disait ou s'entendait dire : « Jeanne, il faut que tu ailles en France au secours du Dauphin, et que tu lui rendes son royaume ». Elle, toute tremblante à l'idée, demandait : « Mais, comment ferais-je? je ne suis qu'une pauvre fille, je ne saurais chevaucher ni conduire les soldats ». Et la voix reprenait : « Eh bien! tu iras donc trouver le capitaine de Vaucouleurs, M. de Baudricourt, et il te fera mener au roi. »

Jeanne avait alors quatorze ans. Dès ce jour, les visions revinrent, et elle croyait souvent entendre les voix de ses anges, ses frères du paradis, comme elle disait, qui lui parlaient des grandes souffrances de la France et la pressaient d'y porter secours. Elle restait des heures entières à les écouter, à causer avec eux, et elle pleurait quand ils la quittaient; elle aurait voulu qu'ils l'eussent emportée avec eux : car elle lui parlait de choses si nobles, cette voix merveilleuse qu'elle entendait en son âme; elle lui donnait de si belles espérances et qui répondaient si bien au désir de son cœur. Cela dura trois ou quatre ans. La voix devenait de plus en plus impérieuse, à mesure que la misère de la patrie augmentait : elle l'entendait jusqu'à deux ou trois fois par semaine. Bien qu'elle n'eût encore osé se confier à personne, elle commençait à laisser échapper à mots couverts le secret de son cœur. Un jour, elle dit avec mystère à un laboureur du voisinage qu'il y avait entre Coussey et Vaucouleurs[1] une jeune fille, qui, avant un an, ferait sacrer le roi de France. Quelques allusions timides d'elle inquiétèrent son père; il rêva qu'elle était partie avec les hommes d'armes, et dit qu'il aimerait mieux la noyer de ses propres mains que de la voir faire pareille chose. C'était en juin 1428. Vers cette époque, le pays fut envahi par une bande bourguignonne; les habitants de Domremy s'enfuirent à Neufchâteau, et, au retour, Jeanne trouva le village en ruines. Cette fois, c'en était trop : elle résolut

1. Coussey est dans les Vosges, arrondissement de Neufchâteau. Domremy est entre Coussey et Vaucouleurs, qui sont situés également sur la Meuse, l'un au-dessus, l'autre au-dessous de Domremy.

d'obéir au cri du ciel, au cri de son cœur et à cette voix de la patrie qu'elle entendait depuis si longtemps.

Elle avait une tante malade au Petit-Burci, village situé entre Domremy et Vaucouleurs. Elle s'y fit envoyer par ses parents pour la soigner. Là, elle révéla son secret à son oncle, qui crut en elle. Elle l'envoya à Vaucouleurs pour demander en sa faveur l'appui du sire de Baudricourt, qui se moqua fort du paysan et dit que la seule chose à faire était de renvoyer la jeune fille à son père, bien souffletée. Elle ne se rebuta pas, et il fallut que son oncle la conduisît elle-même à Vaucouleurs et la présentât au capitaine. Elle lui dit : « Capitaine, sachez que mon maître, à qui appartient le royaume de France et qui veut le confier au dauphin, m'a commandé d'aller vers lui, afin que je le mène sacrer, et qu'il devienne roi en dépit de ses ennemis. — Et qui est ton maître ? demanda Baudricourt. — Le Roi du ciel. » Il se railla d'elle, la prenant pour folle. Jeanne, sans se décourager, resta à Vaucouleurs, chez le charron Henri, un ami de son oncle : elle passait son temps à coudre et à prier. Le peuple commençait à entendre parler d'elle, et, la voyant si pure et si confiante, croyait en elle, comme avait cru son oncle. L'on se rappelait la prophétii du Bois-Chênu et l'on se disait : « Jeanne, venue de Domremy, près du bois de chênes, ne serait-elle pas celle qui doit nous sauver »? Baudricourt lui-même sentit à la fin qu'il y avait en Jeanne quelque chose d'extraordinaire, et il écrivit à la cour pour demander des ordres.

Jeanne revint chez son oncle, à Burci. Là-dessus vint la nouvelle du siège d'Orléans : c'était la dernière chance de la France qui était en jeu. Elle n'y put tenir : elle força son oncle de la ramener à Vaucouleurs, et là elle parlait de sa mission aux étrangers qui venaient la voir avec une ardeur et une foi qui en toucha quelques-uns.

Elle dit à un gentilhomme de Metz, nommé Jean de Metz, qu'il fallait qu'avant la mi-carême elle fût près du roi, dût-elle, pour y arriver, user ses jambes jusqu'aux genoux ; car personne, ni roi, ni duc, ne peut plus sauver la France. « J'aurais mieux aimé, disait-elle, rester à filer près de ma pauvre mère, car ce n'est pas là l'œuvre d'une femme que j'entreprends : mais il faut que je parte, Dieu le veut. » Jean de Metz fut convaincu, et lui donna sa parole, la main dans la main, qu'il la conduirait au roi, à la garde de Dieu. Un autre gentilhomme, Bertrand de Poulengi, fut aussi entraîné et promit de la suivre. Enfin, vint un messager du roi qui l'autorisait à venir. Son père et sa mère, qui avaient failli devenir fous de désespoir en apprenant son départ pour Vaucouleurs, firent un dernier effort pour la retenir : ils ordonnaient, menaçaient, suppliaient. Tout fut inutile, et, comme elle ne savait pas écrire, elle leur fit écrire une lettre où elle leur demandait pardon, disant qu'il fallait absolument qu'elle partît. Les gens de Vaucouleurs se cotisèrent pour l'équiper et lui achetèrent un vêtement d'homme et une cuirasse; son oncle lui donna un cheval et Baudricourt lui donna une épée. Elle coupa en rond ses longs cheveux noirs, et partit peu après de Vaucouleurs, accompagnée de six cavaliers, qui étaient Jean de Metz, Bertrand de Poulengi, le messager du roi, un archer et deux valets. Les gens de Vaucouleurs lui firent escorte en pleurant sur la pauvre et vaillante enfant qui allait chercher tant de périls : elle se retourna vers eux en poussant son cheval vers la route de France, et leur dit : « Ne me plaignez pas, c'est pour cela que je suis née. » C'était le 13 février 1429 : elle entrait dans sa dix-huitième année.

III

DÉPART DE JEANNE. JEANNE A LA COUR. ELLE FAIT RECONNAÎTRE SA MISSION.

Il y avait cent cinquante lieues à parcourir en plein hiver et en pleine guerre, dans un pays infesté de pillards, à travers les champs, les bois, les rivières débordées, et dans des chemins souvent impraticables. Jeanne dirigeait ses guides, qui hésitaient et prévoyaient trop les dangers ; elle faisait marcher de l'avant, par le chemin le plus droit et le plus court, les remplissant de la confiance qui l'inspirait. Après avoir franchi la Marne, l'Aube et la Seine, elle entra hardiment à Auxerre, ville des Bourguignons, y entendit la messe et arriva bientôt à Gien, au bord de la Loire. Le 5 mars, elle arriva à Fierbois, en Touraine, à cinq lieues de Chinon, où le dauphin tenait sa cour : de Fierbois, elle fit écrire à Charles pour lui demander ses ordres.

Il y avait deux partis à la cour du roi : le parti de sa belle-mère et le parti des favoris. Sa belle-mère, nommée Yolande de Sicile, était une femme de cœur, qui croyait à la victoire et voulait qu'on luttât jusqu'au bout et qu'on fît appel à l'enthousiasme du peuple. Le favori était un duc de la Trémouille, intrigant, jaloux, sans talent et sans cœur, qui ne cherchait qu'à dominer le roi, pour régner en son nom sur les débris du royaume : il était trop lâche pour chercher à reconquérir le reste, et trop envieux pour laisser à d'autres la gloire de le tenter et la chance d'y réussir. Il était appuyé par l'archevêque de Reims. La voix de la reine et le cri du peuple l'emportèrent cette fois : les Orléanais, qui avaient entendu parler de Jeanne, pressaient le roi de la leur envoyer et Charles écrivit à Jeanne de venir. Sur sa route l'attendait une embuscade dressée par le favori ; mais quand les bandits la virent approcher, ils furent si frappés de ce qu'il y avait de sublime sur son visage que le fer leur tomba des mains et ils la laissèrent passer en silence.

Quand elle fut arrivée à Chinon, le favori et l'archevêque s'opposèrent à ce que le roi lui donnât audience : « A quoi bon la recevoir? » disaient-ils. « C'est une folle, » disait la Trémouille, et l'archevêque disait : « C'est une sorcière. » On la fit attendre quatre jours : il fallut enfin céder. Le roi la reçut de nuit dans la grande salle du château, à la lumière de cinquante torches : il s'était dissimulé au milieu de ses courtisans sous des vêtements modestes. Jeanne, qui ne l'avait jamais vu, le devina pourtant à son air royal, marcha droit vers lui et se mit à ses genoux en disant : « Très noble seigneur dauphin, je me nomme Jeanne; je suis envoyée par Dieu pour recouvrer votre royaume et faire la guerre aux Anglais. Pourquoi ne me croyez-vous pas? Je dis que Dieu a pitié de vous, de votre royaume et de votre peuple, car saint Louis et Charlemagne sont à genoux devant lui, le priant pour vous. » Puis elle eut avec le roi seul un entretien mystérieux, dont il sortit le front illuminé et joyeux.

Les favoris luttaient jusqu'au bout. Les gens d'église doutaient, craignant, avec la superstition habituelle du temps, que Jeanne ne fût envoyée par le diable, parce qu'ils ne comprenaient pas les miracles du patriotisme. Jeanne dut subir à Poitiers un interrogatoire solennel, devant tout un conseil de prêtres très savants et très adroits, présidés par le méchant archevêque de Reims. Ils restèrent là trois semaines entières à raisonner contre elle pour la faire douter d'elle-même : elle les confondit tous par le bon sens, l'enthousiasme, la confiance et quelquefois par l'esprit piquant de ses réparties. « Pourquoi demandez-vous des soldats? disait l'un : si Dieu veut délivrer la France, qu'a-t-il besoin de gens d'armes? — Mon Dieu, les gens d'armes combattront et Dieu donnera la victoire. » Un autre, un aigre personnage, le frère Séguin, qui avait l'accent limousin, crut l'embarrasser en lui demandant : « Quelle langue vous parlaient vos voix ? — Meilleure que la vôtre, dit Jeanne en souriant. — Croyez-vous en Dieu ? reprit le pédant blessé au vif. — Mieux que vous. — Dieu ne veut pas qu'on croie en vous, si vous ne faites quelque miracle qui prouve votre mission. — Je ne suis pas venue à Poitiers pour faire des miracles; conduisez-moi à Orléans, et je ferai là les choses pour lesquelles je viens. Je ferai lever le siège, je mènerai sacrer le dauphin à Reims, et je lui rendrai Paris. » Ils lui citaient des passages de la Bible ou des Évangiles et les textes latins et grecs des Pères de l'Église, pour prouver qu'on ne devait pas croire en elle. « Je ne sais ni A ni B, répondit Jeanne, mais il y a dans le livre de Dieu plus que dans les vôtres. Il n'est besoin de tant de paroles : ce n'est plus le temps de parler, mais d'agir. » C'était un beau spectacle en vérité que de la voir discuter, femme contre les hommes, ignorante contre les savants, et seule contre tant d'adversaires. Elle fondit les cœurs les plus secs et les plus durs, les embrasa de son ardeur, et à la fin les docteurs déclarèrent qu'ils n'avaient trouvé en elle que vertu, humilité, pureté, et qu'on ne pouvait la rebuter sans tenter Dieu. L'archevêque de Reims qui présidait ne put lui-même refuser de signer.

IV

JEANNE DÉLIVRE ORLÉANS. LE ROI EST SACRÉ A REIMS.

On repartit pour Chinon. Le duc d'Alençon, admirateur enthousiaste de Jeanne, alla à Blois rassembler des troupes et un convoi de vivres que Jeanne devait introduire dans Orléans. On lui donna une armure, des chevaux et une maison militaire comme à un chef de guerre : elle se fit apporter une épée enterrée sous l'autel de sainte Catherine de Fierbois et se fit faire un étendard de linon blanc semé de fleurs de lys d'or. Elle arriva à Blois, le 25 avril, et envoya aussitôt aux généraux anglais une lettre où elle les sommait, de la part de Dieu, de lui rendre les clefs de toutes les villes qu'ils avaient prises, et leur offrait la paix s'ils évacuaient la France. « Et vous, disait-elle, archers anglais, compagnons de guerre, nobles et autres, qui êtes devant Orléans, allez-vous-en en votre pays, de par Dieu. Roi d'Angleterre, si vous n'obéissez, sachez qu'en quelque lieu de France que j'atteigne vos gens, je les en ferai sortir, bon gré, mal gré, car je suis envoyée par Dieu, le Roi du ciel, pour vous mettre hors de France. Si vous obéissez, je vous prendrai à merci. Mais si vous ne voulez croire les paroles de Dieu et de Jeanne, en quelque lieu que nous vous trouvions, nous frapperons, et il y aura une révolution telle qu'il n'y en a pas eu en France de mille ans. »

Déjà six cents hommes, envoyés en avant-garde, s'étaient introduits, par petits détachements, dans la ville assiégée, et avaient annoncé le grand secours. Jeanne suivit, et quitta Blois le jour même de son arrivée, le 25 avril, à la tête de l'armée, où, par le seul ascendant de sa parole, elle faisait régner une discipline, une honnêteté et un enthousiasme que les grossiers soldats de ce temps n'avaient jamais connus. Quand elle avait donné un ordre de sa voix claire et ferme, nul n'aurait osé désobéir, et nul ne se sentait humilié de suivre pour chef cette petite paysanne : ce n'était plus pour eux une jeune fille, une faible femme, c'était l'ange de la patrie.

Mais les chefs, moins simples de cœur que les soldats, se sentaient mal à l'aise de se voir éclipser, ou se croyaient plus sages qu'elle; ils ne lui donnaient pas le concours entier qu'elle attendait d'eux, et, sans oser

Entrée de Jeanne d'Arc à Orléans.

désobéir en face, agissaient souvent sans prendre ses conseils. Elle voulait que l'on franchît la Loire avant Orléans, afin d'y entrer par la Beauce, où était toute la force des Anglais : on les aurait attaqués immédiatement, pour tout finir en un jour : les chefs crurent beaucoup plus habile d'entrer par la Sologne, qui était moins bien défendue; ils en prirent la route sans avertir Jeanne, et quand on arriva à la Loire, il se trouva que les eaux étaient trop basses, que le vent était contraire, et que les vaisseaux orléanais qui les attendaient ne pouvaient remonter la Loire pour les recevoir. L'instinct de Jeanne avait vu plus juste que la prudence des capitaines. « Vous avez cru me tromper, leur dit-elle, et vous vous êtes trompés vous-mêmes. » Mais bientôt, comme à sa voix, le vent tourna, le fleuve s'enfla, les vaisseaux orléanais remontèrent le fleuve à toutes voiles sous le feu des batteries anglaises; Jeanne y descendit avec les siens, et le soir, à huit heures, elle faisait son entrée à Orléans : elle était couverte tout entière de son armure blanche, sauf la tête, qui était découverte ; elle était montée sur son beau cheval noir et portait sa belle bannière blanche. Elle se rendit droit à la cathédrale, à la lueur des torches, au milieu des acclamations triomphales de la ville ; hommes, femmes et enfants se pressaient autour d'elle, cherchant à toucher sa main, ses armes ou au moins son cheval, et la regardant avec les mêmes yeux que s'ils avaient vu Dieu en personne descendre au milieu d'eux. C'était le 29 avril 1429.

Jeanne voulait attaquer le lendemain même : les généraux la forcèrent d'attendre l'arrivée de l'armée de Blois. Jeanne envoya une seconde sommation aux Anglais, qui répondirent en la traitant de sorcière et en la menaçant de la faire brûler quand ils la prendraient. Jeanne réitéra sa sommation en personne, en s'adressant à eux du haut d'une tour que les Orléanais avaient construite en face d'une bastille anglaise. Le commandant anglais, Glansdale, répondit par des insultes grossières. Elle pleura de douleur en l'entendant, puis elle se remit et répondit que les Anglais partiraient bientôt malgré eux : « Mais toi, Glansdale, dit-elle, tu ne le verras pas ».

Le quatrième jour (2 mai), elle sortit à cheval de la ville, et alla lentement et à loisir examiner les positions ennemies, sous les yeux des Anglais. La foule la suivait sans armes. Les Anglais, glacés d'une vague terreur, laissèrent faire ; on eût dit qu'ils se sentaient vaincus d'avance. Le 4 mai, l'armée de secours parut sur la rive droite. Jeanne sortit de la ville pour la recevoir à la tête de la garnison. Les Anglais, supérieurs en nombre aux deux forces réunies, ne bougèrent pas, et les Français entrèrent sans coup férir en passant à travers les bastilles silencieuses.

Jeanne, fatiguée, s'était au retour jetée sur son lit. Elle s'éveille tout à coup en sursaut, comme si elle avait entendu une voix : « Le sang de nos gens coule, s'écrie-t-elle, mes armes, mon cheval ! » Elle descend, trouve son page qui jouait : « Ah ! méchant enfant ! vous ne me disiez pas que le sang de France fût répandu ». Elle se fait armer en hâte, saisit son étendard, court à bride abattue, en faisant jaillir le feu des pavés, droit à la porte orientale de la ville, d'où part le bruit de bataille qu'elle avait entendu de si loin dans son rêve. On avait entrepris une sortie à son insu, on avait attaqué la bastille de Saint-Loup, et les Français repoussés revenaient en désordre ; l'on rapportait en ville des blessés en foule. Jeanne frémit. « Je n'ai jamais vu, disait-elle, couler le sang d'un Français que mes cheveux ne se dressent sur ma tête. » A sa vue, les fuyards font volte-face, Dunois accourt avec des renforts, l'aspect de la bataille change. L'Anglais Talbot, le plus illustre et le plus vaillant des généraux ennemis, vient au secours de la bastille ; mais les habitants sortent en masse, et, se voyant près d'être enveloppé, il se retire; après trois heures de lutte, la bastille est emportée. C'était la première bataille de Jeanne et sa première victoire. Elle vit le champ de bataille jonché de morts et pleura. Elle avait été au premier rang dans la mêlée, son étendard à la main, exposée à tous les coups, mais sans frapper elle-même.

Le surlendemain, 6 mai, elle attaque les deux bastilles du Sud, les Augustins et les Tournelles. Mais le commandant du Sud, Glansdale, dégarnissant les autres bastilles, réunit toutes ses forces sur le point menacé; les Français, pris à revers, reculent en désordre et entraînent Jeanne dans la déroute. Mais Jeanne se dégage des fuyards, fait volte-face et s'élance sur les Anglais. La Hire la suit, puis tous les autres, électrisés; une terreur panique s'empare des Anglais qui fuient à leur tour; les Français les poussent, l'épée dans les reins, jusque dans la bastille des Augustins, qui est enlevée. Jeanne, voyant ses soldats occupés à piller, fait évacuer la bastille et la livre aux flammes avec tout ce qu'elle contient.

Restait la bastille des Tournelles. Jeanne voulait l'attaquer sur-le-champ. Les généraux tinrent conseil à part, puis vinrent déclarer à Jeanne, que, la ville ayant ses communications libres, ils avaient résolu d'attendre des renforts pour attaquer. C'était de la folie; car on annonçait qu'un corps d'armée anglais venait, sous la conduite de Falstaff, au secours des assiégeants. Il est probable qu'ils voulaient agir sans Jeanne, afin de garder tout l'honneur pour eux seuls. Elle répondit : « Vous avez tenu votre conseil, et moi, j'ai tenu le mien. C'est la volonté de Dieu qui se fera, et non pas celle des hommes. Nous attaquerons demain. »

Le lendemain, en effet, 7 mai, Jeanne, suivie d'une foule de soldats et de bourgeois, se rend à cheval à la porte de Bourgogne. Le commandant de la place, le sire de Gaucourt, un des ennemis de Jeanne, tenait la porte fermée par ordre du conseil. « Méchant homme, dit Jeanne, que vous le vouliez ou non, nous passerons ». En effet, les hommes de Gaucourt lui refusent l'obéissance; il se voit perdu, s'il résiste à l'enthousiasme populaire, il cède, la porte s'ouvre, et l'on court à la bastille. Les Anglais, revenus de leur stupeur, se défendent avec rage. Les Français arrachent les palissades, comblent les fossés, gravissent le mur, mais en retombent précipités par les lances anglaises. Jeanne, qui voit les siens faiblir, se jette dans le fossé et applique une échelle contre le mur; mais une flèche vient la frapper entre le cou et l'épaule, le trait sortait par derrière. On l'emporte, on la désarme, et elle eut un instant de douleur et de découragement. Soudain elle se relève, car elle entend son cœur qui lui promet la victoire. Un Basque avait reçu des mains de son écuyer l'étendard blanc, si redouté des Anglais, et le tenait au pied de la muraille : « Regardez, dit-elle, quand la flamme de l'étendard touchera le mur, tout est à vous ! » Un instant après, le vent fait flotter la pointe de la bannière contre le mur anglais. Jeanne s'écrie : « Elle y touche ! Tout est à vous, entrez-y ! » et elle s'élance sur son cheval et galope vers la bastille. Les Français, transportés et hors d'eux-mêmes, escaladent le mur comme s'il y avait des degrés. Une lutte furieuse, corps à corps, s'engage sur les parapets. Les gens d'Orléans, de l'autre côté du fleuve, voient la lutte et s'élancent sur le pont. La dernière arche était brisée : ils jettent par-dessus une solive, un chevalier tout bardé de fer passe hardiment par-dessus, et à sa suite, sur ce pont frêle et branlant, toute la foule déborde sur les murailles anglaises. Les Anglais, devant cette masse qui arrive comme une marée furieuse, sont pris de vertige. Il leur semblait que le monde entier s'amassait sur leurs murs, et ils croyaient voir fondre du haut des airs des légions de démons. Les Français, égarés eux aussi, mais d'enthousiasme et de foi, croient voir les armées des anges; quelques-uns se figuraient voir le patron de Jeanne, saint Michel, et les patrons d'Orléans, saint Aignan et saint Euverte, accourir sur des chevaux blancs en tête des armées. La bannière de Jeanne flotte sur le haut du rempart. Jeanne aperçoit Glansdale, celui qui l'a insultée : « Rends-toi, lui crie-t-elle; rends-toi au Roi des cieux; j'ai pitié de toi. » Il ne répond pas et fuit par un pont-levis. Au même instant, un boulet fracasse le pont et précipite dans le fossé l'homme qui avait insulté Jeanne.

Il n'y avait plus un Anglais sur la rive gauche. Le pont des Tournelles est rétabli en quelques heures, et Jeanne rentre en triomphe dans la ville, au milieu d'une foule en délire, au bruit de toutes les cloches qui sonnaient à toutes volées. Pendant ce temps, les généraux anglais de la rive droite décident de lever le siège.

Le lendemain, dimanche, 8 mai, au lever du soleil, les Anglais se retirèrent en bon ordre. Le peuple voulait les assaillir : Jeanne arrêta l'élan. « S'ils veulent partir, dit-elle, laissez-les aller et ne les tuez pas. Qu'ils partent, cela suffit, et allons rendre grâces à Dieu! » Les Anglais s'éloignèrent sans être inquiétés, et les Orléanais prirent possession de dix bastilles formidables qui leur étaient livrées sans combat. Stupéfaits de leur victoire, ils tombèrent aux genoux de Jeanne. Une procession solennelle parcourut la ville et les remparts, avec des hymnes de joie et de reconnaissance. Cette fête, renouvelée d'année en année, au jour anniversaire de la levée du siège, le 8 mai, s'est perpétuée jusqu'à nos jours sous le nom de Fête de la Pucelle, et se perpétuera aussi longtemps qu'il y aura une France et des Français.

Le bruit de ces événements prodigieux se répand dans toute la France et la transfigure. Les Français restés fidèles à la cause nationale commencent à espérer le triomphe du droit; ceux qui, par faiblesse, se sont soumis au parti du plus fort, commencent à se rappeler qu'ils sont Français. Il y avait alors une noble et vieille dame, nommée Christine de Pisan, qui avait vécu à la cour du roi Charles V et avait écrit son histoire, et qui, depuis les désastres de la France, s'était retirée dans un couvent, où elle priait et pleurait. A soixante-dix ans et mourante, elle apprend la délivrance d'Orléans, et, rajeunie par la joie, elle se reprit à rire pour la première fois depuis des années, et elle chanta en vers, comme un poète de vingt ans, ce merveilleux printemps de 1429, le plus beau, je crois, qui ait jamais lui sur la France. La renommée de Jeanne se répandait hors de la France même : en Italie, en Allemagne, en Espagne, on s'enquérait de la *Sibylle*[1] *de France*, comme l'appelaient les Allemands. Une princesse italienne, dépossédée de son bien, lui envoyait une requête, avec cette adresse : « A Jeanne, envoyée du Roi des cieux. »

Le lendemain de la grande journée, 9 mai, Jeanne, malgré sa blessure, se mit en marche, pour aller retrouver le roi. Elle quitta Orléans, au milieu des sanglots des habitants, et arriva à Chinon, en passant par Blois et Loches, partout accueillie par les adorations de la foule. Arrivée à la cour de Charles, dès qu'elle le vit, elle tomba à ses genoux et lui dit : « Gentil dauphin, ne tenez plus de si longs conseils, mais venez vous faire sacrer à Reims. »

Dans les idées du temps, le sacre à Reims était la vé-

1. *Sibylle* était le nom des prophétesses chez les anciens.

ritable marque de la légitimité du roi : c'était le signe que le roi était reconnu par Dieu. Aussi, tant que Charles n'était pas sacré, le peuple pouvait douter de son droit, et Jeanne elle-même ne lui donnait encore que le titre de dauphin et non celui de roi. Comme les tuteurs de son petit concurrent anglais, Henri VI, avaient négligé de le faire sacrer, c'était un très grand avantage pour Charles s'il pouvait le devancer et se faire sacrer à Reims; car alors il y aurait en présence, non plus deux prétendants entre qui l'on pouvait hésiter, mais un roi et un usurpateur, et ceux qui avaient trahi la cause nationale ne pourraient plus donner pour prétexte que Charles n'était qu'un prétendant. Jeanne voulait donc qu'on marchât droit sur Reims, au milieu du désarroi des Anglais. Elle fut seule de son avis. Les courtisans et les gens politiques voulaient qu'on allât lentement, que l'on commençât par prendre une à une les places de la Loire.

On perdit ainsi un mois, et on laissa aux Anglais le temps de se retrouver. Le 10 juin, Jeanne put enfin aprtir, et elle assiégea Jargeau. L'artillerie française, établie sur les points indiqués par Jeanne, foudroya les positions ennemies. Tous s'émerveillaient, dit le duc d'Alençon, de voir avec quelle décision et quelle sagesse elle ordonnait les opérations de guerre, surtout dans l'emploi de l'artillerie. On eût dit que c'était un vieux capitaine qui avait guerroyé vingt ou trente ans. Elle avait un coup d'œil d'une justesse étonnante. C'est à ce siège qu'elle sauva le duc d'Alençon en l'écartant brusquement de la ligne de tir d'un canon qui allait faire feu : un instant après, le boulet emporta la tête d'un gentilhomme, qui eut le malheur de passer à la place même que le duc venait de quitter. Le 14, on donna l'assaut; la résistance durait déjà depuis quatre heures :

Jeanne, comme à l'assaut des Tournelles, applique une échelle contre la muraille, et monte, au plus épais du combat. Une pierre la renverse à terre : elle se relève en criant : « En avant ! Dieu les a condamnés ; ils sont en nos mains, » et tout est emporté en un instant.

Les retards du mois précédent avaient permis à l'armée de Falstaff d'arriver : on la rencontra à Patay. Les Français, qui venaient de forcer si souvent les Anglais dans des positions inexpugnables, hésitaient pourtant à les attaquer en rase campagne : le souvenir sinistre de Crécy, de Poitiers et d'Azincourt pesait encore sur les esprits. — « Jeanne, combattrons-nous? demanda le duc d'Alençon.

— Avez-vous des éperons? répliqua la jeune fille.

— Quoi! pour fuir?

— Non, pour poursuivre. Ce sont eux qui fuiront, et vous aurez grand besoin d'éperons pour les atteindre. Chevauchez hardiment ; quand ils seraient pendus aux nues, nous les aurons. »

Comme elle avait dit, il fut fait. Falstaff, le vainqueur de Rouvray, s'enfuit à bride abattue ; Talbot, le plus brave des Anglais, fut pris ; il resta trois mille ennemis sur le terrain. Les Français avaient à peine perdu quelques hommes. Jeanne, héroïque dans la lutte, fut douce dans la victoire. Voyant un soldat qui frappait un prisonnier blessé à mort, elle sauta indignée à bas de son cheval, souleva le blessé dans ses bras, et l'Anglais mourant sentit tomber sur son front les larmes de Jeanne.

De toutes parts, les volontaires accouraient sous les étendards de la merveilleuse enfant. Le roi essayait de les rebuter, en disant qu'il n'avait pas de quoi les payer : qu'importe? sans solde et mourant de faim, ils marchaient avec joie : il leur suffisait de voir flotter devant eux la bannière blanche de Jeanne. Des gentilshommes, trop pauvres pour s'équiper, venaient, montés sur des ânes, suivre cette petite paysanne, qui était sortie de son village, il y avait quatre mois à peine, pour aller à la conquête de la France. De toutes les villes, de toutes les campagnes de la Loire s'élevait le cri : *A Reims! à Reims!* Le favori et l'archevêque résistaient encore et faisaient résister le roi : alors Jeanne, irritée, quitta la cour et se retira aux champs. L'armée faillit se soulever, et il fallut, cette fois, bon gré mal gré, que le roi marchât, traîné par Jeanne à la victoire. Elle envoya des lettres aux différentes villes de France et jusqu'en Flandre, pour les inviter à assister au sacre du roi à Reims. On arriva sans obstacle jusqu'à Troyes, la ville où avait été signé le fatal traité qui avait livré la France aux Anglais. La ville était forte, bien défendue et bien approvisionnée, et l'on n'avait point d'artillerie pour en faire le siège. Le conseil du roi délibérait, et tous les conseillers, moins un, voulaient qu'on battît en retraite et qu'on revînt en Touraine. En ce moment, Jeanne entra au conseil où elle n'avait pas été appelée. L'archevêque, qui présidait le conseil, lui demanda quel avis elle donnait. Jeanne, sans lui répondre, se tourna vers le roi et dit : « Me croira-t-on ? »

— Je ne sais, répondit le roi ; si vous donnez un avis raisonnable et utile, je vous croirai volontiers.

— Me croira-t-on ? reprit-elle avec force... Ne délibérez plus, assiégez Troyes ; avant trois jours, par le ciel, je vous introduirai dans la ville de gré ou de force.

— Jeanne, dit l'archevêque de son ton doucereux, si l'on était sûr de l'avoir dans six jours, on attendrait bien ; mais je ne sais si ce que vous dites est vrai.

— Ne doutez de rien, dauphin ; demain, vous serez maître de la ville.

Le conseil, dominé par la volonté de la jeune fille, se

soumit. La nuit approchait. Jeanne sort du conseil, met l'armée sur pied, l'amène au bord des fossés de la ville, et fait préparer des fascines pour les combler. L'armée entière, soldats, chevaliers, archers, ouvriers, passa toute la nuit à arracher dans les maisons des faubourgs les portes, les poutres, les fenêtres, les charpentes, et, au jour levant, la garnison vit l'étendard de Jeanne qui flottait devant les murs et les Français qui jetaient les échelles sur le fossé à demi comblé. La terreur saisit la garnison, et le peuple, Français de cœur, la force à capituler.

Le lendemain, 11 juillet, on se remit en marche; Châlons ouvrit ses portes. Jeanne retrouva là de ses compatriotes de Domremy accourus pour la voir. Elle causa avec eux du village, de ses parents et de ses compagnes. Cinq jours après, le 16 juillet, on aperçut les hautes tours de la cathédrale de Reims. Reims chassa son gouverneur bourguignon et envoya à Charles les clefs de la ville. Le jour suivant fut le jour du sacre. Le matin même, Jeanne envoya une lettre au duc de Bourgogne, le priant, « à mains jointes, de par le Roi du ciel, de faire bonne paix avec le roi de France ». Les pairs de France proclamèrent Charles roi de France, et le portèrent à l'autel, où il reçut l'onction sainte des mains de l'archevêque. Jeanne assistait debout près de l'autel, l'étendard à la main. Le sacre achevé, elle s'avança vers le roi, s'agenouilla et dit en pleurant : « Gentil roi, maintenant j'ai accompli la volonté de Dieu, qui voulait que vous veniez à Reims recevoir le sacre et montrer ainsi que vous êtes le vrai roi et celui auquel le royaume doit appartenir ». Les acclamations de la foule firent retentir les voûtes de la cathédrale. « O le bon peuple! murmura Jeanne. Si je dois mourir, je serais bien heureuse que l'on m'enterrât ici. — Jeanne, dit l'archevêque, où pensez-vous donc mourir? — Je n'en sais rien : je mourrai où il plaira à Dieu. Je voudrais bien qu'il lui plût que je m'en aille garder les moutons avec ma sœur et mes frères. Ils seraient si joyeux de me revoir. J'ai fait du moins ce que Dieu m'avait commandé de faire. »

V

INGRATITUDE DU ROI ET DE LA COUR. JEANNE LIVRÉE AUX ANGLAIS.

Mais elle savait que sa tâche n'était pas achevée, puisqu'il y avait encore des Anglais en France. Le jour même du sacre, elle dit au roi : « Demain il faut partir pour Paris. » Si on lui avait obéi sur-le-champ, Paris était pris. Mais on perdit encore du temps à attaquer quelques places sans importance ou à parader, tandis que les Anglais et le duc de Bourgogne concentraient à Paris tout ce qu'ils pouvaient trouver de troupes disponibles. Le roi, son favori et son archevêque étaient effrayés des succès de Jeanne et de son ascendant sur le peuple, et ne lui pardonnaient pas de tout lui devoir. Comme l'armée murmurait et exigeait qu'on marchât sur Paris, l'archevêque signa une trêve de quinze jours avec le duc de Bourgogne. La trêve expirée, il continua encore à négocier, se laissant à plaisir tromper par le duc. Jeanne, avec son bon sens inspiré, avait dit d'avance qu'on ne viendrait à bout du duc qu'à la pointe de la lance. Elle n'y tint plus : un matin, le 23 août, l'armée étant à Compiègne, elle appela le duc d'Alençon et lui dit : « Préparez vos hommes, je veux aller voir Paris de près. » L'élite de l'armée la suit, sans demander la permission du roi, et, le 26, elle reprend Saint-Denis sans coup férir. Elle appelle alors le roi pour attaquer Paris, mais il ne vient pas. Messages sur messages vont à Senlis presser le roi, sourd à sa fortune. Les semaines se passent à le supplier pour qu'il consente à se laisser conduire à la victoire. Jeanne, couvant des yeux les clochers de la grande cité et interrogeant en vain l'horizon, assiste, la mort dans l'âme, à cette trahison étrange d'un roi de France, qui refuse un royaume pour ne point le devoir à celle qui l'a fait roi. Le duc d'Alençon court à Senlis, le 1er septembre, et arrache au roi une promesse qu'il ne tient pas. Il retourne le 5; le roi arrive enfin le 7 à Saint-Denis. Le lendemain 8, à midi, Jeanne donna l'assaut au boulevard de la porte Saint-Honoré. Le boulevard est emporté; elle passe presque seule le premier fossé qui était à sec, et arrive à un autre qui était plein d'eau ; elle sonde de sa lance la profondeur du fossé et crie que l'on apporte des fascines pour le combler : mais les fascines manquaient et Jeanne resta là jusqu'au soir sous une grêle de balles et de flèches. Elle fut atteinte d'une blessure profonde à la cuisse[1]. Elle s'étendit sur le talus, continuant d'encourager les soldats et de demander des fascines. « Le roi! criait-elle, que le roi se montre! les bons Français de la ville se déclareront pour lui. » Mais le roi restait à Saint-Denis, indifférent et inerte. Vers onze heures du soir, on arracha Jeanne du champ de bataille; c'était son premier échec. Elle ne pouvait s'y résigner : le lendemain matin, elle appelle d'Alençon et lui ordonne de faire sonner l'assaut : « Je ne partirai point, dit-elle, que je n'aie pris la ville. » Vers ce moment sortit de Paris une troupe de gentilshommes, qui avaient suivi jusque-là le parti anglo-bourguignon, et qui venaient reconnaître le roi. Des acclamations accueillent cette nouvelle, qui justifie les espérances de Jeanne. On monte à cheval, et on se dirigeait vers Paris, quand

1. L'emplacement où Jeanne fut blessée forme aujourd'hui la place des Pyramides : on y a élevé, il y a quelques années, une statue de Jeanne d'Arc à cheval.

vient un ordre formel du roi de ramener Jeanne à Saint-Denis.

Elle resta atterée, mais obéit. Elle gardait une dernière espérance. Le duc d'Alençon avait fait jeter un pont sur la Seine à Saint-Denis : elle pensait tourner Paris par ce pont et l'attaquer par la rive gauche. Le 10 septembre au matin, elle part avec le duc et des volontaires pour passer le pont : mais le pont n'existait plus : le roi l'avait fait couper en secret pendant la nuit.

Dès cet instant, Jeanne commença à sentir sa foi chanceler. On l'accablait d'honneurs, on lui donnait à elle et à toute sa famille des titres de noblesse, auxquels elle tenait fort peu, mais on l'empêchait d'agir. Le duc d'Alençon avait demandé au roi la permission de l'emmener avec lui pour reprendre la Normandie : le roi refusa. Et pourtant il suffisait d'un effort pour tout achever : de toutes parts les villes se soulevaient, chassaient leurs garnisons. A Paris même, on avait formé un complot pour ouvrir la ville au roi : le complot fut découvert, et les conjurés furent décapités ou jetés à la rivière. Jeanne pressait en vain, disant : « Je ne durerai guère, il faut vous hâter de m'employer. » Dès les premiers temps, elle avait compris qu'elle avait des ennemis autour d'elle. A Châlons, quand ses amis de Domremy qu'elle avait rencontrés là, lui demandaient si elle ne craignait point la mort en s'exposant à tant de périls, « Non! avait-elle répondu, mais je crains la trahison. » Comme elle se décourageait et perdait l'espoir, ses voix ne lui parlaient plus. Cependant, dès que le péril menaçait, elle se retrouvait elle-même. On l'avait envoyée faire le siège de quelques places sans importance, avec l'espoir de l'user dans des luttes obscures et stériles. A Saint-Pierre-le-Moustier, elle était abandonnée du gros de ses troupes, qui avaient été repoussées par une sortie de la garnison : « Jeanne, lui criait-on, vous êtes seule, retirez-vous ! — Non ! je ne suis pas seule, s'écria-t-elle, en retournant vers les fuyards sa tête nue et illuminée de génie ; j'ai cinquante mille hommes avec moi. Aux fascines ! un pont sur le fossé ! » Les fuyards croient que l'armée des anges est aux côtés de Jeanne, ils comblent le fossé, s'élancent à l'escalade et la ville est prise (fin d'octobre)

Jeanne d'Arc.

Elle passa l'hiver, triste à mourir, n'entendant plus ses voix et sentant la terre et le ciel l'abandonner à la fois. En avril **1430**, convaincue qu'il n'y avait plus rien à espérer du roi, elle quitta la cour sans mot dire, et, suivie de quelques fidèles, se dirigea vers Lagny, où elle purgea le pays des brigands qui l'infestaient. Apprenant que le duc de Bourgogne se disposait à attaquer Compiègne, elle se jeta dans la place. De tristes pressentiments l'assiégeaient. Un matin, à l'église, appuyée contre un pilier, comme les petits enfants se pressaient autour d'elle pour la voir : « Mes enfants, leur dit-elle, je suis trahie et bientôt je serai livrée à la mort. Je vous supplie donc, priez Dieu pour moi; car jamais je ne pourrai plus rendre service au roi et au noble royaume de France ». Le 23 mai, elle sortit avec une partie de la garnison, attaqua les Bourguignons retranchés dans un village et les refoula; mais, un corps anglais survenant en flanc, ses troupes se crurent coupées et s'enfuirent en désordre vers la ville, tandis qu'elle-même s'élançait au milieu des ennemis, et quand ses compagnons, la saisissant malgré elle, l'eurent ramenée aux portes de la ville, le pont-levis était levé : Jeanne était perdue. Ses compagnons furent tués ou pris; six cavaliers s'acharnaient contre elle, chacun essayant de la saisir pour avoir la gloire et le profit de cette proie splendide. Chacun d'eux lui disait : « Rendez-vous à moi, donnez-moi votre parole. — C'est à un autre que vous [1] que je l'ai donnée, répondit la vaillante enfant, et je la tiendrai ». Un archer picard la tira par sa casaque de drap d'or, elle tomba de cheval et il s'empara d'elle.

Ce fut un immense cri de joie dans le camp anglais. Edouard III et Henri V avaient moins fêté leurs victoires de Crécy, de Poitiers et d'Azincourt, que ceux-là ne fêtaient la capture d'une jeune fille de vingt ans : ils ne l'auraient pas donnée pour la ville de Londres. Mais il fallait se saisir d'elle, puisqu'elle était aux mains des Bourguignons. L'archer qui l'avait prise l'avait remise aux mains de son maître, un seigneur nommé Jean de Luxembourg, qui était lui-même vassal du duc de Bourgogne. Les Anglais offraient de l'acheter; mais Jean ne voulait la livrer qu'à bon compte. Les Anglais menacèrent le duc de Bourgogne de rompre toute relation commerciale avec lui s'il ne faisait céder son vassal.

1. Le roi et la France.

Le duc intervint et Jean céda enfin contre une promesse de dix mille livres d'or. Sa vieille tante, la comtesse de Ligny, qui voyait Jeanne et l'admirait, se jeta aux pieds de son neveu, en le suppliant de ne pas souiller le nom de sa famille de la tache ineffaçable qui s'imprime au nom des traîtres; mais le comte Jean jugea que son honneur ne valait pas dix mille livres. Quand Jeanne apprit qu'elle était vendue aux Anglais, le désespoir la saisit, car elle avait toujours conservé l'espoir d'être rendue aux siens. Elle résolut de s'échapper à tout prix; elle monta au sommet de la tour où elle était gardée, et, se recommandant à Dieu, elle se lança d'une hauteur de plus de vingt mètres. On la retrouva évanouie au pied de la tour. La comtesse de Ligny la soigna et la sauva, mais, hélas! c'était pour les Anglais qu'elle la sauvait.

Jean de Luxembourg la livra à son suzerain, le duc de Bourgogne. Le duc l'avait vue le jour même où elle fut prise à Compiègne; il avait eu avec elle une entrevue, dont pas un mot n'a transpiré, et dont les plus intimes confidents du duc n'ont rien connu. Il est aisé de deviner que, dans cet entretien entre la prisonnière et le puissant duc, le vrai maître fut cette pauvre enfant désarmée et impuissante, et que l'orgueil du duc eut à entendre de cruelles vérités. Ce grand seigneur, qui descendait d'un roi de France et se donnait comme le premier chevalier de l'Europe, se fit le geôlier de Jeanne au service de l'Angleterre: il l'emmena avec lui à Arras, puis au donjon du Crotoy, à l'embouchure de la Somme.

C'est là que les officiers du roi d'Angleterre vinrent la recevoir des mains du duc dans les premiers jours de novembre 1430. Elle fut enfermée à Rouen dans une cage de fer, avec des chaînes au cou, aux pieds et aux mains, et gardée par cinq soldats immondes.

VI

PROCÈS ET MARTYRE DE JEANNE D'ARC.

Les Anglais pouvaient la tuer, mais il leur fallait mieux. La prise de Jeanne n'avait pas arrêté leurs désastres; son âme combattait encore avec les siens et les conduisait à la victoire. Xaintrailles avait fondu subitement sur les assiégeants de Compiègne, et les Anglo-Bourguignons avaient levé le siège en abandonnant leurs munitions et tout un parc d'artillerie. Le duc était accouru avec une armée pour repousser l'échec; mais son avant-garde avait été taillée en pièces, et, les Français étant venus lui offrir bataille devant Roye, il avait refusé et reculé. Toutes les garnisons anglaises de Champagne étaient chassées ou massacrées. La terreur superstitieuse des Anglais durait toujours, les enrôlements ne se faisaient plus, et les soldats refusaient de s'embarquer, se sentant vaincus d'avance par le charme magique de Jeanne. Il ne suffisait donc pas que Jeanne pérît, il fallait avant tout que son prestige fût détruit : il fallait rassurer la superstition du soldat, en lui prouvant que Jeanne ne venait pas de Dieu, mais de l'enfer, et que ses victoires n'étaient pas un arrêt du ciel; il fallait persuader aux Français que le sacre de Charles, obtenu par des voies illégitimes, était nul et non avenu, et ne lui conférait aucun droit; il fallait donc, avant de faire périr Jeanne, arriver à lui arracher à elle-même l'aveu que sa mission était une imposture, que ses voix étaient mensongères et qu'elle avait tout fait par des sortilèges. Les Anglais avaient sous la main un instrument tout trouvé pour cette besogne : c'était l'évêque de Beauvais, Pierre Cauchon, ancien démagogue, que l'ambition avait jeté dans le parti anglais; il avait d'ailleurs contre Jeanne une injure personnelle à venger : car, au moment où elle marchait de Reims sur Paris, ses ouailles l'avaient chassé de son évêché de Beauvais. Les Anglais lui promettaient, s'il servait bien, le riche évêché de Rouen. Les préparatifs du procès furent longs ; dès la prise de Jeanne, les théologiens au service de l'Anglais s'étaient mis en chasse, pour trouver dans la vie de Jeanne de quoi échafauder un procès de sorcellerie ; mais sa vie n'offrait rien qui pût justifier cette accusation, même aux yeux des plus superstitieux ; les enquêtes les plus rigoureuses, faites au dehors, n'avaient fait que donner un témoignage éclatant de la piété et de la vertu de Jeanne. L'instruction prenait des mois ; les Anglais commençaient à s'impatienter et criaient que les clercs ne gagnaient pas leur argent.

Le procès s'ouvrit enfin le 21 février, sous la présidence de Cauchon, assisté d'une quarantaine de théologiens recrutés à Paris et à Rouen, et dont la servilité était assurée. Alors commença entre Jeanne et ses juges une lutte de trois mois, où cette pauvre enfant, seule, sans amis, sans conseils, épuisée par les souffrances physiques et les insultes, se montra plus belle, plus grande, plus héroïque encore qu'aux jours où elle se lançait à la tête des Français au plus profond des bataillons ennemis. Ils étaient là une quarantaine de docteurs qui l'assaillaient de questions subtiles ou sans sens, pour l'embarrasser et lui arracher par surprise quelque réponse qu'on pût tourner contre elle, et qu'on pût interpréter comme une offense à la religion. Elle, à travers tous les pièges qu'on lui tendait, marchait droit à la vérité ; elle confondait ces gens habiles par la simplicité, la grandeur, l'éloquence et l'ironie de ses réponses et elle ne laissa pas échapper un seul mot qui permît de supposer un instant qu'elle ne croyait plus à sa mission et aux divines espérances que son cœur lui avait fait concevoir. Elle consentit à leur répondre, mais sans les reconnaître pour juges, ne reconnaissant d'autre juge que sa conscience et Dieu. « Vous dites que vous êtes mon juge, disait-elle à l'évêque, prenez bien garde à ce que vous dites, car c'est une grande chose que vous prenez là sur vous. Je suis venue de la part de Dieu, et n'ai point de compte à vous rendre. » Les juges lui posèrent une question perfide à laquelle elle ne pouvait répondre sans se perdre : « Jeanne, vous croyez-vous en état de grâce[1] ? » Si elle répondait *oui*, c'était un orgueil criminel ; si elle répondait *non*, elle se condamnait elle-même. Elle répondit simplement : « Si je n'y suis pas, que Dieu m'y mette, et si j'y suis, qu'il m'y garde ». On voulait lui faire dire qu'elle avait usé de sortilèges, que, par exemple, cet étendard qu'elle ne quittait point était un instrument magique : « Avez-vous dit, lui demandait-on, que votre étendard portait bonheur? — J'ai dit à mes gens : Entrez hardiment parmi les Anglais, et j'y entrais moi-même. » — « Pourquoi l'avez-vous porté au sacre du roi, plutôt que celui de tou-autre capitaine? — Il avait été à la peine, c'était justice qu'il fût à l'honneur. »

On lui reprochait de s'être laissé adorer comme un être divin : on lui demandait : « Quelle était la pensée des gens qui vous baisaient les pieds, les mains et les vêtements? — Les pauvres gens venaient volontiers à mo- parce que je ne leur faisais point de mal : je les aidais quand je le pouvais. » — « Croyez-vous que votre roi a bien fait de tuer Monseigneur de Bourgogne? » Elle ne pouvait répondre *non* sans flétrir son roi, ni *oui* sans justifier le meurtre. Elle répondit : « Ce fut grand dommage pour le royaume de France. Mais quelque chose

1. C'est-à-dire, digne du salut éternel.

qu'il y eût entre le roi et le duc, Dieu m'a envoyée au secours du roi de France ».

« Avez-vous été en des lieux où l'on a tué des Anglais? — Oui. Que ne quittaient-ils la France et ne s'en allaient-ils en leur pays? » — Il y avait là dans l'assistance un seigneur anglais qui ne put s'empêcher de s'écrier : « La vaillante femme! Que n'est-elle Anglaise! »

On voulut lui faire dire que Dieu haïssait les Anglais, afin de l'accuser ensuite de blasphème, pour lui avoir prêté des sentiments de haine : « Sainte Catherine et sainte Marguerite haïssent-elles les Anglais? — Elles aiment ce que Notre-Seigneur aime et haïssent ce qu'il hait. — Dieu hait-il donc les Anglais? — De l'amour ou de la haine que Dieu a pour les Anglais et ce qu'il fait de leur âme, je n'en sais rien : je sais seulement qu'ils seront mis hors de France, — sauf ceux qui périront ».

Epuisée par ces luttes, par les outrages, et surtout par la douleur poignante de sentir qu'elle était abandonnée du roi de France et de voir que pas un effort n'était tenté pour la sauver, elle qui avait sauvé tout un peuple, elle tomba malade et faillit mourir. Le comte de Warwick, gouverneur de Rouen, appela en hâte les meilleurs médecins : « Pour rien au monde, disait-il, le roi ne voudrait que Jeanne mourût de mort naturelle : il l'a achetée assez cher, il ne veut pas qu'elle meure autrement que condamnée et sur le bûcher. » Comme elle se croyait près de mourir, elle demanda un prêtre pour recevoir la communion. L'évêque Cauchon, profitant de sa faiblesse, lui déclara qu'elle n'aurait point la communion, si elle ne voulait pas se soumettre à l'Église. Elle répondit qu'elle ne pouvait rien changer à ce qu'elle avait dit jusque-là. — « Alors l'Église vous abandonnera comme païenne. — Je suis bonne chrétienne et mourrai telle, » répondit Jeanne, et l'évêque se retira vaincu par la mourante.

On la menaça de la torture; on fit venir les bourreaux qui étalèrent devant elle leurs instruments hideux, et on la somma de se rétracter; elle dit : « Quand vous me démembreriez et m'arracheriez l'âme du corps, je ne répondrais pas autrement que je n'ai fait ».

Enfin, le jugement fut rendu le 23 mai. Comme les lois de l'Église défendent aux femmes de porter des vêtements d'homme et que Jeanne l'avait fait, on la condamna pour cela à la prison perpétuelle. Mais alors les Anglais entrèrent en fureur et menacèrent les juges de leur faire un mauvais parti; ils leur criaient : « Prêtres, vous volez l'argent du roi. » Les juges répondirent : « Ne craignez rien, nous la retrouverons. »

En effet, quelques jours après, on déroba pendant la nuit les vêtements de femme de Jeanne et on y substitua des vêtements d'homme. Forcée par la nécessité, elle les revêtit. Elle fut aussitôt condamnée à être brûlée comme *relapse*, c'est-à-dire comme étant retombée dans le même crime contre la religion, ce qui entraînait la peine de mort dans la loi du temps. En entendant sa condamnation, elle eut un instant de faiblesse et pleura; puis, reprenant son courage, elle regarda fixement Cauchon et lui dit : « Évêque, c'est par vous que je meurs : j'en appelle de vous à Dieu. »

Le lendemain, 30 mai 1431, on la conduisit pour mourir sur la grande place de la ville. Il y avait là sur une estrade l'évêque Cauchon avec tous les juges et les grands dignitaires d'Angleterre : en face, un bûcher d'une hauteur immense : une foule consternée se pressait autour du bûcher, mais elle était contenue par les soldats anglais. Un prêtre prononça un long sermon; ensuite l'évêque Cauchon lut la condamnation. Elle écouta en silence, puis demanda aux assistants de prier pour elle, avec tant de douceur que ses juges eux-mêmes étaient émus et que des Anglais pleuraient. Elle monta sur le bûcher, escortée d'un prêtre qui lui tenait la croix devant les lèvres. Quand le bourreau mit le feu, elle poussa un grand cri, puis voyant que le prêtre n'était pas encore descendu, elle eut peur pour lui, et, s'oubliant elle-même, lui cria de descendre. La flamme monta : on ne l'entendit pas pleurer ni se plaindre, elle répétait seulement ces mots : « Non! mes voix ne m'avaient pas trompée; mes voix étaient de Dieu. »

La foule sanglotait; quelques Anglais essayaient de rire. Un des plus acharnés avait juré de mettre un fagot au bûcher; au moment où il le mit, elle rendait l'âme, et il se trouva mal : il avait cru voir, avec son dernier soupir, une colombe s'envoler de sa bouche. Le bourreau alla le soir se confesser; il était épouvanté de la part qu'il avait prise à un si grand crime, et il ne croyait pas que Dieu pût jamais lui pardonner. Un secrétaire du roi d'Angleterre, revenant du supplice, s'écriait : « Nous sommes perdus, nous avons brûlé une sainte. »

C'est ainsi que vécut et mourut la plus héroïque, la plus pure, la plus divine créature qui ait jamais paru sur terre, en aucun temps et chez aucun peuple.

XVIII. — Les Femmes de Beauvais (1472).

Le duc de Bourgogne Charles le Téméraire avait envahi la France et signalé son passage par des cruautés horribles. Ayant pris la ville de Nesle, il fit massacrer toute la population qui s'était réfugiée dans l'église. Il entra à cheval dans l'église, où il y avait un demi-pied

1. Dans le département de la Somme.

de sang, fit le signe de la croix en entrant, et dit à ses hommes: « Par saint Georges, mes enfants, vous avez fait là une bonne boucherie ». De Nesle il alla à Beauvais, où son armée parut le 27 juin 1472. Il pensait y entrer sans encombre ; mais la population, avertie par le sort de Nesle, était prête à résister jusqu'à la mort. Les femmes et les filles se souvinrent de Jeanne d'Arc et prirent part à la défense commune. Après avoir promené en procession dans la ville le corps de la patronne de Beauvais, sainte Angadresme, elles se rendirent aux créneaux à côté de leurs maris et de leurs pères, et quand les Bourguignons donnèrent l'assaut, elles apportèrent des munitions aux combattants, et roulèrent sur les assiégeants des tonneaux remplis d'eau bouillante, de résine et de plomb fondu. Cependant les Bourguignons arrivèrent à dresser des échelles et montaient sur la muraille : une jeune fille nommée Jeanne LAISNÉ [1], avec ses mains désarmées, arracha des mains du porte-drapeau bourguignon l'étendard qu'il allait fixer sur le rempart. Le duc Charles s'enfuit, chassé par des femmes.

Le roi de France Louis XI voulut visiter la ville qui s'était si bien défendue ; il maria Jeanne Laisné, qui appartenait à une des plus pauvres familles de la ville, et décida qu'elle et son mari seraient exempts à perpétuité de tout impôt. Il décida aussi que chaque année la procession de sainte Angadresme se ferait aux frais du roi, et que les femmes, en souvenir de leur courage, y auraient le pas sur les hommes. Le drapeau arraché par Jeanne Laisné fut déposé religieusement dans l'église de la ville, et on l'y garda longtemps avec piété, comme la plus sainte des reliques.

1. On l'appelle quelquefois Jeanne HACHETTE.

XIX. — Paroles françaises.

Parmi les Français que la fureur des guerres civiles avait jetés dans le parti des Anglais, il s'en trouva qui furent bien vite las et honteux d'être les alliés de l'étranger. Le maréchal de L'ISLE-ADAM, qui avait passé avec les Bourguignons, dont il était un des chefs, au parti du roi anglais Henri V, s'était une fois présenté devant lui dans un costume que celui-ci trouva peu convenable; le maréchal répondit sèchement au roi et en le regardant en face. Henri V, que ses sujets avaient peu habitué à ces manières, s'écria : « Comment osez-vous regarder un prince en face, quand vous lui parlez? — Sire, répondit le maréchal, chez nous autres, Français, quand un homme baisse les yeux en parlant à un autre, si haut que soit le rang de celui-là, on dit que c'est un pleutre ». Le roi fit jeter le maréchal en prison, et il y eut là-dessus à Paris une émeute qui prouva que la fierté nationale n'était pas encore morte.

A l'assaut du Quesnoy, en 1475, Louis XI vit un jeune chevalier, RAOUL DE LANNOI, qui se faisait jour au plus épais de l'ennemi. Après la victoire, il le fit venir près de lui : « Par la Pâque-Dieu, lui dit-il, mon ami, vous êtes trop emporté dans la bataille. Il faut vous enchaîner, car je ne veux point vous perdre, désirant me servir de vous plus d'une fois, » et, en disant ces mots, il lui passa au cou une chaîne d'or.

LOUIS XII, avant d'être roi de France, avait été un sujet rebelle sous le nom de duc d'Orléans. Mais, Charles VIII étant mort sans enfants, le duc d'Orléans devenait roi (1498). Ceux qui l'avaient combattu autrefois redoutaient sa vengeance : il dissipa toutes les craintes par ce mot : « Le roi de France ne venge pas les injures du duc d'Orléans. » Et, en effet, il ne montra jamais dans la suite qu'il en eût gardé le moindre souvenir. Aussi est-ce un des souverains dont l'histoire a rappelé le nom avec sympathie.

Pour réduire les impôts, il avait réduit les dépenses de la cour, et les courtisans raillaient sa simplicité et son avarice. Il répondit : « J'aime mieux entendre les gens de cour rire de mon avarice que le peuple pleurer de ma magnificence. »

A la bataille de Pavie (1525), François Ier rendit son épée, mais après l'avoir trempée dans le sang de l'ennemi. Aussi, écrivant de sa prison à sa mère pour lui conter son malheur, il put terminer sa lettre par ces mots : « De toutes choses, il ne m'est resté que l'honneur et la vie, qui est sauve. »

Ce mot est cité souvent sous une forme plus belle encore : « Tout est perdu, fors [1] l'honneur ».

XX. — Défense de Mézières par Bayard (1521).

Depuis plusieurs années la guerre était imminente entre la France et l'Allemagne, à cause de la rivalité personnelle du roi de France, François Ier, et de l'empereur d'Allemagne, Charles-Quint. En 1521, une armée de quarante mille Allemands, sous les ordres du comte de Nassau et d'un célèbre aventurier, nommé François de Sickingen, envahit, sans mot dire, le territoire français et assiégea sans sommation de guerre la ville de Mouzon [2], qui, n'étant pas prête à se défendre, se rendit; puis, fière

1. *Fors* est un vieux mot signifiant *hors, excepté*.
2. Dans les Ardennes.

de ce succès facile, elle marcha en toute hâte sur la ville la plus importante de la frontière, Mézières, qui était la clef de la Champagne, et qui, une fois en leurs mains, leur ouvrait la route de Paris. Comme on ne s'attendait pas à une attaque si soudaine, le roi n'avait point d'armée sur pied, et par une imprévoyance fréquente à cette époque, on n'avait point songé en temps de paix à mettre en bon état les fortifications de Mézières, qui tombaient en ruines. Ce fut une panique générale dans le conseil du roi, et l'on parla de brûler la ville, pour ne pas laisser les Allemands s'y établir et s'y fortifier; mais BAYARD s'écria : « Il n'y a point de place faible là où il y a des gens de cœur. » Le roi le nomma sur-le-champ gouverneur de Mézières, avec ordre de tenir jusqu'à la mort et de donner ainsi à la France le temps d'organiser la résistance.

Bayard, aussi joyeux de cet ordre que s'il eût reçu la première dignité du royaume, partit aussitôt avec quelques gentilshommes de bonne volonté et deux mille recrues levées à la hâte. Il entra dans Mézières, qu'il trouva hors d'état de soutenir un siège : on attendait l'ennemi pour le lendemain. On passa le reste du jour et toute la nuit à réparer les murs et les remparts : gentilshommes et soldats mirent tous la main à l'œuvre et nul ne songeait à bouder à la besogne, en voyant Bayard lui-même donner l'exemple. « Comment! messieurs, leur disait-il, sera-t-il dit un jour que la France aura perdu cette ville par notre faute? Si nous étions en rase campagne, avec un fossé de quatre pieds devant nous, nous combattrions bien une journée entière sans céder : et que sera-ce ici, ayant fossés et remparts? Certes, avant que les Allemands mettent le pied sur nos murs, plus d'un d'entre eux dormira dans les fossés. » Encouragés par ses paroles et son attitude, ses gens prenaient autant de confiance et d'assurance que s'ils se fussent trouvés dans la place la plus forte du monde.

Le lendemain, les deux généraux allemands s'établirent devant la place. Mézières est entourée par la Meuse de trois côtés, ce qui en fait comme une presqu'île; elle est ouverte à l'est en face des Ardennes. Le comte de Nassau vint poser là son camp avec plus de vingt mille hommes, tandis que François de Sickingen, avec quinze mille hommes, passait la Meuse et cernait la ville à l'ouest. A leur approche, la meitié des recrues que Bayard avait amenées avec lui, et qui n'avaient jamais vu le feu, furent saisies d'une terreur subite et s'enfuirent, les uns par la porte, les autres par les remparts. Bayard dit tranquillement à ceux qui restaient qu'il était bien aise de la fuite de ces lâches, et que, réduits à un si petit nombre, ils n'en auraient que plus d'honneur à soutenir seuls l'effort de l'ennemi.

Les Allemands, dès leur arrivée, envoyèrent un parlementaire à Bayard pour le prier d'évacuer la place : ils lui remontraient que la ville n'était pas tenable contre des forces comme celles dont ils disposaient; qu'avec tout son courage, il aurait en fin de compte le dessous, et que, par suite, il compromettait sa réputation et peut-être sa vie même : ils seraient désolés, disaient-ils, que le moindre mal arrivât par leur faute à un si brave chevalier. Bayard écouta le héraut d'armes en silence ; puis, quand il eut fini, il répondit en souriant : « Mon ami, je m'étonne fort de la gracieuseté que me font MM. de Nassau et de Sickingen, que je n'ai point l'honneur de connaître. Retournez donc près de vos maîtres et dites-leur que le roi de France ne manque pas de capitaines plus capables que moi de défendre cette place frontière; mais, puisqu'il m'a fait l'honneur de me choisir et de se fier à moi, j'espère qu'avec l'aide de Dieu, je saurai assez bien la garder pour que les assiégeants s'ennuient à ce jeu plus vite que les assiégés. Je sortirais volontiers d'ici, comme vous m'en priez; mais, pour cela, il me faut un pont, ce qui me force d'attendre que les corps de vos gens m'aient comblé les fossés. »

Le héraut vint rapporter la réponse aux généraux allemands, qui la goûtèrent fort peu. Il se trouvait avec eux un capitaine picard, nommé Grandjean, qui avait été jadis au service du roi de France sous les ordres de Bayard, en Italie. En entendant la réponse, il dit tout haut aux deux généraux : « Messeigneurs, ne vous attendez pas à entrer dans Mézières tant que le chevalier de Bayard sera en vie. J'ai servi sous lui et le connais : c'est un homme dont la compagnie donne du cœur au plus couard. J'aimerais mieux, pour ma part, qu'il y eût dans la place deux mille défenseurs en plus et Bayard en moins. » Le comte de Nassau répondit aigrement : « Capitaine Grandjean, le chevalier de Bayard n'est pas plus qu'un autre de fer ou d'acier, et s'il est si brave compagnon, il pourra bientôt le montrer, car, avant quatre jours d'ici, je lui enverrai tant de boulets qu'il ne saura de quel côté se tourner. — Nous verrons bien, » répondit Grandjean. Nassau et Sickingen firent dresser leurs batteries, qui foudroyèrent la ville à l'est et à l'ouest : en moins de quatre jours, il tomba cinq mille boulets.

Trois semaines s'écoulèrent : les vivres étaient épuisés. Les batteries de Sickingen, établies en deçà de la Meuse, faisaient de grands ravages dans la ville. Bayard imagina un stratagème pour les éloigner. Il écrivit au duc de Bouillon, qui était allié du roi de France, une lettre où il annonçait que l'armée du roi approchait; il ajoutait : « Comme vous m'avez dit, il y a six mois environ, que vous espériez gagner Sickingen au roi de France, et que l'on dit d'ailleurs que c'est un galant homme, vous ferez bien de vous entendre au plus tôt avec lui, et aujourd'hui plutôt que demain, car demain il serait trop tard : treize mille hommes, réunis à quelques lieues d'ici, vont fondre demain au point du jour sur le camp de Sickingen, tandis que moi-même je dirigerai une sortie, et il jouera de bonheur s'il échappe. » L'émissaire qui portait cette lettre fut saisi, comme Bayard s'y attendait, et Sickingen, qui avait déjà plus d'une fois eu des querelles avec Nassau, se mit en tête que celui-ci l'avait fait mettre au poste le plus dangereux pour se débarrasser de lui : et le voilà qui fait battre le tambour, passe la Meuse et se dirige vers le camp de Nassau. Nassau entend le tambour, s'émeut, s'enquiert et apprend que Sickingen se rend à son camp, et que par suite le siège est levé du côté de la Meuse. Il lui envoie un ordre impérieux de rentrer dans ses positions : Sickingen répond avec fureur : « Allez dire au comte de Nassau que je n'en ferai rien, et ne veux pas rester à la boucherie pour son bon plaisir. S'il veut m'empêcher de partager son camp, nous verrons bien, à la pointe de l'épée, à qui il restera. » Et il continue sa marche vers le camp de Nassau, qui se met en ordre de bataille, et des deux parts le tambour bat avec rage.

Cependant le pauvre paysan, porteur de la lettre qui avait fait tout ce bruit, s'échappe de la bagarre, rentre à Mézières et raconte, en demandant grâce, qu'il n'a pu remettre la lettre à son adresse, qu'il l'a laissée tomber aux mains des Allemands. Bayard répondit par un joyeux éclat de rire, et, se rendant sur les remparts avec quelques hommes, vit les deux troupes allemandes rangées en bataille, l'une en face de l'autre, et se regardant comme deux ours qui grondent. « Allons, dit Bayard, puisqu'ils ne veulent pas commencer, il faut donc que je commence moi-même, » et il envoya cinq ou six volées qui eurent un merveilleux effet pour rétablir la concorde : car, le lendemain, Sickingen et Nassau étaient d'accord pour lever ensemble le siège.

Quelques jours après, le roi rentrait à Mézières avec une puissante armée, reprenait Mouzon en passant et poursuivait les troupes de l'empereur en Belgique.

Le siège n'avait duré que trois semaines : il n'y avait pas eu de grands faits d'armes ni d'assaut; mais, en arrêtant l'ennemi, Bayard avait donné le temps de lever une armée, et la France était sauvée.

XXI. — Mort de Bayard (1524).

On l'appelait le *Chevalier sans peur et sans reproche*. Dans un siècle où il y avait tant de vaillants chevaliers, il s'était distingué entre tous par sa vaillance, et c'est pour cela qu'on l'appelait le *Chevalier sans peur*; mais la loyauté et la bonté étaient alors chez les gens de guerre plus rares que la bravoure, et c'est parce qu'il était loyal et bon qu'il avait mérité le surnom de *sans reproche*.

Il était né en 1476, au château de Bayard en Dauphiné [1]. Il avait servi son pays pendant trente-quatre ans, sous les rois Charles VIII, Louis XII et François Ier, et jamais homme de son temps n'accomplit de si belles prouesses avec tant de simplicité, d'esprit français et de grâce.

Une fois, pendant les guerres d'Italie, sous le roi Louis XII, — il avait alors vingt-deux ans, et était au début de sa carrière, — les Français, assiégeant Milan, avaient repoussé un escadron lombard qui avait

1. Son nom était Pierre du Terrail, seigneur de Bayard. Bayard était un château à quelques lieues de Grenoble.

fait une sortie: ils le poursuivirent jusque sous les murs de la ville, et arrivés là, tandis que les portes s'ouvraient pour recevoir les fuyards, le commandant français donna ordre de retourner au camp: Bayard, tout échauffé, n'entendit pas; il continua sa poursuite, passa la porte avec les fuyards, et poussant toujours droit devant lui, se trouva bientôt seul au cœur de la ville, devant le palais du duc de Milan. Reconnu à ses r.mes pour Français, il fut pris, désarçonné, et le duc, s'étant enquis de tout ce bruit, apprit que c'était un jeune Français qui venait d'entrer à Milan, et que l'on ne pouvait rien imaginer de si vaillant et de si jeunea Le duc étonné ordonna qu'on lui amenât le prisonnier et lui demanda: « Ah ça, mon gentilhomme, qui vous amène en cette ville? » Le jeune chevalier, sans s'étonner, répondit : « Ma foi, Monseigneur, je ne pensais pas entrer tout seul; je croyais être suivi de mes compagnons, et je vois qu'ils s'entendent à la guerre mieux que moi car, s'ils avaient fait comme moi, ils seraient prisonniers. » Le duc lui demanda alors combien les Français avaient de soldats: « Vingt mille environ, guère plus, épondit Bayard, mais tous gens d'élite et bien résolus à assurer le duché de Milan au roi notre souverain. Et il me semble, Monseigneur, que vous seriez plus en sûreté en Allemagne que vous n'êtes ici; car vos gens ne sont pas pour nous combattre ». Le jeune homme parlait avec tant d'assurance et d'aisance que le duc ne pouvait s'empêcher de prendre plaisir à l'écouter. « Eh bien, dit-il, foi de gentilhomme, je voudrais bien en faire l'épreuve, et j'ai bien envie que l'armée du roi de France et la mienne en viennent aux mains, pour décider à qui reviendra le duché. — Je voudrais que ce fût demain, je vous le jure, répondit Bayard, pourvu que j'en fusse et que je fusse hors de prison. — Qu'à cela ne tienne, répondit le duc, je vous rends la liberté. » Et le duc lui rendit son cheval et ses armes, lui fit ouvrir les portes, le regarda s'éloigner en caracolant, et dit à ses gens : « Si tous les hommes de France étaient comme celui-ci, j'aurais de vilains quarts d'heure à passer. »

Une autre fois, dans la guerre de Naples, il avait sauvé l'armée française en défendant à lui seul, pendant une demi-heure, la tête d'un pont contre deux cents Espagnols. Les deux armées ennemies campaient sur les deux rives opposées d'un fleuve, nommé le Garigliano ; les Espagnols, pour s'emparer d'un pont qui conduisait au camp français, avaient fait une diversion à quelques lieues plus haut, en envoyant une centaine de cavaliers qui passèrent un gué et surprirent pendant la nuit le camp français ; les Français, croyant que toutes les forces espagnoles étaient là, se portèrent en masse sur le point menacé, et le pont se trouva abandonné. Bayard, qui s'était levé au bruit de l'attaque, ayant regardé par hasard du côté de la rivière, aperçut un escadron espagnol qui approchait du pont. L'armée française allait être prise entre deux feux et détruite. Bayard appelle son écuyer et lui crie : « Appelez nos gens ou nous sommes perdus. J'amuserai ici les Espagnols pendant quelque temps, mais hâtez-vous. » Et avançant à la tête du pont, il donna de la lance contre les premiers rangs qui en furent tout ébranlés : deux hommes tombèrent dans la rivière, qui était profonde en cet endroit, et ne reparurent plus. Appuyé contre la barrière du pont, de façon à ce qu'il ne pût être entouré, invulnérable dans son armure de fer, il tint en respect, une demi-heure durant, les assaillants qui se pressaient à la tête trop étroite du pont, si bien qu'il donna enfin à son écuyer le temps de revenir avec cent hommes d'armes. Les Espagnols s'enfuirent ;

mais, à mille pas de là, ils furent rejoints par une troupe de sept à huit cents cavaliers des leurs; les Français à leur tour battirent en retraite en bon ordre; mais le cheval de Bayard s'affaissa, et il fut enveloppé par vingt hommes. Il se rendit sans dire son nom, car si les Espagnols savaient quelle prise ils venaient de faire, il pouvait dire adieu pour longtemps à la liberté. Les Français, de retour à leur camp, s'aperçurent que Bayard manquait : « Messieurs, dit un gentilhomme du Dauphiné, compatriote de Bayard, nous avons tout perdu, car Bayard est mort ou pris. Mais dussé-je aller seul, j'irai savoir ce qu'il est devenu, quand j'y perdrais la vie ou la liberté! — Nous irons tous! » s'écrient les Français; et ils s'élancent après les Espagnols, les atteignent, et fondent sur eux à l'improviste. Plusieurs cavaliers ennemis tombent dans le choc : Bayard s'élance sur le cheval d'un des cavaliers démontés, et criant aux Espagnols : « France! France! C'est Bayard qui vous échappe! » il s'élance à travers les rangs des ennemis stupéfaits et se retrouve au milieu des siens.

A la bataille de Guinegate[1] (1513), les chevaliers français, s'étant laissés surprendre par les Anglais, s'enfuirent à bride abattue : on appela cette journée la *Journée des éperons*, parce que les éperons y jouèrent un plus grand rôle que l'épée. Bayard, avec quelques hommes, protégea la fuite de l'armée en arrêtant l'ennemi. Forcé enfin de se rendre, et ne voulant pas qu'il fût dit qu'il avait été pris, il fond l'épée levée sur un officier ennemi, le fait prisonnier, reçoit son épée, puis, cela fait, se remet à lui. Quelques jours après, Bayard annonce à l'Anglais qu'il retourne au camp français. « Et votre rançon? dit

1. Guinegate est dans le Pas-de-Calais, arrondissement de Saint-Omer.

l'autre. — Ma rançon! répond Bayard, mais c'est vous qui êtes mon prisonnier; mais n'importe, je vous en tiens quitte. » L'Anglais réclama auprès du roi d'Angleterre, Henri VIII, qui, admirant tant d'esprit dans tant de courage, trancha la question en faveur de Bayard et le renvoya libre sans rançon.

Au Garigliano, Bayard avait sauvé une armée, en combattant seul, une demi-heure, pour elle; à Mézières, c'est la France même qu'il sauvait, en combattant trois semaines pour elle [1]. Mais il devait peu survivre à ce dernier et suprême service rendu à la patrie.

Au commencement de 1524, la France avait une armée dans la Lombardie, sous les ordres de l'amiral Bonnivet, bon soldat, mais un triste général, et qui devait toute sa fortune à son habileté de courtisan. Il avait commis faute sur faute et luttait avec peine contre les Espagnols, commandés par le marquis de Pescaire et par un Français traître, le connétable de Bourbon, qui, ayant subi une injustice du roi de France, avait passé à l'ennemi et marchait contre son pays. Bonnivet ordonna à Bayard de se porter avec deux cents hommes sur la place de Rebecco. C'était une situation impossible à défendre et inutile à garder, car elle était en plaine et ouverte de tout côté. Bayard fit observer le danger de cette mesure et dit à Bonnivet que, pour se maintenir dans une pareille position, ce ne serait pas trop de la moitié de ses troupes : le général ne voulut rien entendre. Bayard obéit, mais avec de sombres pressentiments. Il se rendit au village indiqué, s'y fortifia de son mieux, veillant sans relâche, nuit et jour, pour éviter toute surprise, si bien qu'il tomba à la fin malade de chagrin et de fatigue. Il lutta longtemps contre son mal: mais à la fin un soir vint où le mal triompha de ses

(1) Voir la Lecture précédente.

forces, et il garda la chambre, après avoir ordonné à ses capitaines d'aller au guet et de faire bonne garde. Ils promirent de le faire; mais, comme il pleuvait, ils se dirent : « Les Espagnols ne viendront pas », et ils rentrèrent, laissant à peine trois ou quatre archers. Cette nuit même, les Espagnols, sortis de Milan, arrivèrent en silence à Rebecco, surprirent les quelques sentinelles et envahirent le camp. Le bruit réveille Bayard, qui se lève aussitôt, prêt à combattre, car il couchait tout armé, malgré la maladie; il réunit ses hommes autour de lui, voit le nombre des ennemis, juge que tout est perdu, et ordonne la retraite. La retraite se fit en bon ordre, et quand on rejoignit Bonnivet, il ne manquait que dix hommes. Mais Bayard se sentait frappé à mort de ce désastre qu'il avait prévu, et qui aurait été si facilement évité si l'on avait écouté ses avis.

La maladie et la famine faisaient des ravages dans l'armée de Bonnivet : il résolut de lever le camp et de battre en retraite pour rentrer en France : Bayard était à l'arrière-garde pour protéger la marche. Les Espagnols suivaient de près : mais chaque fois qu'ils essayaient de troubler la retraite, ils trouvaient devant eux le chevalier sans peur et sans reproche, qui, le visage droit à l'ennemi, les forçait à arrêter leur poursuite et souvent à reculer.

Mais dans une des nombreuses escarmouches qui se renouvelaient tous les jours, une pierre d'arquebuse vint lui frapper les reins et briser l'échine. Il poussa un cri : « Jésus! je suis mort; » mais il eut encore la force de saisir l'arçon de sa selle, pour ne point tomber, et resta droit en selle : son écuyer vint l'aider à descendre et l'appuya contre un arbre.

Ses soldats et ses amis se rassemblèrent autour de lui, en pleurant et gémissant : « Sous quel pasteur irons-nous désormais aux champs? disaient les soldats. Quel guide aussi sûr le ciel nous donnera-t-il jamais? car sa présence était pour nous comme une place forte où nous étions en sûreté. Où trouverons-nous un capitaine qui nous rachète quand nous sommes prisonniers, qui nous remonte quand nous sommes démontés, qui nous nourrisse comme il le faisait? » Bayard les supplia de se retirer pour ne pas tomber aux mains des Espagnols : « Ne restez pas ici, disait-il, je vous en prie, vous vous perdriez, et cela ne me servirait de rien, car c'en est fait de moi. Allez dire au roi de ma part combien je suis attristé, en mourant, de songer que je n'ai point fait pour le service du pays tout ce que j'aurais désiré faire ».

La triste nouvelle se répandit parmi les Espagnols et l'émotion fut aussi grande parmi eux que parmi les Français. Bien que ce fût de tous les Français celui qui leur inspirait le plus de crainte dans la bataille, ils le respectaient et l'aimaient comme un homme qui faisait honneur à la profession des armes. Ils se rappelaient avec quelle courtoisie et quelle douceur il traitait les prisonniers, et sentaient que par sa mort ce n'était point seulement la noblesse de France, mais aussi la noblesse d'Europe qui avait fait une perte irréparable, et qu'il avait été le parfait chevalier en ce monde. Il n'y avait point de brave parmi eux qui ne le regrettât, et tout en poursuivant les Français, ils se détournaient et s'arrêtaient un instant pour le voir en passant, comme une belle relique qu'on regarde avec piété et en silence.

Le marquis de Pescaire lui dit : « Je donnerais bien la moitié de mon sang pour vous rendre la santé. Je devrais être bien aise de vous voir en cet état, sachant que l'empereur[1], mon maître, n'a jamais eu en ses guerres de

1. L'empereur Charles-Quint.

plus grand ni de plus rude ennemi que vous : mais quand je considère la perte que fait aujourd'hui toute la chevalerie, Dieu m'est témoin combien je donnerais pour qu'il en fût autrement ! »

Or, en ce moment, passa le connétable de Bourbon, qui, le reconnaissant, s'approcha et lui dit combien il avait pitié de voir en un tel état un si vertueux chevalier. « Monsieur, répondit le mourant, ce n'est pas de moi qu'il faut avoir pitié, car je meurs en homme de bien : mais c'est moi qui ai pitié de vous ; c'est moi qui ai pitié de vous voir servir contre votre prince, contre votre patrie et contre votre serment ». Le connétable baissa le front, rougit, et se rejeta avec fureur à la poursuite des Français.

Bayard demeura encore en vie deux ou trois heures, reposant sous un beau pavillon que les Espagnols avaient tendu pour lui. Quand il eut expiré, les généraux espagnols choisirent un certain nombre de gentilshommes pour le porter à l'église, où l'on célébra en son honneur un service solennel qui dura deux jours ; puis, ses serviteurs le transportèrent dans sa terre natale, en Dauphiné. Le duc de Savoie, sur les terres duquel passa le corps, lui rendit les hommages qu'il aurait rendus à un frère. Quand la nouvelle de sa mort arriva en Dauphiné, le deuil fut tel, que l'on ne se rappelait pas dans le pays que jamais chevalier eût été pleuré de la sorte, de mille ans. Nobles, prêtres, bourgeois, paysans, se rendirent au devant du corps jusqu'au pied des Alpes. Il alla ainsi d'église en église, au milieu des hymnes et des sanglots, jusqu'à l'église de Notre-Dame de Grenoble, où il reposa un jour et une nuit : et de là, à l'église Saint-André, où il devait reposer pour toujours. Un mois durant, on cessa dans le Dauphiné toutes les danses et toutes les fêtes, et, pendant longtemps, on récita dans les églises une prière spéciale, composée pour le salut de l'âme du noble chevalier.

C'est ainsi que mourut Bayard, qui fut pleuré à la fois par les amis et par les ennemis. L'histoire des peuples d'Europe offre peu d'exemples de héros qui aient mérité un pareil hommage. Mais notre histoire devait en offrir un nouvel exemple, plus beau et plus touchant encore, celui du jeune Marceau, général à l'armée du Rhin, sous la première République, qui mourut comme Bayard en protégeant la retraite de ses compagnons d'armes, et fut pleuré par la France et par l'Allemagne[1].

XXII. — Siège de Metz (1552).

Les Allemands, opprimés par leur empereur, Charles-Quint, avaient appelé à leur secours le roi de France, Henri II, qui avait profité de l'occasion pour réunir à notre pays les villes frontières de Metz, Toul et Verdun, qui étaient françaises de cœur et avaient parlé notre langue de tout temps. L'empereur se réconcilia avec les Allemands pour nous reprendre ces trois villes et leva une immense armée. Mais le roi de France, longtemps avant que l'empereur fût prêt, envoya à Metz le duc de Guise[2] pour organiser la résistance : le duc fut à son poste le 17 août 1552, tandis que les Allemands ne furent prêts qu'au milieu d'octobre, de sorte que Metz eût deux mois pour se mettre en état de défense.

La ville n'était point forte ; elle n'avait qu'une muraille non bastionnée, et des hauteurs qui l'environnent il était

1. Voir la Lecture LXIII, page 202.

2. François de Lorraine, duc de Guise, né en 1519, mort en 1563, grand capitaine, qui rendit Calais à la France (Voir Lecture IX, page 45) et sauva Metz, mais ternit sa gloire par son ambition sans scrupule : nul n'a contribué plus que lui à déchaîner les guerres de religion.

facile de battre l'intérieur. Il fallait improviser des fortifications. On épaula les murailles par des terrassements, on creusa des tranchées, on éleva des bastions, on mit des canons sous les voûtes des églises, on construisit de hautes plates-formes pour répondre aux batteries que l'ennemi pourrait établir sur les hauteurs. Tout le monde était occupé à porter la terre pour faire le rempart jour et nuit. Princes, seigneurs et officiers portaient la hotte pour donner l'exemple aux soldats et aux citoyens; jusqu'aux dames et aux demoiselles qui s'y mettaient; ceux qui n'avaient point de hottes s'aidaient de chaudrons, de paniers, de sacs et de draps. Il en fut ainsi durant tout le siège, et, quand l'ennemi battait les murs, il n'avait pas plus tôt abattu la muraille ou fait brèche, qu'il trouvait devant lui un nouveau rempart plus fort que l'ancien. Metz avait des faubourgs magnifiques : on les rasa pour les besoins de la défense; Metz vit disparaître les jardins et les maisons de plaisance qui s'étendaient jusqu'aux fossés et qui étaient en grand nombre, comme il arrive dans les grandes villes qui ont longtemps joui de la paix. Les habitants se soumirent avec une résignation admirable à ces sacrifices, il ne s'en trouva pas un seul qui murmurât, et beaucoup mettaient eux-mêmes la main à la pioche contre leur propre maison, se disant que c'était pour le bien du pays et le salut de la ville. L'on avait rassemblé des campagnes environnantes des provisions pour un an.

Le 19 octobre parut l'avant-garde de l'armée allemande, composée de vingt mille hommes, sous les ordres du duc d'Albe et du marquis de Marignan. Le duc de Guise fit sortir de la ville tous les habitants qui n'étaient point capables de servir à la défense; ils furent recueillis dans les villes de France en attendant la délivrance.

Les opérations d'investissement commencèrent. Les assiégeants tirèrent les tranchées, qu'ils poussèrent de plus en plus activement à mesure que les renforts arrivaient. Le 20 novembre, trois salves d'artillerie parties du camp annoncèrent aux assiégés que l'empereur d'Allemagne en personne venait d'arriver; cent mille hommes se trouvaient réunis sous les murs de Metz, avec cent quatorze pièces d'artillerie.

Une canonnade furieuse battit la ville, et l'empereur n'épargnait sa poudre jour ni nuit; on en entendait le bruit jusqu'au Rhin; mais le courage des assiégés n'en fut pas ébranlé. Les mines creusées par l'ennemi furent éventées et les brèches réparées sur l'instant, sous le feu des assiégeants. Une fois les ennemis, battant un poin-faible de la ville qui leur avait été signalé par leurs est pions, virent pencher tout un pan de mur, qui enfin croula dans le fossé : les Allemands poussèrent un cri de joie et se préparèrent à l'assaut : mais quand la poussière de la chute se fut dissipée, elle laissa voir par derrière la brèche un nouveau rempart déjà haut de huit pieds.

Les assiégés faisaient souvent des sorties et l'ardeur était si grande, que, la veille de chaque sortie, les volontaires devaient retenir leur place. Ils allaient de nuit réveiller l'ennemi dans ses tranchées : c'était alors une alarme subite dans tout le camp, les tambours battaient à tout rompre, les trompettes et les clairons sonnaient et ronflaient, et les soldats sortaient tout effarés de leurs tentes, comme des fourmis dont on découvre la fourmilière. Quand les nôtres se voyaient forcés et près d'être entourés, ils revenaient en bon ordre dans la ville, protégés par le feu des remparts qui tenait à distance ceux qui les poursuivaient.

L'hiver approchait sans que l'ennemi avançât d'un pas. L'empereur jura qu'il prendrait Metz par la famine ou par force, dût-il perdre jusqu'au dernier homme de son armée. Mais la famine n'entrait pas encore dans la ville et la maladie entrait déjà dans son camp. Les froids rigoureux de décembre, suivis du dégel et de la fonte des neiges, amenèrent des maladies contagieuses, qui firent bientôt plus de ravages dans son armée que le feu de la ville. La discipline se perdit, les soldats se débandèrent, le découragement était dans tous les cœurs. La trahison elle-même était impuissante contre Metz : deux gentilshommes qui devaient ouvrir les portes de la ville aux Allemands avaient été découverts et passés par les armes. Des prisonniers allemands, relâchés à dessein par le duc de Guise, racontaient à leurs camarades que les habitants avaient fait serment, si la ville était forcée, de mettre le feu aux quatre coins et d'engloutir l'ennemi sous les ruines. A cette nouvelle, le vieil empereur lui-même désespéra du succès ; il dit avec amertume, en parlant du jeune roi de France : « Je vois que la fortune est femme, elle préfère un jeune roi à un vieil empereur. »

Le 1er janvier de l'année 1553, les Allemands s'en allèrent, laissant leur artillerie embourbée dans les neiges fondues. Mais ils ne s'en allaient pas tous : il s'en fallait de plus de vingt mille, morts de froid, de faim, de maladie ou sous le feu des Français.

Les assiégés sortirent de la ville où ils étaient renfermés depuis cinq mois et se répandirent dans le camp allemand. Un spectacle lamentable s'offrait à leurs yeux. De quelque côté qu'on regardât, on ne voyait que des cadavres et des mourants ; au milieu des chevaux morts, des armes, des tentes abandonnées, on entendait les cris des malades qui gémissaient et demandaient en grâce qu'on les achevât. Çà et là, on voyait de grands cimetières fraîchement labourés. La pitié saisit les Français à la vue de ces malheureux, et, une fois délivrés, ils oublièrent que c'étaient des ennemis et se rappelèrent seulement que c'étaient des hommes qui souffraient. Ils rassemblèrent les blessés et les malades qu'ils soignèrent avec les leurs, on fit des quêtes pour les entretenir et les soigner, et tout ce qui pouvait être sauvé fut sauvé. Dans ces temps où la guerre était atroce et où chacun ne s'occupait que de soi, cette conduite frappa l'Europe d'admiration; et l'on parla longtemps hors de France de la générosité des vainqueurs, et comme on disait dans le langage du temps, « de la courtoisie de Metz. »

XXIII. — Michel de L'Hôpital.

La pire des guerres, c'est la guerre civile : dans cette guerre-là les pertes du pays sont doubles, puisque le sang du vainqueur et celui du vaincu sont également du sang français. « Je n'ai jamais vu, disait Jeanne d'Arc, couler le sang d'un Français que mes cheveux ne se dressent sur ma tête; » qu'aurait-elle dit, si elle avait vu ces horribles guerres de religion où le sang français coula à flots pendant plus de trente ans, et versé par des mains françaises?

Michel de L'Hopital est un des grands citoyens qui essayèrent de toutes les forces de leur âme d'empêcher cette abomination. Il était grand chancelier, ce qui signifie à peu près premier ministre : au moment où il arriva à ce poste, tout était prêt pour la guerre civile. Les protestants persécutés avec fureur, et qui, pendant quarante ans, s'étaient laissé brûler sans résistance, sous les rois François Ier et Henri II, avaient pris des forces par la persécution même : car beaucoup de catholiques se convertirent en les voyant mourir avec tant de courage pour leur foi, et crurent en une religion dont les témoins se laissaient égorger. Bientôt des seigneurs et des princes même passèrent au protestantisme, qui devint un parti militaire. Vers 1560, à l'avènement de Charles IX, qui était alors âgé de dix ans et demi, la cour et le pays étaient partagés entre deux partis, qui se disputaient le pouvoir : les Guises [1], qui étaient catholiques, et le prince de Condé qui était protestant. Tous les jours, dans toutes les provinces, les hommes des deux religions s'insultaient, se provoquaient, détruisaient les temples de leurs adversaires, s'assassinaient les uns les autres. L'on ne comprenait pas encore, à cette époque, que chacun a le droit de croire ce qu'il veut et de servir son dieu comme il lui plaît, et chacun voulait imposer aux autres sa religion et son culte. Michel de L'Hôpital seul comprenait ces choses, et il résolut d'user du pouvoir que lui donnait sa charge pour empêcher la guerre civile et faire triompher la tolérance. Le duc de Guise voulait introduire l'Inquisition en France; l'Inquisition était un tribunal établi en Espagne et qui avait mission de rechercher et de punir de mort tous les hérétiques, c'est-à-dire tous ceux qui ne pratiquaient pas ou ne croyaient pas exactement tout ce qu'enseigne le catéchisme : le premier inquisiteur, Torquemada, avait en dix-huit ans fait monter neuf mille accusés sur le bûcher. Michel de L'Hôpital, par son éloquence, fit repousser cette proposition odieuse qui aurait fait de la France un immense bûcher : « Les opinions, disait-il, changent par la raison et non par la violence ». Il s'éleva avec force contre les fanatiques des deux partis : « chacun, disait-il, veut voir sa religion triomphante et celle des autres persécutée : voilà toute la piété du jour. »

L'Hôpital fit appel à la nation elle-même pour rétablir

1. Le duc François de Guise, le défenseur de Metz, et son frère, appelé le cardinal de Lorraine.

la paix : il convoqua les États généraux, ce qui était à peu près ce que sont les Chambres aujourd'hui, et il leur exposa les maux du royaume, les dangers de l'esprit de secte et la nécessité de rétablir l'ordre dans le royaume plutôt par la sagesse et la modération que par les supplices et les proscriptions : « Faisons disparaître, disait-il, tous ces noms diaboliques, tous ces noms de guerre civile, Luthériens, Huguenots, Catholiques : n'ayons plus qu'un seul nom, celui de Français. » Il fit voter une loi qui établissait la liberté de conscience et de culte, et défendait sous peine de mort, aux catholiques de détruire les temples protestants, aux protestants de dévaster les églises. Mais les passions étaient si ardentes que les violences continuèrent comme par le passé, et Michel de L'Hôpital se sentit saisi de découragement. Il était en butte aux attaques des catholiques ardents, qui l'accusaient d'être protestant en secret, ce qui était faux, car il était catholique convaincu; et il prévoyait tristement que ses conseils ne retiendraient pas longtemps les fureurs des partis.

Autour de lui, à la cour, on murmurait, quand il passait, les mots de traître et d'hérétique. Tous ces furieux, qui, la main à la garde de l'épée, n'attendaient qu'un instant pour s'entr'égorger, s'impatientaient de la fermeté de ce vieillard qui s'obstinait à parler de concorde et de loi. « Je le sais bien, disait L'Hôpital, j'aurai beau dire, je ne désarmerai pas la haine de ceux que ma vieillesse ennuie. Je leur pardonnerais volontiers leur impatience, s'ils devaient gagner au change : mais quand je regarde autour de moi, je suis bien tenté de leur répondre comme un bon vieil homme d'évêque, qui portait comme moi une longue barbe blanche, et qui disait en la montrant : Quand cette neige sera fondue, il n'y aura plus que de la boue. »

La guerre éclata enfin : L'Hôpital resta à son poste, espérant contre toute espérance. Après beaucoup de batailles et de massacres, il eut un instant le bonheur de voir la paix acceptée, et même de voir les deux partis, réconciliés pour un jour, marcher ensemble contre l'ennemi commun, sous la même bannière, la bannière de France, et reprendre aux Anglais le Havre qu'ils nous avaient enlevé à la faveur des guerres civiles (1563). Mais la joie de L'Hôpital fut de courte durée : les intrigues et les guerres reprirent à la cour et dans le pays. Le jeune roi, Charles IX, caractère faible et irrésolu, qui respectait et admirait L'Hôpital, se laissa circonvenir par les Guises. L'Hôpital se sentit isolé et impuissant à empêcher le mal; il quitta la cour et se retira dans la solitude, essayant de se distraire, dans l'étude et dans l'éducation de ses petits-enfants, des tristes pressentiments qui l'assiégeaient pour le sort de la patrie. Mais la réalité devait dépasser tout ce qu'il craignait de plus horrible : il prévoyait bien des guerres, des meurtres, des supplices, mais rien de pareil à cette épouvantable trahison qu s'appelle la Saint-Barthélemy.

Il vivait dans son château de Vignay quand le bruit se répandit tout à coup que l'on massacrait les protestants par toute la France. Aussitôt une populace, envoyée par les Guises, envahit ses terres : ses fermiers sont pris et garrottés. Les serviteurs de L'Hôpital veulent s'armer, se retrancher dans la maison, et défendre leur maître contre les assassins jusqu'à la mort : mais le vieillard, qui ne tient plus à la vie depuis que son pays est déshonoré, les arrête et leur dit : « Non, qu'ils entrent ! et si la petite porte n'est pas assez large, qu'on leur ouvre la grande ! »

Cependant on aperçoit au lointain une troupe de cavaliers qui accourt à bride abattue. Venaient-ils pour le sauver ou pour l'égorger ? Le vieillard, indifférent à son sort, leur ouvre sans s'en enquérir. Ils étaient envoyés par le roi, qui, pris d'un dernier sentiment d'humanité, au moment même où il exterminait des milliers de ses sujets, avait eu un remords en faveur de l'illustre vieillard. « Le roi, dit le chef de la troupe, vous fait grâce et vous pardonne l'appui que vous avez donné aux protestants. — Je ne savais pas, répondit fièrement L'Hôpital, que j'eusse jamais mérité ni mort, ni pardon. »

L'Hôpital était frappé au cœur : il ne fit plus que languir : l'image de ces horreurs ne sortait point de ses yeux, et on l'entendait murmurer sans cesse ces mots : « Jamais cette journée ne s'effacera de mon cœur. » Il mourut six mois après et fut enseveli de nuit, sans cérémonie. Mais son nom est resté comme le nom même de l'honnêteté, du patriotisme et du respect de la loi. Sa statue se dresse devant la Chambre des députés, comme le symbole de la loi et comme un exemple. Une fois, il y a de cela une soixantaine d'années, dans une discussion au Corps législatif, le général Foy, pour flétrir un ministre de la justice qui avait violé la loi, lui jeta ces seuls mots : « Monsieur, je vous condamne en sortant d'ici à jeter les yeux sur la statue du chancelier de L'Hôpital. »

XXIV. — La Guerre civile.

La première grande bataille des guerres de religion est la bataille de Dreux (1562), où combattirent trente mille hommes, Français contre Français. Un général protestant, qui a raconté ces guerres et qui y avait pris part, le brave La Noue, écrit : « Quand les deux armées furent en présence, chacun songea en lui-même que les hommes qu'il voyait venir contre lui étaient, non pas des Espagnols, ni des Allemands, mais des Français, et d'entre les plus braves; chacun songeait qu'il avait là dans les rangs ennemis des parents, des amis, d'anciens compagnons d'armes, et que, dans une heure, il faudrait s'égorger les uns les autres. Alors, bien que le courage ne faiblît pas, les cœurs tressaillaient d'horreur. »

A la suite d'une bataille de ce genre où les catholiques avaient été vainqueurs, la bataille de Saint-Denis (1567), un officier catholique, le maréchal de VIEILLEVILLE, dit à la reine Catherine de Médicis, qui se réjouissait de la victoire : « Ce n'est point Votre Majesté qui a gagné la bataille; encore moins le prince de Condé [1]; c'est le roi d'Espagne; car il est mort de part et d'autre tant de vaillants capitaines et de braves soldats français, qu'il y en avait assez pour reconquérir sur lui la Flandre et les Pays-Bas. »

La bataille de Coutras (1587), gagnée par Henri de Navarre [2] sur les troupes de Henri III, fut la première victoire des protestants et le présage du triomphe de la liberté religieuse. Le général ennemi, le duc de Joyeuse, périt avec presque tous ses officiers. Après la victoire, les vainqueurs se livraient à une joie sans bornes et plaisantaient sur le sort de Joyeuse : « Silence! dit le général protestant, c'est ici le moment des larmes, même pour le vainqueur. »

XXV. — L'Amiral de Coligny.

L'amiral de COLIGNY [3] fut le principal chef des protes-

1. Le prince de Condé commandait l'armée protestante.
2. Qui fut plus tard Henri IV.
3. Gaspard de Coligny, né en 1517, à Châtillon-sur-Loing (dans le Loiret, arrondissement de Montargis).

tants pendant les premières guerres de religion : mais là nécessité seule l'avait réduit à la guerre civile, et c'était avant tout un Français et un patriote. En 1554, il avait, par une charge hardie sur un corps espagnol double en forces, décidé de la victoire de Renty, qui acheva là ruine du grand empereur Charles-Quint. Trois ans plus tard, après la défaite de Saint-Quentin, qui ouvrait au roi d'Espagne, Philippe II [1], la route de Paris, il se jeta dans Saint-Quentin, comme jadis Bayard à Mézières; il savait que la résistance était impossible, car la ville était en ruines et il n'avait ni troupes, ni munitions, ni vivres; il savait qu'il serait pris et perdrait sa réputation; il n'hésita pourtant pas à se sacrifier, et en un moment où les jours valaient des années, il fit ce miracle de tenir dix-sept jours; il succomba, fut pris, et sauva la France.

Sans ambition personnelle, quoiqu'il appartînt à une des plus grandes familles de France [2], il n'avait qu'un amour : la France et le devoir. Chargé d'organiser l'infanterie, il établit dans l'armée le règne de la discipline et de la loi, et protégea le peuple contre les excès de la soldatesque; car l'armée, en ce temps-là, n'était pas comme à présent la nation en armes : c'était un corps formé au hasard et qui contenait souvent beaucoup d'aventuriers, qui faisaient des armes un métier lucratif en pillant amis et ennemis. Toujours prêchant d'exemple, il était dur pour lui-même plus encore que pour les autres : il ne cherchait ni l'éclat ni les récompenses, il laissait aux autres les succès faciles et la gloire achetée à peu de frais; on ne le rencontrait que là où il y avait à rendre des services périlleux et obscurs, et des tâches in-

1. Fils et successeur de Charles-Quint qui avait abdiqué et s'était retiré dans un cloître.

2. Il était neveu du connétable de Montmorency, qui était le premier personnage après le roi.

grates dont nul ne voulait. C'était une âme républicaine.

Blessé à Saint-Quentin, il lut pendant son repos forcé les livres des protestants : il crut en leur religion et se convertit. Vers ce moment, l'atrocité des persécutions avait à la fin mis les armes aux mains des protestants : le prince de Condé, leur chef, était entré en insurrection : les frères[1], les amis de Coligny, tous le pressaient de se mettre à la tête du mouvement. Il refusa longtemps, connaissant l'infériorité des protestants et sentant que, si la guerre civile était une fois engagée, la France nagerait pour longtemps dans le sang. Sa femme, Charlotte de Laval, protestante ardente, le supplia deux jours durant : il refusa obstinément. La nuit suivante, il fut réveillé par les sanglots de sa femme, qui lui disait : « Nous sommes ici en paix et dans les délices, tandis que les corps de nos frères, qui sont la chair de notre chair et les os de nos os, pourrissent dans les cachots ou sont en proie dans les champs aux chiens et aux vautours. L'épée de chevalier que vous portez est-elle pour opprimer les faibles, ou pour les arracher de la griffe des tyrans? Monsieur, j'ai sur le cœur tout le sang de nos frères qui a été versé ; ce sang et votre femme crient vers Dieu et contre vous : ils crient que vous êtes l'assassin de tous ceux qui périront et que vous n'aurez point empêchés d'être assassinés. »

L'amiral répondit : « Puisque je n'ai rien obtenu par mes raisonnements de ce soir sur l'inutilité de l'insurrection, sur la difficulté de lutter contre un parti si puissant et si puissamment enraciné ; eh bien ! mettez votre main sur votre cœur, interrogez vos forces et demandez-vous si vous êtes prête à supporter la déroute, les

1. Il avait deux frères, l'un colonel, l'autre cardinal, qui tous deux se convertirent au protestantisme. Ils moururent empoisonnés par leurs ennemis.

outrages de vos ennemis vainqueurs et les reproches des vôtres dans la défaite, les trahisons de vos amis, la fuite, l'exil, les mépris de l'étranger, la misère, la nudité, la faim, et, ce qui est plus dur encore, la faim de vos enfants? Êtes-vous prête à monter sur l'échafaud, après avoir vu votre mari traîné par la populace? Êtes-vous prête enfin à voir vos enfants déclarés infâmes et devenus les valets de vos ennemis? Je vous donne trois semaines pour vous éprouver, et si alors vous persistez dans votre volonté, je m'en irai périr avec vous et nos amis. »

Elle s'écria : « Ces trois semaines sont passées. Ne mettez pas sur votre tête le sang des victimes de trois semaines. Je vous somme, au nom de Dieu, ou je témoignerai contre vous au jugement dernier. »

Vaincu par ces paroles entraînantes, Coligny partit et rejoignit les révoltés. Il fut l'âme du parti protestant, qu'il soutint par sa fermeté inébranlable dans les désastres : il fut souvent battu, à cause de la supériorité écrasante des forces catholiques, mais jamais abattu, car il trouvait des ressources imprévues quand tout semblait perdu, et restait aussi redoutable au lendemain de la déroute qu'à la veille de la bataille. Ce qui l'honore surtout, c'est que la guerre civile n'était pas pour lui un moyen de conquérir le pouvoir, comme elle l'était pour quelques-uns des chefs protestants, le prince de Condé, par exemple; il ne combattait que pour la liberté de conscience, et afin que ses coreligionnaires pussent prier Dieu à leur guise, sans crainte de la potence ou du bûcher. Dès qu'une espérance de paix commençait à luire, il revenait à un beau rêve qu'il avait conçu et qui était de réunir les protestants et les catholiques dans une grande guerre contre l'Espagne, qui était alors en Europe le représentant du despotisme et du fanatisme. Il voulait aussi faire de la France un grand empire colonial et envoyer les protestants fonder des colonies en Amérique[1]. Un moment vint où il crut que son rêve était à la veille de se réaliser : c'est en 1570, au moment de la paix de Saint-Germain, qui sembla mettre fin à la guerre civile[2], et qu'en réalité Catherine de Médicis et les Guises n'avaient accordée aux protestants que pour endormir leur vigilance et préparer en sécurité la Saint-Barthélemy. Coligny, venu à Paris, vit le roi, Charles IX, lui exposa ses projets et le séduisit. Le jeune roi, esprit faible et maladif, était à la merci du premier venu qui s'emparait de lui pour le bien ou pour le mal : il admirait l'amiral, il en fit son confident, il l'appelait *mon père*. Cependant, les intrigues s'agitaient autour de lui : les ennemis de Coligny cherchaient à empoisonner l'esprit du roi, et l'on pouvait prévoir un retour terrible. Les amis de Coligny l'avertissaient de se défier, de prendre ses précautions, et de ne pas s'abandonner désarmé au milieu de ses ennemis. Il répondit par ces mots sublimes : « J'aime mieux périr et être traîné au croc dans les rues de Paris que de rentrer dans la guerre civile. »

Le 22 août 1572, Coligny, sortant du Louvre, où le roi l'avait entretenu longtemps avec cordialité, reçut un coup d'arquebuse tiré par un nommé Maurevert, assassin à la solde des Guises ; le roi, à cette nouvelle, accourut le visiter et lui dit en pleurant : « La blessure est pour vous, mais la douleur est pour moi. » Et il ordonna de poursuivre l'assassin et de faire prompte justice. Mais le lendemain sa mère et ses conseillers vinrent l'obséder et poursuivre de calomnies l'amiral, qu'ils accusaient de vouloir l'asservir et faire de lui un jouet dans ses mains : ils font appel à son orgueil et le pres-

1. Voir la Lecture suivante.
2. Elle accordait la liberté de conscience.

sent de s'affranchir, de ne pas se laisser traiter en enfant, de se montrer homme et roi. Il resta longtemps silencieux ; puis, éclatant de fureur et à demi-fou : « Tuez-le donc ! s'écria-t-il, tuez-les tous ! qu'il ne reste pas un seul protestant pour me le reprocher ! »

Aussitôt les assassins envahissent la maison de Coligny. Entendant le bruit, il demande ce que c'est à ses amis qui étaient autour de son lit : « C'est Dieu qui nous rappelle à lui, répondit l'un d'eux. — Je suis prêt depuis longtemps, » repartit le blessé : il se leva, mit une robe de chambre, força ses amis de pourvoir à leur sûreté et attendit. Les assassins enfoncèrent la porte, et, voyant le vieillard debout qui les attendait, restèrent interdits. Alors un Allemand, nommé Behme, qui était au service des Guises, s'approcha et lui dit : « Es-tu l'amiral ? » Coligny répondit : « Jeune homme, tu viens t'attaquer à un blessé et à un vieillard, frappe ! tu n'abrégeras pas ma vie de beaucoup. » Behme, à ces mots, l'abattit d'un coup d'un épieu qu'il avait à la main. Les assassins précipitèrent le corps dans la cour et le duc de Guise [1] vint insulter le cadavre.

Ce crime affreux fut le signal du massacre général. Quand tout fut fini, on alla accrocher le corps de l'amiral au gibet de Montfaucon, où l'on pendait les assassins et les voleurs. Mais en voulant le déshonorer, les meurtriers ne déshonoraient qu'eux-mêmes. On essaya ensuite de ternir sa mémoire, si on le pouvait : on vola ses pa-

1. Henri de Guise, fils de François de Guise, le défenseur de Metz. Il y avait haine à mort entre les Guises et Coligny. Cette haine remontait à la bataille de Renty. Le duc François, parlant au roi Henri II de la victoire, qui était due tout entière à Coligny et à laquelle lui-même n'avait pas pris part, la racontait comme si c'était son œuvre. Il disait : « Nous fîmes tel mouvement, nous chargeâmes, etc. » Coligny, qui l'entendait, dit froidement : « Où étiez-vous ? » Dès cet instant, le duc jura la mort de Coligny.

piers secrets et l'on fouilla pour y trouver quelque chose qu'on pût tourner contre lui. On les lut en plein conseil devant le roi : on ne trouva pas un mot qui ne respirât le patriotisme le plus ardent et la vertu la plus austère : l'un des auditeurs ne put s'empêcher de s'écrier : « Comme cela est beau ! » On y avait trouvé des conseils adressés au roi, qu'il invitait à se défier de l'Angleterre. La reine-mère, Catherine de Médicis, fut heureuse de montrer ces papiers à l'ambassadeur d'Angleterre, comme une preuve de la duplicité de Coligny, parce que l'Angleterre, qui était protestante, avait été pendant la guerre civile l'alliée du parti protestant français : elle lui dit d'un air triomphant : « Eh bien ! le voilà donc, votre fidèle ami ! Voilà comme il aimait l'Angleterre ! » L'ambassadeur anglais répondit froidement ces quelques mots qui firent rougir tous les faux Français qui étaient là : « Madame ! il aimait la France ».

Les assassins sentirent combien toutes leurs calomnies seraient impuissantes à égarer l'opinion, si jamais on publiait ces papiers qui prouveraient à la France et au monde quel grand patriote ils avaient égorgé : ils les jetèrent au feu : mais ils ne purent du même coup détruire la mémoire de Coligny ni le souvenir de leur infamie.

XXVI. — Dominique de Gourgues (1568).

I

En 1562, un gentilhomme protestant, nommé Jean Ribaut, partait du Havre avec deux vaisseaux, pour aller fonder une colonie en Amérique. Il était envoyé par l'amiral de Coligny, qui désirait faire de la France une puissance coloniale et détourner au dehors la passion et la soif d'aventures dont les esprits étaient consumés et qui les poussait à la guerre civile. Ribaut aborda au pays que l'on appelle la Floride et qui fait partie à présent des États-Unis, et il en prit possesion au nom du roi de France. Il bâtit un fort qu'il appela Charles-fort, en l'honneur du roi de Francd, Charles IX, et une ville qu'il appela la Caroline; il donna aux rivières qu'il découvrait le nom des rivières de France, de sorte que les colons, à deux mille lieues de la patrie, retrouvaient la Seine, la Loire, la Gironde et toute une France en miniature. La Floride est un pays admirablement beau et elle est grande comme le quart de la France.

Les Espagnols, apprenant que des Français s'étaient établis en Floride, furent saisis d'indignation. Ils s'étaient déjà une fois établis eux-mêmes dans ce pays; mais leurs cruautés les avaient rendus si odieux aux indigènes, que ceux-ci, malgré leur patience et leur faiblesse, s'étaient soulevés en masse contre leurs oppresseurs et avaient massacré les uns et chassé les autres. Néanmoins, ils se figuraient avoir des droits sur la Floride, parce qu'ils y avaient une fois mis le pied, et considéraient les Français comme des intrus et des usurpateurs. Ils semblaient croire que le nouveau monde n'avait été créé que pour eux et que nul homme n'avait droit, hormis eux, d'y marcher et d'y respirer. Ce qui augmentait encore leur colère, c'est que la plupart de ces Français étaient protestants. Or, les Espagnols étaient alors le peuple le plus fanatique de l'Europe; à leurs yeux, quiconque n'était point catholique et catholique fervent, était indigne de vivre; ils venaient de chasser de leur pays deux millions de Maures et de Juifs, qui étaient la partie la plus industrieuse et la plus intelligente de la nation; leur roi, Philippe II, que l'on a surnommé le Démon du Midi, couvrait son royaume de bûchers, et se croyait appelé par Dieu à faire triompher la religion catholique en Europe et dans le monde, par le fer et par le feu.

Aussi, bien que l'Espagne et la France fussent alors en paix, il décida que les colonies françaises de la Floride seraient détruites.

En septembre 1565, arriva en Floride une armée de 2,500 Espagnols, commandée par un nommé Menendez, soldat brave, mais d'un fanatisme féroce. Le gouverneur français, Jean Ribaut, averti de l'arrivée des Espagnols, au lieu de les attendre en sûreté dans son fort de la Caroline, réunit toutes ses forces et les embarqua pour aller surprendre la flotte de Menendez ; il ne laissait à la Caroline qu'une faible garnison, cent cinquante hommes environ, dont quarante à peine étaient capables de porter les armes; les autres étaient des malades, des blessés, des pasteurs, des ouvriers. Menendez marcha sur la Caroline, la surprit pendant la nuit; tout fut massacré; une vingtaine d'hommes seulement s'échappèrent à travers les bois.

Pendant ce temps, Ribaut, avec toutes ses forces, environ cinq cents hommes, se dirigeait par mer vers l'endroit où il pensait surprendre la flotte espagnole : mais la tempête combattit pour les Espagnols, et sa flotte se brisa contre les côtes. Les hommes purent se sauver, mais ils se trouvaient sans vivres, sans ressources, sans armes, et il ne restait plus qu'une chose à faire, c'était de retourner à la Caroline. Les malheureux, exténués, mourant de faim, se traînèrent à travers des forêts inextricables : ils aperçurent enfin au lointain les remparts de la Caroline, mais ils virent avec stupeur et désespoir le drapeau espagnol flotter sur la citadelle : tout était perdu.

Ils retournèrent sur leurs pas, en marchant au hasard, pendant plusieurs jours. Ils arrivèrent enfin à une rivière au delà de laquelle ils aperçurent les Espagnols. Ils envoyèrent un parlementaire au général espagnol : ils demandaient un navire pour retourner en France ; Menendez haussa les épaules. « Mais l'Espagne n'est pas en guerre avec la France, » dit le parlementaire. — « Cela est vrai, répondit Menendez; mais il n'en est pas de même avec les hérétiques, à qui je fais la guerre à outrance. Remettez-vous à ma clémence : je ferai ce que Dieu m'inspirera. »

Les Français se rendirent. Ils furent transportés sur l'autre rive du fleuve, par petites bandes, les mains liées derrière le dos. Aussitôt débarqués, on leur demandait quelle était leur religion : quelques-uns répondirent qu'ils étaient catholiques : on les épargna ; les autres furent massacrés au fur et à mesure. Puis on éleva un immense bûcher sur lequel on consuma trois cent cinquante cadavres ; au-dessus du bûcher, Menendez fit placer cette inscription : *Non comme Français, mais comme hérétiques.*

II

La nouvelle horrible arriva en France et souleva une indignation générale. Le gouvernement français demanda à Philippe II de lui livrer Menendez : mais le roi d'Espagne, qui venait de décerner à l'assassin le titre de marquis, répondit d'une façon évasive, fit traîner les négociations en longueur, et le gouvernement français, de plus en plus dominé par le parti fanatique, laissa faiblir ses réclamations. Alors un gentilhomme obscur, voyant que l'affront fait à la France et à l'humanité allait rester impuni, résolut de faire ce que le roi ne faisait pas et de venger le sang de la France. Il se nommait DOMINIQUE DE GOURGUES.

Gourgues, né à Mont-de-Marsan, vers 1530, s'était distingué, sous François Ier et Henri II, dans les guerres contre les Espagnols. Il était né catholique, mais il était de ceux qui faisaient passer la religion de la patrie avant toutes les autres. Il vendit tout son bien, s'endetta, acheta trois mauvais vaisseaux, enrôla cent quatre-vingts hommes résolus dont il était sûr, et s'embarqua le 2 août 1567. Ses hommes ne savaient pas le but de l'expédition, mais ils connaissaient leur chef et savaient qu'il ne les conduirait qu'à l'honneur : ils étaient prêts à le suivre jusqu'au bout du monde et jusqu'à la mort.

Le voyage, qui dans ce temps prenait deux mois, au lieu de douze jours qui suffisent aujourd'hui, prit huit mois à Gourgues : cinq tempêtes, coup sur coup, l'avaient arrêté en route, et tantôt forcé de revenir sur ses pas, tantôt jeté sur des côtes ennemies. Mais ni la résolution du chef, ni le dévouement des soldats ne faiblit un instant. On arrive enfin en vue de la Floride ; alors Gourgues révèle à ses hommes le but de l'expédition : il leur rappelle le massacre des Français, la honte d'avoir laissé si longtemps un tel crime sans vengeance, et leur demande s'ils sont prêts à justifier la confiance qu'il leur a montrée en les choisissant. Ils jurent tous qu'ils ne l'abandonneront jamais et qu'ils mourront avec lui s'il le faut.

Les Français abordent et sont reconnus aussitôt par les Indiens qui les reçoivent avec joie et leur offrent leur aide dans l'œuvre de la vengeance commune : car les Espagnols avaient de nouveau traité cruellement les Indiens, que les Français de Ribaut avaient traités avec douceur.

Gourgues laissa une partie de ses hommes pour garder les vaisseaux et s'enfonça avec le reste dans les terres. Les Indiens le guidèrent à travers la forêt, et, après une marche pénible, on arriva dans le voisinage des forteresses ennemies : elles étaient au nombre de trois et formidablement armées.

L'on était séparé du fort le plus proche par une rivière qu'il fallait franchir, et par un petit bois : les

Français entrèrent dans la rivière, de l'eau jusqu'à la ceinture. Afin de ne pas mouiller leur poudre, ils avaient attaché leurs poires à poudre à leurs casques et avançaient en soulevant leurs fusils au-dessus de l'eau. On entendait les Espagnols qui travaillaient tranquillement dans le fort et s'appelaient entre eux : ils ne se doutaient pas que la France était à deux pas de là qui les guettait.

Au sortir de l'eau, Gourgues réunit ses hommes, et, leur montrant le fort à travers les arbres, s'écria :

« Voilà les voleurs qui ont volé cette terre à la France ! Voilà les meurtriers qui ont massacré nos Français ! Vengeons la France ! » La troupe se divise en deux : une partie attaque la grande porte, l'autre fait escalade par derrière. Les Espagnols achevaient de dîner, quand un cri de stupéfaction et de terreur retentit : « Les Français ! voilà les Français ! » Ils sortent en désordre du fort, la peur grossit à leurs yeux le nombre des assaillants, ils résistent à peine : tous furent tués ou pris.

Le bruit du combat éveille l'attention du second fort, qui braque ses feux sur les Français. Gourgues fait retourner contre ce fort l'artillerie de celui qu'il vient de prendre : quelques-uns de ces canons étaient d'origine française. La panique saisit les Espagnols, et le second fort est emporté.

Restait la forteresse principale, la Caroline, dont la garnison était trois fois plus considérable que la troupe française : les fortifications étaient formidables : « Quand la moitié de la France viendrait attaquer la place, avaient dit les Espagnols, elle ne pourrait pas la prendre. » Mais les Espagnols, terrifiés par la chute rapide des deux forts, se croyaient enveloppés de forces immenses : Gourgues simule un assaut, puis bat en retraite : les Espagnols croient qu'ils n'ont affaire qu'à une avant-garde et sortent pour l'écraser : mais ils se trouvent pris entre les soldats de Gourgues et une embuscade; ils fuient dans les bois: ils y trouvent nos auxiliaires indiens qui les reçoivent à coup de lances.

Dominique de Gourgues réunit alors les prisonniers. Il leur dit que, quand même le roi de France et le roi d'Espagne auraient été en guerre, et en guerre mortelle, la lâcheté et la férocité de leur conduite seraient encore inexcusables ; mais qu'ayant agi ainsi en état de paix, on ne pouvait trouver pour leur conduite de nom assez abominable : « Donc, ajouta-t-il, bien que nous ne puissions vous infliger toute la peine que vous méritez, il faudra du moins que votre exemple apprenne aux autres le respect de la parole et du droit des gens. » Et il les fait pendre aux mêmes arbres où, trois ans auparavant, ils avaient pendu leurs prisonniers français, et à la place où Menendez avait écrit : *Non comme Français, mais comme hérétiques*, il écrivit ces mots : *Non comme Espagnols, mais comme traîtres et assassins.*

III

Dominique de Gourgues avait achevé sa mission : le sang et l'honneur français étaient vengés, et il rentra en France, où le peuple l'accueillit avec enthousiasme. Il nourrissait de grands projets pour l'avenir. « Le dixième des hommes qui sont morts dans nos guerres civiles, disait-il, aurait suffi pour conquérir en Amérique dix royaumes grands comme la France. Tel qui est pauvre et meurt de faim en France serait devenu maître de riches pays qui n'attendent que la main du laboureur, et l'Amérique serait peuplée de Français. » Il allait soumettre ses plans au roi quand il apprit qu'on se préparait à lui faire son procès : l'Espagne demandait qu'on le livrât comme pirate, et les fanatiques qui dominaient chaque jour davantage à la cour voulaient qu'on obéît aux sommations du roi d'Espagne. L'amiral de Coligny s'éleva avec indignation contre cette lâcheté. « Ainsi, disait-il, le roi d'Espagne a jugé Menendez digne d'être fait marquis pour avoir, avec une armée, massacré par trahison une poignée de Français, en pleine paix, et pour avoir imprimé au front de l'Espagne une tache de honte ineffaçable ; et le roi de France va livrer à l'Espagne le héros, qui, avec quelques hommes, a reconquis la Floride, vengé le sang de la France et lavé son honneur ! Si Dominique de Gourgues a eu le courage d'entreprendre à lui seul ce que toute la France devait faire, c'est une récompense nationale qu'il mérite et non le châtiment, et les Français qui l'accusent et le condamnent pour un acte si généreux nous considèrent sans doute déjà comme les sujets du roi d'Espagne. » La cour eut honte, et n'osa pas aller jusqu'au bout de sa lâcheté : Dominique de Gourgues ne fut pas mis en accusation pour son héroïsme : mais on n'osa pas l'avouer et le récompenser, et cet homme, qui aurait été digne d'être à la tête des armées de France, mourut dans la misère, obscur et oublié.

XXVII. — Épisodes de la Saint-Barthélemy.

La Saint-Barthélemy est le souvenir le plus triste de notre histoire. En cette journée fatale du 24 août 1572, un roi de France à demi fou, Charles IX, poussé par quelques ambitieux et quelques fanatiques, fit égorger vingt mille bons et braves Français, parce qu'ils n'étaient point catholiques. Au lendemain du crime, il y eut par toute la France un sentiment de consternation et de honte universelle : mais il coûte de dire, que sur le moment, la masse du peuple, par fanatisme ou par lâcheté, se joignit aux bandes d'assassins ou les laissa faire.

Il faudrait pouvoir effacer à jamais de notre mémoire le souvenir de cette journée horrible, si quelques traits de générosité et de fermeté qui se produisirent n'avaient montré, que même alors, il y avait encore des cœurs français.

Quand les ordres de massacre arrivèrent à Nantes, le conseil municipal se réunit à l'Hôtel de Ville ; il rappela que l'édit de Saint-Germain de 1570 avait établi la paix entre les protestants et les catholiques, que par suite les ordres de massacre étaient illégaux, et le maire, armant la milice bourgeoise, arrêta les bandes de meurtriers prêtes à se former et maintint l'ordre énergiquement.

Parmi les gouverneurs de provinces, plusieurs refusèrent d'obéir : le gouverneur de Provence, qui était un catholique ardent, le comte de Tende, ayant reçu les ordres du roi, répondit : « Je me refuse à croire que le roi ait donné ces ordres de son mouvement, et quand il viendrait en personne me commander de les exécuter, je ne le ferais point. » Le gouverneur de Bayonne, le vicomte d'Orte, écrivit, dit-on, au roi : « Sire, j'ai communiqué les ordres de Votre Majesté à vos fidèles sujets et hommes d'armes de cette ville. Je n'ai trouvé que de bons citoyens et de braves soldats, et pas un bourreau. nous vous prions d'employer nos bras et nos vies, qui sont à vous, à des choses qui soient possibles. »

A Lyon, les soldats de la garnison répondirent qu'ils ne tiraient que sur l'ennemi, et qu'ils n'étaient point des bourreaux. Mais les bourreaux mêmes refusaient leurs bras : celui de Troyes, sommé de se joindre aux assassins, répondit qu'il n'avait le droit de frapper que sur les ordres de la justice. Le bourreau de Lyon répondit de même.

Au moment de la Saint-Barthélemy, se trouvaient par hasard réunis à Paris les deux chefs du parti catholique et du parti protestant dans le Quercy[1] : c'étaient deux ennemis mortels; le premier se nommait Vezins, l'autre Regnier. Le jour du massacre, Regnier voit entrer chez lui Vezins avec quinze hommes d'armes, l'épée au poing. Regnier n'attendait plus que la mort; Vezins le force à monter à cheval, sort de Paris avec lui, l'emmène jusqu'au fond du Quercy, sans échanger un seul mot avec lui tout le long du voyage ; il le fait enfin descendre sain et sauf devant la porte de sa maison et le quitte en disant : « Adieu, je ne veux avoir votre vie qu'en combat loyal. »

Le roi de France, au moment du crime, était en négociations avec l'Angleterre qui était protestante ; il ordonna à son ambassadeur à Londres, le comte de Salignac-Fénelon, de le justifier à la cour d'Angleterre en accusant les protestants d'avoir comploté contre lui. Le comte répondit avec dédain : « Sire, chargez de justifier cette action ceux qui vous ont conseillé de la commettre. »

Parmi les protestants qui avaient échappé, quelques-uns, effrayés, s'étaient convertis au catholicisme ; parmi les catholiques, un grand nombre, indignés, se convertirent au protestantisme. Aussi les protestants se trouvèrent, au lendemain de la Saint-Barthélemy, plus puissants que la veille, parce qu'ils eurent les sympathies de tous les honnêtes gens du parti contraire, et bientôt, leur chef, Henri de Navarre, monta sur le trône et établit en France la liberté de religion. Toutes les fois qu'un parti, pour triompher, recourt au crime, il est certain de périr lui-même, parce qu'il fera horreur à la France.

1. Le pays de Cahors et de Montauban.

XXVIII. — Bernard Palissy.

Il y a de l'héroïsme ailleurs encore qu'à la guerre.

Bernard Palissy.

Bernard Palissy[1] était un simple arpenteur qui vivait péniblement de son métier. Un jour, en 1539, il vit, par hasard, une coupe de terre émaillée, qui venait d'Italie. L'on ne connaissait pas encore en France l'art de composer les poteries émaillées; on appelle ainsi ces beaux vases en terre ou en porcelaine, ornés de dessins que l'on forme à l'aide de matières fondues dont on les enduit. Les Italiens seuls avaient le secret de cet art. Bernard Palissy résolut de le découvrir et se mit à l'œuvre.

Il fallait d'abord bâtir un four pour cuire les vases et les émaux. Il dut le bâtir à lui tout seul, parce qu'il n'avait pas de quoi payer un ouvrier ou un aide; il dut lui-même faire la maçonnerie, détremper le mortier, chercher l'eau pour le détremper, et même aller chercher les briques qu'il rapportait sur le dos. Le four construit, il se mit à broyer les matières qu'il supposait nécessaires pour faire des émaux, il les étala sur les vases et fit cuire; mais, comme il allait au hasard, parce qu'il ne savait pas quelle matière il fallait, l'opération ne réussissait pas, et il lui arriva de rester des semaines entières, nuit et jour,

1. Né en 1510, près d'Agen (Lot-et-Garonne), mort en 1589.

devant le fourneau, entassant le bois par les deux gueules, sans obtenir la fusion des matières. Il éteignait alors son four, essayait d'autres matières ou les mélangeait dans d'autres proportions, et rallumait de nouveau avec de nouvelles peines et sans plus de succès. Bientôt le bois lui manqua : il dut sacrifier son petit jardinet où il avait l'habitude de se reposer le soir et où jouaient ses enfants, il brûla les étais qui soutenaient les treilles, il brûla les arbres, et le fourneau dévorait toujours sans rien donner. Il alla jusqu'à arracher le plancher et les poutres de sa maison, et le pauvre Palissy restait dans une angoisse inexprimable devant la flamme, tout desséché de fatigue et de chaleur; il y avait plus d'un mois que sa chemise n'avait séché sur lui.

A Saintes[1], la petite ville où il habitait, au lieu de l'encourager ou de l'aider, on se moquait de lui. « Il n'y a rien d'étonnant qu'il meure de faim, disaient les uns, puisqu'il ne veut pas travailler de son métier. » D'autres disaient qu'il mettait le feu à sa maison; d'autres qu'il fabriquait de la fausse monnaie, et tous disaient qu'il était fou. Quand il passait dans la rue, il allait la tête baissée pour ne pas voir et le pas pressé pour ne pas entendre : mais la pire des souffrances était celle qui l'attendait à la maison, quand les enfants criaient la faim et que sa femme lui demandait s'il avait du pain à leur donner. Il était obéré de dettes, et ne pouvait plus payer même les mois de nourrice de ses deux derniers enfants. Par instant, pris de découragement, il abandonnait ses expériences et se remettait à son métier d'arpenteur; mais, dès qu'il avait fait des économies, il revenait à ses recherches avec une fureur nouvelle. Les années passaient ainsi, dans la fatigue, l'angoisse, les accidents et

1. Dans la Charente-Inférieure.

les affronts. Une fois son four s écroula et lui coupa les mains, et tout fut à recommencer. Pendant plusieurs années, faute d'argent pour faire couvrir le four, il passa les nuits à la merci des pluies et des vents, n'ayant d'autre compagnie que celle des chats-huants qui chantaient d'un côté, et des chiens qui hurlaient de l'autre. Parfois il s'élevait des vents et des tempêtes qui soufflaient dans la flamme, l'éteignaient ou l'attisaient, et perdaient toute l'opération. Il arriva plus d'une fois qu'il ne quitta le fourneau qu'à minuit ou au point du jour, et il rentrait se coucher, n'ayant rien de sec sur lui, trébuchant comme un homme ivre, accoutré comme si on l'avait traîné par tous les bourbiers de la ville, et tout désespéré, parce qu'il avait encore échoué. Et en rentrant dans sa chambre, il trouvait dans les plaintes de sa famille une persécution pire que toutes les autres, et il était la mort dans l'âme. Mais il reprenait courage et se disait : « Pourquoi t'attristes-tu? Tu trouveras ce que tu cherches et tu feras rougir tes détracteurs. » Et en effet, après être allé ainsi pendant seize ans, comme il avait cherché avec courage et avec foi, au milieu des pleurs et de l'angoisse, il fut récompensé et trouva. C'est ainsi que ce pauvre ouvrier, seul, sans secours, raillé et persécuté de tous, découvrit un art admirable, qui fait vivre à présent des milliers d'ouvriers, et qui est une des gloires de la France. Quel est le grand guerrier, le grand capitaine, qui aurait eu le courage de supporter comme lui seize années de misère et d'affronts, sans faiblir et sans désespérer? N'avais-je pas raison de vous dire qu'il y a de l'héroïsme ailleurs encore que sur le champ de bataille?

Palissy devint célèbre aussitôt : le roi le prit à son service. Mais les guerres de religion éclatèrent là-dessus ; Palissy, qui était protestant, faillit périr à la Saint-Barthélemy, et n'échappa que par la protection spéciale de Catherine de Médicis qui l'admirait. Plus tard, à l'âge de soixante-dix-neuf ans, il fut pris par les Ligueurs et enfermé à la Bastille. Le roi Henri III, qui voulait le sauver, vint, dit-on, le visiter dans son cachot pour le supplier de se convertir. « Mon bonhomme, lui dit-il, voilà quarante-cinq ans et plus que vous êtes au service de ma mère et de moi, et, grâce à nous, vous avez pu vivre tranquille dans votre religion, au milieu des bûchers et des massacres où périssaient vos frères. Mais, à présent, je suis tellement pressé par les Guises et par mon peuple que je suis contraint de vous livrer aux mains de vos ennemis, et que vous serez brûlé si vous ne vous convertissez pas. — « Sire, répondit le vieillard, je suis prêt à donner ce qui me reste de vie pour l'honneur de Dieu. Vous m'avez plusieurs fois dit que vous aviez pitié de moi : eh bien! moi, à mon tour, je vous dirai que c'est moi qui ai pitié de vous qui avez prononcé ces mots : *Je suis contraint!* Ce n'est pas là parler en roi, sire! ce sont là des paroles que ni vous, ni les Guisards[1], ni tout votre peuple ne pourront jamais me faire prononcer, à moi : car je sais mourir. »

Le noble vieillard périt dans son cachot de privations et de misère : le gouverneur de la Bastille, Bussy-Leclerc[2], fit jeter son corps dans les fossés de la Bastille. Un jour, une des parentes de Palissy, qui venait souvent le voir dans sa prison, demanda après lui ; Bussy-Leclerc répondit : « Bonne femme, va demander aux chiens, sur les fossés de la Bastille. »

1. Les partisans des Guises.
2. C'était un maître d'armes que les chefs de la Ligue avaient fait gouverneur de la Bastille. Il fut pendu en 1591.

XXIX. — Le Cardinal de Richelieu. (1585-1642).

Le cardinal de RICHELIEU, qui fut le vrai roi de France sous Louis XIII, fit trois grandes choses :

1° Il assura l'unité de la France en prenant La Rochelle, où une partie des protestants voulaient se rendre indépendants et former un état à eux. Mais une fois que le danger politique qu'ils faisaient courir à l'unité de la patrie fut conjuré, il leur assura la liberté religieuse pleine et entière. Il disait : « Il se peut que la différence de religion importe dans l'autre monde ; elle n'importe pas dans celui-ci. » — « Les remèdes violents, disait-il encore, ne font qu'aigrir les maladies de l'esprit. » Un siècle et demi plus tard, quand c'était au tour de la religion catholique d'être persécutée, le grand Carnot[1] écrivait : « La tolérance universelle, voilà le dogme dont je fais profession. J'abhorre le fanatisme, et je crois que le fanatisme de l'irréligion est aussi funeste que l'autre. Il ne faut pas tuer les hommes pour

Le cardinal de Richelieu.

1. Voir Lecture XLIV, page 217.

les forcer à croire; il ne faut pas les tuer pour les empêcher de croire; compatissons aux faiblesses d'autrui, puisque chacun a les siennes, et laissons les préjugés s'user par le temps, quand on ne peut pas les guérir par la raison. »

2° Le cardinal de Richelieu établit, autant que cela était possible dans son temps, l'égalité devant la loi. Il frappa de mort les nobles aussi bien que les gens du peuple, quand ils s'insurgeaient contre la loi. Il disait au roi : « C'est chose inique que de vouloir faire des exemples en frappant les petits; ce sont des arbres qui ne portent point d'ombrage. »

3° Le cardinal de Richelieu fit enfin la France grande devant l'étranger. C'est à lui que nous devons au nord l'Artois, au sud le Roussillon, et c'est lui qui prépara la réunion de l'Alsace à la France [1].

XXX. — Vauban.

VAUBAN [2] fut grand homme de guerre et grand citoyen

Il montra de bonne heure un talent rare pour l'attaque, la défense et la fortification des places. Cette partie de l'art de la guerre était dans l'enfance et l'on peut dire que Vauban la créa : c'est le plus grand ingénieur militaire que la France ait eu, et la science du génie a fait peu de progrès marquants depuis lui jusqu'à Carnot. Il créa le système de défense militaire de la France : il couvrit le pays, du côté où il n'avait pas de frontières naturelles, d'une ceinture de forteresses inexpugnables. Il fortifia trois cents places et dirigea en chef cinquante-trois sièges. Il avait perfectionné à un tel

1. Voir Lecture XXXII, page 158.
2. Sébastien Le Prêtre, seigneur de Vauban, né en 1633, près de Saulieu, dans la Côte-d'Or, mort en 1707.

point l'attaque des places fortes, qu'il pouvait dire d'avance au bout de combien de jours il prendrait la place qu'il assiégeait. Sous sa direction, un siège devenait comme une représentation qui se jouait selon le plan de l'auteur dans un temps donné. Louis XIV se donna de temps en temps le plaisir d'assister à ces représentations, comme s'il les dirigeait, et à la fin il s'imaginait que c'était lui qui prenait la ville.

Comme Vauban n'appartenait pas à la haute noblesse, il ne perça que lentement et par le seul effort de son mérite : mais le genre particulier de talent qu'il possédait était si rare, et il le possédait dans une perfection si éclatante, qu'il s'imposa à tous. Son succès fut d'autant plus beau, qu'il ne fit jamais rien par l'intrigue pour l'obtenir. C'était un de ces hommes qui ne se comptent pour rien, parce qu'ils comptent le pays pour tout; il était aussi grand par le caractère que par le génie, incapable de se prêter à rien de faux ou de mauvais, et l'on s'étonna qu'ayant si peu les qualités du courtisan, il eût obtenu, sans l'avoir cherchée, l'amitié de Louvois [1] et la confiance de Louis XIV. Avec cela, il avait une modestie et une bonté rares; il cherchait dans la guerre, non pas à briller lui-même, mais seulement à assurer le succès de l'entreprise ; il prenait sur lui toute la peine et laissait la gloire à qui voulait. Pour obtenir le succès, il ne

1. Louvois était ministre de la guerre. Il fit beaucoup de bien à la France et beaucoup de mal. Il lui fit du bien en organisant l'armée d'une façon définitive, en y établissant l'ordre et la discipline, et réprimant les abus avec une sévérité inflexible. Tant qu'il fut là, chacun dut faire son devoir, et la haute naissance d'un officier ne le mettait pas à l'abri des sévérités du ministre. Un jour, il rencontre à la cour un noble officier, M. de Nogaret, qui le salue : « Monsieur, lui dit Louvois devant toute la cour, votre compagnie est en mauvais état. — Monsieur, je ne le savais pas, répond l'officier. — Il fallait le savoir. L'avez-vous vue? — Non, Monsieur. — Il fallait l'avoir vue, Monsieur. — Monsieur, j'y donnerai ordre.

prodiguait pas la vie du soldat, comme Condé et tant d'autres grands généraux, et le sang des humbles était précieux à ses yeux. Aussi, quand le roi le comprit dans une promotion de dix maréchaux, en 1703, toute la France applaudit au choix de Vauban.

Mais, patriote comme il l'était, il avait toute sa vie été touché des misères du peuple. Il les voyait augmenter de jour en jour, sans espérance de soulagement, à cause des dépenses effrénées du roi et de la cour, et des frais qu'entraînaient des guerres toujours renaissantes. Le peuple seul supportait toutes ces charges, et l'organisation imparfaite des finances faisait qu'il payait beaucoup et que le Trésor recevait peu, parce que les impôts n'étaient pas perçus directement par l'État, mais par des financiers appelés *traitants*, qui percevaient plus que le dû et donnaient moins qu'ils ne devaient. De cette façon, le peuple mourait de misère, sans que le trésor s'enrichît, et entre le peuple affamé et l'État prêt à faire banqueroute, les traitants s'enrichissaient et prospéraient.

Vauban, appelé sans cesse par les devoirs de sa charge dans toutes les parties de la France, recueillait partout par lui-même des informations exactes sur l'état du peuple, sur le chiffre des impôts, sur les abus de la perception et sur la richesse réelle du pays. Il passa plus de vingt ans à sonder la profondeur du mal et à

— Il fallait l'avoir donné ; car enfin il faut prendre son parti, Monsieur : ou se déclarer courtisan, ou faire son devoir quand on est officier. » Mais Louvois fit un mal irréparable à la France en lançant Louis XIV dans des guerres continuelles et iniques qui amenèrent la ruine du pays, et il se déshonora par la férocité avec laquelle il fit exécuter la révocation de l'édit de Nantes. Quand les missionnaires n'avaient pas réussi à convertir un village protestant, il le faisait occuper et traiter en pays conquis par des escadrons de dragons : c'est ce que l'on appelait les *missionnaires bottés*. Les *Dragonnades* sont restées une des hontes du siècle de Louis XIV.

chercher le remède. Il crut enfin l'avoir trouvé : c'était d'établir l'impôt également sur tous, sans égard aux privilèges, et de le faire percevoir directement par l'État. Il exposa ces idées dans un livre intitulé *La Dîme royale* et publié en 1707. Il montrait avec une clarté admirable l'énorme préjudice que souffrait l'État par l'organisation des finances, l'immense fortune que les traitants y faisaient et le peu qu'en retirait le trésor même. Il montrait qu'avec le système de perception directe qu'il proposait [1], l'État toucherait infiniment plus et le peuple paierait infiniment moins.

Vauban, qui croyait chacun aussi droit que lui-même et aussi bon patriote, dédia sans crainte son livre au roi. Mais ce livre avait un grand défaut : il est vrai qu'il enrichissait l'État et soulageait la misère du peuple, mais il ruinait une armée de financiers, de traitants, de receveurs, de commis de toute sorte; il les empêchait de continuer à vivre aux dépens du public, et sapait par la base ces fortunes immenses que l'on voyait s'élever en un jour. On peut juger du frémissement de tous ces gens, qui se voyaient réduits à vivre de leur travail. Toute l'administration en rugit de colère. Vauban n'eut pour lui que la sympathie impuissante des gens de cœur et de talent, de ceux qui voyaient l'abîme où l'on courait et tremblaient pour la France.

Le roi, prévenu par son entourage contre Vauban, le reçut fort mal. Dès ce jour, ses services, ses vertus, son talent militaire, unique en son genre, tout disparut en un instant aux yeux de Louis XIV, qui ne pardonna pas à un sujet de trouver que la France n'était pas aussi bien gouvernée qu'elle aurait pu l'être et d'oser pro-

1. Ce système ne prévalut qu'un siècle plus tard, à la Révolution.

poser des plans de gouvernement. Vauban ne fut plus qu'un brouillon, un rêveur, un mécontent, un rebelle, et son livre fut solennellement condamné, saisi et confisqué.

Le malheureux maréchal tomba dans un morne accablement : il était désespéré, moins de sa disgrâce et de l'affront qui lui était fait que de voir qu'il n'y avait plus rien à espérer et que le peuple était perdu sans retour. Il s'enferma dans la retraite, tout consumé de douleur. Quelques mois après, ce grand citoyen, qui était porté dans tous les cœurs français et à qui on aurait dû élever des statues, mourait, le cœur brisé, le 30 mars 1707, sans que le roi prononçât un seul mot de regret ou d'estime : il ne sembla même pas s'apercevoir qu'il venait de perdre le plus utile et le plus illustre de ses serviteurs. Mais la France, l'Europe et la postérité ont rendu à Vauban la justice que son temps lui avait refusée.

XXXI. — Paroles françaises.

Henri de Guise, le chef de la Ligue, avait essayé de s'emparer de la personne du roi Henri III, afin de gouverner sous son nom (à la journée des Barricades, 12 mai 1588). Henri III s'échappa de Paris, et le duc de Guise se trouva par là maître du pouvoir, mais en état de rébellion. Afin de donner à son pouvoir une couleur de légalité, il voulut obtenir du premier président du Parlement, ACHILLE DE HARLAY, qu'il n'interrompît pas le cours de la justice. Il alla lui-même lui rendre visite. Le président se promenait dans son jardin quand le duc entra, suivi de ses gens : il ne se retourna pas et continua sa promenade; arrivé au bout du jardin, il revint sur ses pas, et, rencontrant le duc, il lui dit : « C'est grand'-pitié quand le valet chasse le maître; au reste, mon âme est à Dieu, mon cœur est au roi, mon corps est entre les mains des méchants. » — Le duc de Guise resta interdit et muet : « Je me suis trouvé, disait-il quelque temps après, à bien des batailles, bien des assauts, bien des rencontres dangereuses; mais jamais je n'ai été étonné comme à l'abord de ce personnage. »

Quelques mois plus tard, après l'assassinat du duc de Guise, la Ligue déclara le roi déchu (1588). Achille de Harlay refusa de reconnaître le décret de déchéance. Le gouverneur de la Bastille, Bussy-Leclerc, vint l'arrêter en plein parlement. Ses amis l'avaient averti de rester chez lui : « Je n'en ferai rien, dit-il : ils ne sauraient me prendre en plus digne lieu que sur mon siège de justice. »

A la veille de la bataille d'Ivry (1590), le colonel Schomberg avait demandé sa solde à Henri IV. Henri IV, qui n'avait jamais un écu en poche et n'avait que de beaux mots et de l'enthousiasme pour payer ses soldats, lui répondit avec colère : « Jamais un homme de cœur n'a demandé d'argent la veille d'une bataille. »

Le lendemain, se repentant de ce mot injuste, il alla trouver Schomberg et lui dit devant son régiment : « Colonel, nous voilà sur le champ de bataille : il se peut que j'y reste, et je serais désolé d'emporter avec moi l'honneur d'un brave. Je déclare donc que je vous regarde comme un homme de bien, et incapable d'aucune bassesse. » Et en disant ces mots, il l'embrassa cordialement. « Sire, répondit Schomberg, touché jusqu'aux larmes, vous me rendez l'honneur, mais vous me prenez la vie : car j'en serais indigne si je ne la donnais aujourd'hui pour votre cause. »

Schomberg tint parole et périt dans la victoire.

A cette même bataille d'Ivry, Henri IV n'avait

que 11,000 hommes mal armés, contre 16,000 bien équipés. On le pressait d'assurer sa retraite en cas de revers : « Point d'autre retraite, répondit-il, que le champ de bataille. Compagnons ! gardez bien vos rangs; si vous perdez vos enseignes, ce panache blanc que vous voyez sur mon casque vous en servira tant que j'aurai une goutte de sang. Suivez-le : vous le trouverez toujours au chemin de l'honneur et de la gloire ! »

Après la victoire, il se rappela que l'armée ennemie était à moitié composée de Français : « Quartier aux Français, cria-t-il, et main basse sur l'Espagnol ! »

Sous Richelieu, au mois d'août 1640, trois maréchaux de France assiégeaient Arras : une armée de 30,000 Espagnols accourut pour dégager la ville. Les maréchaux délibéraient et étaient en désaccord : l'un voulait rester dans les retranchements, l'autre sortir des lignes et livrer bataille. Enfin, on en référa à Richelieu. Il répondit : « Quand on vous a confié le commandement, on vous a crus capables : sortez ou ne sortez pas de vos lignes, mais vous répondez sur vos têtes de la prise de la ville. » Ils sortirent et la ville fut prise.

Ce mot de Richelieu rappelle le langage des hommes de la Convention.

Pendant les troubles de la Fronde, en 1648, la Cour avait fait arrêter un conseiller du parlement, Broussel, qui était un des adversaires les plus résolus du premier ministre, Mazarin, et qui était très populaire. Le peuple de Paris se souleva et fit des barricades. Le parlement en corps, conduit par son premier président, Mathieu Molé, se rendit à la cour pour redemander le prisonnier : les magistrats en robe rouge traversèrent ainsi les barricades qui s'ouvrirent devant eux, au milieu du peuple en armes. Mais la reine Anne d'Autriche fut inflexible et refusa de rendre Broussel. Le parlement revint par le même chemin : mais la foule était irritée et furieuse; les mots de trahison et de lâcheté couraient dans les rangs, on disait que le parlement avait échoué parce qu'il n'avait pas voulu ou n'avait pas osé réussir. A la rue Saint-Honoré, un marchand de fer, capitaine d'une compagnie, saisit par le bras Mathieu Molé et lui appuyant le pistolet sur le front : « Retourne sur tes pas, traître, lui cria-t-il, et si tu ne veux pas être massacré, toi et les tiens, ramène-nous Broussel ou Mazarin en otage ! ». Plusieurs des membres s'enfuient, leur chef reste grave et calme, et il parle aux mutins du respect de la loi avec le même ton et avec le même visage assuré et grave que s'il était assis sur son siège au parlement : aux menaces de mort, il répond : « Quand vous m'aurez tué, il ne me faudra que six pieds de terre. » Et il rentre lentement au palais, au milieu des cris, des exécrations et des insultes, sans hâter le pas un instant, sans baisser la tête, ni changer de couleur. « Cet homme, disait plus tard un des chefs de l'insurrection qui assistait à la scène, est à mon sens le plus intrépide qui ait paru dans son siècle. »

Le ministre des finances, Fouquet, avait commis des vols dans sa gestion : il fut traduit en justice. Louis XIV le poursuivait d'une haine implacable, moins pour sa conduite comme ministre, que pour son faste et son éclat qui avaient blessé l'orgueil du roi, et il voulait à tout prix qu'il fût condamné à mort. Le conseiller D'Ormesson était chargé de faire le rapport : le roi lui fit exprimer quel était son désir. D'Ormesson répondit avec fierté : « Je rends des arrêts, et non des services. »

La nouvelle de la mort de Turenne[1] causa une consternation universelle en France, à l'armée, à la cour, parmi le peuple : car c'était à la fois un grand capitaine et un honnête homme. Il avait mené une campagne de trois mois contre le meilleur général de l'Allemagne, Montecuculli, et après l'avoir acculé dans les positions qu'il voulait, il prenait ses dernières dispositions pour une bataille décisive. Il examinait au galop ses positions quand le général d'artillerie, Saint-Hilaire, l'arrête pour lui faire voir une batterie. Au même instant un boulet ennemi vient, tue le maréchal de Turenne et emporte le bras de Saint-Hilaire qui montrait la batterie. Le fils de Saint-Hilaire se jette sur son père, et se met à crier et à pleurer. « Taisez-vous, mon fils, » dit l'officier ; et montrant Turenne raide mort : « Voyez, c'est là ce qu'il faut pleurer éternellement, voilà ce qui est irréparable. Un tel mot, prononcé en de telles circonstances, est la plus belle oraison funèbre qu un capitaine ait jamais pu rêver.

Abraham Duquesne était le premier marin de la France, et l'on peut dire de son siècle, puisqu'il avait vaincu le fameux hollandais, Ruyter, qui passait jusque-là pour le plus grand homme de mer de l'Europe. Mais Duquesne était protestant, et Louis XIV, oubliant les leçons et l'histoire de son grand aïeul, Henri IV, ne voulait plus qu'une religion en France. On pressait Duquesne de se convertir au catholicisme, lui faisant entendre que les faveurs du roi n'iraient point s'égarer sur un protestant, quels que fussent ses services : il répondit avec dédain : « Je suis protestant, mais je croyais que mes services sont bons catholiques. » Quand l'édit de Nantes

1. A Saltzbach, dans le grand duché de Bade, le 27 juillet 1675.

fut révoqué, on le somma de se convertir : il répondit : « J'ai pendant soixante ans rendu à César ce qui revient à César : permettez donc que je rende à Dieu ce qui est à Dieu. » On n'osa pas envoyer au bagne ou en exil un vieillard de quatre-vingts ans qui avait tant fait pour la France, et il se hâta de mourir (1688).

Catinat[1] voulait ramener à la charge ses troupes qui avaient été repoussées. Un officier lui montre les batteries ennemies qui vomissent la mitraille et lui dit : « Est-ce à la mort que vous voulez nous conduire ? » Catinat répond : « Vous voyez la mort qui est devant vous; vous ne voyez pas la honte qui est derrière. »

La bataille de Fontenoy, une des plus belles victoires de la France sous Louis XV, fut gagnée par le maréchal Maurice de Saxe (1745). Il était parti de Paris pour l'armée, très malade. Voltaire, son ami, le rencontrant avant son départ, lui demanda comment il pourrait faire dans un tel état de faiblesse : il répondit : « Il ne s'agit point de vivre, mais de partir. » Il partit, vainquit et mourut.

1. Catinat, né en 1637, mort en 1712. Il était d'abord avocat mais, ayant perdu une cause qu'il croyait juste, il quitta le barreau pour les armes. Il arriva très lentement, n'étant pas de haute noblesse. Madame de Maintenon le fit disgracier, parce que sa piété n'était pas suffisante pour les exigences de la cour de Louis XIV vieilli. « Le roi, disait-elle, n'aime pas à confier le soin de ses affaires à ceux qui n'aiment pas Dieu. » On le remplaça par Villeroi, général qui aimait Dieu comme madame de Maintenon, mais qui se faisait battre. Ses soldats l'adoraient et le respectaient. A cause de son caractère méditatif et réfléchi, ils l'appelaient *le père La Pensée*.

XXXII. — La Réunion de l'Alsace à la France (1648).

Au commencement du dix-septième siècle, l'Allemagne était en proie à une guerre civile épouvantable que l'on appelle la guerre de Trente ans. L'empereur d'Allemagne voulait être le maître absolu des Allemands, en religion et en politique : les Allemands appelèrent à leur secours la France qui venait, avec Henri IV, de proclamer le principe de la liberté religieuse. La France, gouvernée par le grand cardinal de Richelieu, prodigua pour eux son sang, son or et le génie de ses généraux, les Guébriant, les Condé et les Turenne, et leur assura, par le célèbre traité de Westphalie (24 octobre 1648), la pleine liberté religieuse et politique. Les princes allemands reconnaissants payèrent la France en lui cédant la province d'Alsace qui était depuis longtemps presque indépendante et ne faisait plus partie que nominalement de l'empire d'Allemagne.

La France laissa à l'Alsace ses lois, ses usages, sa langue ; aussi l'Alsace s'attacha-t-elle vite à la France, qui, en lui laissant ses droits, lui donnait de plus l'ordre et la sécurité qu'elle ne connaissait plus depuis longtemps au milieu des querelles perpétuelles des Allemands entre eux. Tous les Alsaciens ne parlaient pas français, mais tous pensaient français.

La Révolution ne fut nulle part accueillie avec plus d'enthousiasme qu'en Alsace[1], et nulle province n'envoya tant de volontaires à la patrie en danger. C'est un Alsacien, Kellermann, qui, à Valmy, refoula l'invasion prussienne au cri de : *Vive la nation*[2] *!* C'est à Strasbourg que fut composé et chanté pour la première fois le chant de

1. Voir plus bas, page 175.
2. Voir plus bas, page 182.

victoire que l'on appelle la *Marseillaise*, et qu'il faudrait appeler la *Strasbourgeoise* ou l'*Alsacienne*. C'est l'Alsace qui nous donna Kléber[1]. Nulle province de France ne fut jamais plus française et ne donna de plus ardents patriotes, depuis la Révolution jusqu'à nos jours, depuis Kléber, Ney[2], Kellermann, jusqu'au préfet Valentin[3]. Nulle conquête n'a fait plus d'honneur à la France que la conquête de l'Alsace, puisque ce fut la conquête des cœurs.

XXXIII. — Mort de Plélo (27 mai 1734).

La France était en guerre avec l'Autriche et la Russie, quand la nouvelle arriva que le roi de Pologne venait de mourir. Les rois en Pologne se nommaient à l'élection, et chaque fois qu'un roi mourait, les voisins des Polonais, les Russes, les Autrichiens et

1. Voir plus bas, page 213.
2. Voir plus bas, Lecture LII, page 244.
3. Valentin, né à Strasbourg en 1823, était sous-lieutenant en 1850; nommé représentant du peuple par le département du Bas-Rhin, il fut proscrit comme républicain au Coup d'Etat de décembre 1851. Il vécut en Angleterre en donnant des leçons de français. Il revint à la chute de l'empire pour défendre la France contre les Prussiens : le gouvernement de la Défense nationale le nomma aussitôt préfet du Bas-Rhin qui était occupé par l'ennemi, se rapportant à son énergie et à son patriotisme pour aller occuper son poste. Le 15 septembre, il pénétra dans Strasbourg assiégé, en passant à la nage la rivière de l'Ill et les fossés des fortifications, sous le double feu des Prussiens et des Français. Après la prise de la ville, il fut retenu prisonnier, contre les termes de la capitulation, et resta trois mois et demi en captivité dans la forteresse d'Ehrenbreitstein. Nommé préfet du Rhône en 1871, il fit son devoir dans la guerre civile, comme il l'avait fait dans la guerre étrangère, et marcha contre les insurgés à la tête des troupes qu'il devançait de vingt pas : il fut blessé à l'attaque des barricades. Le département du Rhône rendit hommage à son patriotisme en le nommant d'abord député, puis sénateur. Il est mort en 1879.

les Prussiens, intriguaient de toutes les façons pour faire nommer un Allemand, dans la pensée que la Pologne, gouvernée par un étranger, serait moins forte et moins unie que si elle avait un chef national. Ils comptaient que les discordes civiles, qui ne pouvaient manquer de s'élever, ruineraient le pays et leur permettraient un jour de le partager entre eux, comme cela arriva, en effet, à la fin du siècle. Mais les électeurs polonais, plus sages cette fois qu'ils n'avaient été en d'autres temps, nommèrent à l'unanimité un de leurs compatriotes, Stanislas Leczinski (en septembre 1733).

Stanislas avait déjà été roi de Pologne et avait été renversé par un concurrent allemand, Frédéric-Auguste, celui-là même qui venait de mourir : il s'était réfugié en France et le roi Louis XV avait épousé sa fille. Stanislas, à la nouvelle de son élection, quitta seul la France, traversa toute l'Allemagne, déguisé en marchand, et arriva à Dantzick, grand port de mer à l'embouchure de la Vistule. Dantzick est à présent une ville prussienne, mais alors elle faisait partie de la Pologne, et la population accueillit Stanislas avec enthousiasme et se déclara prête à mourir pour lui et pour la patrie. En ce moment-là, quatre-vingt mille Russes et vingt mille Saxons envahirent la Pologne et marchèrent sur Dantzick.

Toute la France faisait des vœux pour Stanislas, qu'elle considérait comme un prince français, et elle voulait qu'on le soutînt énergiquement contre ses ennemis, puisqu'ils étaient aussi les nôtres. Par malheur, le premier ministre était alors un vieillard, le cardinal Fleury, qui était par son âge et son éducation incapable de bien diriger la guerre, mais qui était trop égoïste pour laisser le pouvoir à un homme plus habile et plus résolu. Il faisait donc la guerre parce qu'il y était forcé, mais il la faisait sans vigueur et aimait mieux se laisser battre que de prendre les mesures énergiques que l'opinion publique réclamait, et qui nous auraient assuré la victoire. Au lieu d'envoyer à Dantzick une partie de l'armée qui se battait alors inutilement en Allemagne, il laissa les braves habitants et notre protégé se défendre comme ils pourraient.

Nous avions alors pour ambassadeur en Danemark un jeune homme de trente-quatre ans, plein de cœur, d'instruction et d'esprit, le comte Louis de Plélo, qui avait été dans le temps colonel de dragons, mais qui, préférant l'étude et la politique au métier des armes, était entré dans la diplomatie. Depuis quatre ans qu'il était ambassadeur à Copenhague, il étudiait attentivement tout ce qui se passait dans les pays du Nord et tout ce qu'on pouvait faire pour augmenter l'influence de la France dans ces régions. Avant même l'élection de Stanislas, il avait écrit dépêches sur dépêches, afin qu'on envoyât dans la Baltique une forte escadre, pour intimider les Russes et assurer aux Polonais la liberté des élections. Le cardinal envoya une flotte, mais la rappela aussitôt que le résultat des élections fut connu, sous prétexte que les habitants de Dantzick étant si dévoués à Stanislas, il n'avait pas besoin du secours de la France. Aussi, au commencement de 1734, les Russes et les Allemands, au nombre de cent mille, vinrent tranquillement mettre le siège devant Dantzick, après avoir sommé inutilement les habitants de chasser le roi Stanislas. Il y avait peu de troupes régulières dans la ville; les bourgeois, dirigés par quelques volontaires français, s'organisèrent militairement : une dame tira le premier coup de canon sur les assiégeants. Dans la nuit du 18 mars, les Russes, au nombre de quatre mille attaquèrent une redoute défendue par huit cents hommes; ils l'enlevèrent après avoir perdu quinze cents des leurs. Le lendemain, ils attaquèrent un faubourg défendu par un capitaine français, nommé Fraissinet; Fraissinet tomba blessé d'une balle, mais ses soldats réduisirent le faubourg en cendres avant de l'abandonner aux Russes. Le bombardement commença; une nuée de bombes s'abattit sur la ville, mais les habitants attendaient sans faiblir les secours de la France.

Toutes ces nouvelles arrivaient à Plélo qui voyait bien qu'à la longue la brave cité succomberait, et qu'avec elle, l'influence et la réputation de la France seraient ruinées pour longtemps dans tout ce pays. Il frémissait de rage, quand il songeait qu'il était si facile de sauver Dantzick et Stanislas, d'établir à jamais l'influence française, et que la faiblesse et l'inertie d'un vieillard perdait tout; il frémissait aussi de honte, en songeant à la tache que le nom français allait recevoir, si le bruit se répandait dans le monde que la parole de la France ne valait pas plus que celle des autres nations, et que ses amis ne devaient plus compter sur elle. Fleury, pour se débarrasser des obsessions de Plélo, lui annonça enfin qu'il allait envoyer deux vaisseaux. Deux vaisseaux pour dégager une ville assiégée par cent mille hommes! Plélo écrit de nouveau, sur un ton plus pressant que jamais : « Envoyez vingt vaisseaux et quinze mille hommes, dit-il, et je vous réponds que le roi de Pologne sera tranquille sur son trône avant six mois et que le Nord tremblera devant nous. Quelle gloire pour la France, si cela pouvait être! mais aussi quelle honte si nos gens, trop faibles pour secourir Dantzick, n'arrivent que pour participer à la chute, ou pour en être les témoins! »

Le 4 mai arrivaient à Copenhague les deux vaisseaux de guerre annoncés, avec quelques transports portant deux bataillons : en tout quinze cents hommes environ; on annonçait, de plus, l'arrivée d'un nouveau bataillon. Ces hommes n'avaient point de munitions, point de poudre, point de provisions; chaque soldat n'avait que sept balles pour aller à l'ennemi; les trois quarts des armes étaient hors de service. Il semblait qu'on ne les eût envoyés que pour la forme, et non pour agir. Plélo s'occupa de leur procurer de la poudre, des balles, des fusils, des vivres, et le 8 mai au matin, le petit corps d'armée quitta le port, en marche sur Dantzick, sous les ordres du colonel de Lamotte.

Cependant le 9 mai au soir, avant l'arrivée des troupes françaises, les Russes, pressés d'en finir avec Dantzick, avaient, au nombre de 10,000, donné un formidable assaut sur une des hauteurs qui dominent la ville, le Hagelsberg. Foudroyés des hauteurs par quatorze pièces de canons, ils furent repoussés, après une lutte sanglante de cinq heures, où ils perdirent quatre mille hommes et presque tous leurs officiers; les assiégés n'avaient que quarante-deux morts et quarante blessés. On montra longtemps dans les fortifications de la ville le lieu où les Russes avaient été écrasés et que l'on appelait le Cimetière des Russes. Le lendemain, le 11, dans l'après-midi, les troupes françaises paraissaient en vue de Dantzick.

Quatre jours après, le 15, Plélo reçoit une dépêche lui annonçant que le débarquement s'est fait le 11 sans obstacle; le troisième bataillon annoncé de France était arrivé à Copenhague, et Plélo donnait les ordres pour l'embarquement, quand tout à coup on vient lui annoncer que les troupes de France viennent de rentrer en rade. Il refuse d'en croire ses oreilles; mais une dépêche des assiégés lui apprend en même temps la vérité dans toute sa honte. Les Français avaient débarqué le 11 mai, un jour après l'assaut des Russes, et à un moment où les assiégeants étaient si découragés, qu'une marche en avant des Français, combinée avec une sortie en masse des assiégés, eût suffi pour faire lever le siège; puis, sans mot dire, ils s'étaient rembarqués à la dérobée dans la nuit du 14, comme des gens qui fuient.

Les officiers s'étaient effrayés de la supériorité numérique de l'ennemi; ils ne prenaient point leur mission au sérieux; ils disaient qu'on ne les avait envoyés que pour faire une simple démonstration; les troupes découragées criaient qu'on les envoyait à la boucherie et refusaient d'avancer. Plélo somme le colonel de Lamotte d'expliquer quelles raisons si fortes il a pu avoir de revenir sans avoir rien tenté. Le colonel répond avec impertinence qu'il est plus facile de faire des plans dans son cabinet que de les exécuter sur le terrain. « Je vous prouverai que non, s'écrie l'ambassadeur. Au nom du roi, dont je tiens ici la place, je vous ordonne de me suivre. » Et il se met lui-même à la tête des troupes et fait remettre à la voile : il ne sera pas dit que la protection de la France deviendra la risée de l'Europe et que les drapeaux français, qui n'avaient jamais paru jusqu'ici sur les bords de la Vistule, n'y seront venus que pour fuir.

Avant de partir, il écrivit au roi de France une lettre où il s'excusait de quitter sans ordre son poste d'ambassadeur et de prendre de son chef un commandement qui ne lui était pas confié; mais, disait-il, l'honneur de la France et la nécessité d'effacer sur-le-champ la honte qui la menaçait, lui dictaient son devoir. « Jamais, Sire, écrivait-il, les armes de Votre Majesté n'ont essuyé un affront plus honteux. La honte et l'infamie de ce qui est arrivé ne peut s'effacer que par une pleine victoire ou par tout notre sang. Nous partons avec le dessein de périr tous plutôt que de revenir avec la moindre tache. Je sais tout ce qu'il y a à dire sur le parti sans exemple que je prends. Mais vous m'avez chargé de veiller sur vos intérêts, et le plus considérable de tous est de ne point laisser déshonorer la nation qui vous obéit. »

Après cette lettre, il en envoyait une autre, adressée à sa femme qu'il adorait, qui l'avait accompagné à Copenhague, et qu'il n'osait aller voir pour lui faire ses adieux, sachant qu'il ne devait point la revoir. Il lui disait : « Je sens tout ce que mon départ va vous coûter de chagrin et d'alarme ; mais il faut que je parte : mon autorité et mon exemple peuvent seuls ranimer le courage à demi éteint de nos troupes. Je serais indigne du nom de Français et indigne de votre amour, si je ne faisais ce que je dois en cette occasion. J'ai le cœur trop serré pour vous en dire davantage. »

Trois jours après, le 23 mai, Plélo débarqua en vue de Dantzick, et établit son camp; le 26, il écrivit au roi de France : « Nous comptons attaquer demain matin les retranchements des ennemis, et les forcer, » En effet, le lendemain, 27, à sept heures du matin, il partit à la tête de ses trois bataillons, l'épée à la main, au premier rang, à côté du porte-drapeau. On eut d'abord à traverser un marais, sous le feu de l'ennemi, avec de l'eau jusqu'à la ceinture. De là l'on entra dans un bois de chênes et de sapins, infesté de tirailleurs. L'on arriva enfin en présence d'un retranchement, défendu par un fossé et par d'immenses abatis d'arbres. Comme le sabre des grenadiers s'émoussait sur les troncs d'arbres, ils les escaladèrent sous un feu terrible qui partait du premier retranchement, à dix mètres à peine, et auquel ils ne pouvaient répondre, parce que leur poudre s'était mouillée dans le marais. Les Russes alors firent filer des troupes à droite et à gauche du retranchement, et les grenadiers se trouvèrent ainsi pris entre trois feux ; ils reculèrent sur l'abatis qu'ils venaient de franchir et heurtèrent dans leur retraite les piquets qui le franchissaient à leur tour ; deux cent cinquante hommes périrent ainsi entre l'abatis et le retranchement. Plélo, lancé en avant, à la tête de quelques braves, allait toujours devant lui, sans regarder en arrière, et il était monté à l'assaut du retranchement qu'il franchit. A une centaine de pas de là, criblé de blessures, perdant tout son sang, il s'affaissa au pied d'un arbre; les Russes l'emportèrent, vivant encore, dans leur camp, où il expira quelques instants après. Un prisonnier français l'ayant reconnu, le général russe le rendit aux Français; il avait quinze coups de baïonnette dans le corps, un coup de sabre au visage et la jambe gauche brisée d'une balle. Son corps, mis dans un cercueil de plomb, fut rapporté à Copenhague à sa veuve qui ne fit plus que languir et mourut de chagrin. Dantzick capitula un mois plus tard, le roi Stanislas partit en exil, un Allemand fut roi de Pologne, et il se trouva des Français pour accuser le comte Plélo de folie et de témérité. Cependant, si tous avaient toujours pensé et agi comme lui, la France n'aurait jamais cessé d'être à la tête des nations. Mais, du moins, l'objet qu'il se proposait fut atteint, car son dévouement releva le nom de la France dans tous les pays du Nord, en Danemark, en Suède, en Pologne, et jusqu'en Russie : l'impératrice de Russie, oubliant que Plélo était un ennemi et se rappelant seulement que c'était un héros, voulut avoir son portrait et le conserva sous ses yeux dans son appartement tant qu'elle vécut.

XXXIV. — Le Colonel Chevert.

En novembre 1741, l'armée française était en Bohême, à quelques lieues de la capitale, Prague. On n'avait ni le temps, ni les moyens d'en faire le siège : il fallait donc la prendre par escalade. Le lieutenant-colonel Chevert s'en chargea. C'était le seul colonel de l'ancien régime qui ne fût pas noble. Il était né de parents pauvres, avait débuté comme simple soldat, et c'était par l'éclat de ses services qu'il était arrivé à son grade.

Au moment de poser les échelles pour l'escalade, le colonel Chevert réunit les sergents de son détachement : « Mes amis, leur dit-il, vous êtes tous braves, mais il me faut un brave à trois poils. Le voilà, dit-il en s'adressant à un d'entre eux, le sergent Pascal. Tu monteras le premier, Pascal. — Bien, mon colonel. — La sentinelle criera : *Wer da*[1] ?—Bien, mon colonel. —Tu ne répondras rien. — Bien, mon colonel. — Elle tirera sur toi et te manquera. — Bien, mon colone . — Tu la tueras. — Bien, mon colonel.— Je suis là pour te soutenir. » — Le sergent monte ; la sentinelle crie, tire, le manque, tombe frappée à mort. Chevert suit Pascal avec quelques hommes, s'empare d'une porte, l'ouvre à l'armée, et Prague est prise.

Quelques mois plus tard, l'armée française fut forcée d'évacuer Prague (le 16 décembre 1742). Chevert resta seul avec quelques hommes et avec les malades et les blessés qu'on ne pouvait transporter. L'ennemi lui envoya sommation de se rendre à discrétion. « Dites à votre général, répondit-il au parlementaire, que s'il ne m'accorde pas les honneurs de la guerre, je mets le feu aux quatre coins de Prague et m'ensevelis sous les ruines. » La capitulation lui fut accordée, et il rejoignit son général avec son cortège d'invalides et toutes ses pièces.

On peut rapprocher de cette conduite celle de Junot en 1808. Il avait été battu par les Anglais à Vimiéra, près de Lisbonne. Il lui restait 10,000 hommes contre 30,000 Anglais; et Lisbonne, où il s'était retiré, hostile et frémissante, avec ses 300,000 habitants, était prête à se révolter dès que paraîtrait l'armée anglaise. Les Anglais

1. Mots allemands signifiant : *Qui va là ?*

somment Junot de se rendre. Il répond en menaçant de bombarder Lisbonne et de la réduire en cendres, et obtient d'être transporté en France avec toutes ses troupes, armes et bagages, sur les vaisseaux anglais, aux frais de ses vainqueurs, et avec le droit de reprendre les armes aussitôt qu'il serait débarqué en France. L'histoire offre peu d'exemples d'une capitulation aussi victorieuse.

XXXV. — Le Chevalier d'Assas.

C'était en octobre 1760. Nous étions en guerre avec la Prusse. Une armée française de 20,000 hommes, commandée par le marquis de Castries, campait dans la province allemande de Westphalie, à Clostercamp, non loin des bords du Rhin. Les Allemands étaient commandés par le duc de Brunswick, qui fut si célèbre plus tard dans l'histoire de la révolution[1]. Il résolut de surprendre nos troupes dans la nuit du 15 au 16 octobre, et marcha sur notre camp. Un jeune officier français, le chevalier Louis d'Assas, capitaine au régiment d'Auvergne, avait été envoyé en découverte, pendant la nuit, dans un bois qui bordait notre camp. Le régiment le suivait en silence. Tout à coup, il voit, à vingt pas de lui, des grenadiers couchés sur le ventre ; ils se lèvent, l'entourent, vingt baïonnettes brillent sur sa poitrine, et l'ennemi lui dit : « Si vous criez, vous êtes mort ! » Il peut sauver sa vie, mais en laissant périr les siens. Il retient son souffle un instant pour mieux renforcer sa voix, et réunissant toutes ses forces, pousse un cri retentissant : « A moi, Auvergne, ce sont les ennemis ! » Il tombe à l'in-

1. C'est lui qui amena la chute de Louis XVI par un manifeste où il menaçait de brûler Paris si on touchait au roi et de traiter comme rebelle tout Français pris les armes à la main. Le peuple répondit en renversant le roi (10 août 1792). Brunswick fut battu à Valmy et tué à Iéna.

stant percé de coups; mais le régiment d'Auvergne accourt, il arrête l'effort de l'ennemi, et le lendemain, une victoire éclatante de nos armes venge la mort du chevalier et prouve que son dévouement n'a pas été stérile.

Cette belle action resta longtemps ignorée de la nation. C'est Voltaire qui, l'ayant apprise des compagnons d'armes du chevalier, la fit connaître à la France. Agé de plus de soixante-quinze ans, il reprit la plume pour transmettre à la postérité l'héroïque dévouement du jeune officier : « Je ne veux point mourir, disait-il, sans avoir rendu justice à un homme mort si généreusement pour la patrie. » Dix-huit ans après la mort de Louis d'Assas, le roi de France, Louis XVI, pour rappeler à jamais sa belle mort, établit une pension de 1,000 francs à perpétuité en faveur de ses héritiers.

A la Révolution, l'Assemblée nationale, qui avait supprimé ou suspendu toutes les pensions annuelles, parce que ces pensions n'étaient que trop souvent, sous l'ancien régime, la récompense de l'intrigue et de la courtisanerie, fit une exception glorieuse pour celle de la famille d'Assas. Une rue de Paris reçut son nom : sa ville natale, Le Vigan, lui éleva une statue, et son buste a trouvé place au musée de Versailles, à côté de celui des grands hommes de guerre du siècle dernier. On le voit là, le beau jeune homme de vingt-sept ans, la tête rejetée en arrière, le regard dédaigneux, souriant de la joie du dévouement; ses lèvres s'ouvrent pour lancer le cri qui a sauvé ses frères, qui l'a perdu lui-même, et qui du même coup l'a rendu immortel.

FIN DE LA DEUXIÈME PARTIE.

TROISIÈME PARTIE

DEPUIS LA RÉVOLUTION JUSQU'A NOS JOURS.

XXXVI. — La Nuit du 4 août 1789.

Pendant plus de mille ans, il y avait eu en France deux peuples, les nobles et les roturiers; les nobles avaient la fortune, les dignités, le pouvoir; les roturiers travaillaient et payaient. C'est dans les campagnes surtout que l'oppression du peuple était grande; le paysan avait à payer au seigneur une foule d'impôts que l'on appelait les redevances féodales, et il devait, toutes les fois que le seigneur le jugeait convenable, travailler gratuitement pour lui; c'est ce qu'on appelait *les corvées*. Cette organisation inique de la société s'est appelée la *féodalité*.

Avec le progrès de la raison, le peuple, éclairé par les philosophes[1], reconnut que cet ordre des choses était injuste; parmi les nobles mêmes, tous ceux qui étaient nobles de cœur, sentirent que leur domination n'était point fondée sur le droit, et ils commencèrent à rougir de leur grandeur. Un grand nombre d'entre eux s'enrôlèrent comme volontaires, avec le marquis de La Fayette, au secours des Etats-Unis d'Amérique et fondèrent de leur sang la grande République américaine. Quand

1. Les philosophes du XVIIIe siècle, qui sont Voltaire, Rousseau, Montesquieu, Diderot, D'Alembert, Condorcet. Ce sont eux qui ont enseigné à la France et au monde les droits et les devoirs de l'homme et du citoyen.

la Révolution éclata, beaucoup d'entre eux la saluèrent avec enthousiasme comme l'aube d'une ère nouvelle où il n'y aurait plus de noblesse que celle de l'âme.

Cependant des troubles graves s'étaient produits dans les campagnes. Les paysans, sans attendre les décrets de l'Assemblée nationale, voulaient se faire justice eux-mêmes; ils envahissaient les châteaux, brûlaient les titres féodaux, et souvent le château même. La flamme des incendies s'élevait dans la moitié de la France. Ces nouvelles, arrivant à l'Assemblée nationale, y produisirent, surtout parmi le Tiers État, une inquiétude profonde; l'on craignit que la Révolution, faite au nom de la justice et de l'humanité, ne se tachât de sang dès les débuts, et que la cause du droit ne fût compromise et déshonorée, en appelant à son aide la violence et la force au lieu de la loi et de la raison. Un député du Tiers État, Target, se leva pour lire un projet de proclamation au peuple des campagnes, où il le rappelait au respect des personnes et des propriétés. A peine avait-il achevé que le vicomte de Noailles, qui appartenait à une des premières familles de la noblesse, monte à la tribune : « Vous voulez, s'écrie-t-il, protéger les personnes, garantir les propriétés, fonder le règne de la loi, éteindre l'incendie allumé aux quatre coins de la France? Ce n'est pas par des proclamations que vous y arriverez, c'est par la justice; abolissez les droits féodaux, abolissez les privilèges de la noblesse, établissez l'égalité dans l'impôt! »

Le duc d'Aiguillon succède au vicomte de Noailles; c'était le plus riche seigneur du royaume après le roi; il appuie la proposition du vicomte de Noailles. Un enthousiasme indescriptible s'empare de la noblesse. Le marquis de Foucault s'étant plaint de l'abus des pensions de cour, le duc de Guiche et le duc de Mortemart déclarent que la haute noblesse sera fière de renoncer, pour le bien commun, aux libéralités du roi. Le vicomte de Beauharnais demande que tous les citoyens sans distinction soient déclarés admissibles à toutes les fonctions; le duc de La Rochefoucauld demande l'abolition de l'esclavage qui existe encore aux colonies [1]; un autre demande l'abolition des justices seigneuriales [2]; un autre, l'abolition de la vénalité des offices [3]. Un conseiller du parlement demande la destruction des privilèges de la magistrature. Le nombre des offres généreuses était si pressé et se succédait avec une telle précipitation que la plume des secrétaires avait peine à suivre la parole ardente des orateurs.

Un curé de campagne se lève et dit : « Nous avons peu de chose à donner au peuple, mais nous le donnons de grand cœur : nous abandonnons notre casuel. » L'évêque de Chartres décrit la détresse des populations rurales et les souffrances infinies que leur cause le privilège du droit de chasse exercé par la noblesse; il montre le paysan forcé d'assister en silence au spectacle de ses moissons ravagées par les meutes du seigneur et conclut en demandant l'abolition du droit exclusif de chasse. C'était le privilège auquel la noblesse tenait le plus et dont elle était le plus fière : la chasse était une sorte de plaisir royal qu'elle s'était toujours réservé avec un soin jaloux. Cependant, avant même que l'évêque de Chartres ait achevé sa proposition, un immense cri d'adhésion part des bancs de la noblesse. L'Assemblée entière se lève, frémissante, pâle d'émotion et illuminée de justice.

C'est à présent au tour des provinces et des villes

1. L'esclavage fut ensuite rétabli par Napoléon Ier; il a été enfin aboli pour toujours par la République de 1848.

2. Le seigneur était juge dans son domaine.

3. Les charges de magistrat s'achetaient sous l'ancien régime.

d'apporter leurs sacrifices sur l'autel de la patrie ; elles renoncent à leurs privilèges spéciaux, à leurs droits particuliers, à leurs douanes et à leurs revenus; il n'y a plus de provinces, mais un seul pays, une seule France.

Quand la séance fut enfin levée à deux heures et demie du matin, la vieille société venait de disparaître en une nuit. Le soleil du 5 août se levait sur un peuple nouveau, un peuple où il n'y avait plus de maîtres et d'esclaves, de nobles et de vilains; il n'y avait plus qu'un peuple d'hommes libres et égaux. Cette nuit est la plus belle peut-être de l'histoire de France et de l'histoire du monde. Quel avenir splendide s'ouvrait devant les Français, si les cœurs étaient toujours restés à cette hauteur! Les peuples étrangers étaient saisis d'admiration et croyaient voir commencer un monde nouveau éclairé par un nouveau soleil, et un poète anglais, parlant de ces temps, s'écriait : « Oh! c'était une bénédiction de vivre à cette aurore; et être jeune alors, c'était le ciel même! »

XXXVII. — La Fête du 14 juillet 1790.

Au commencement de la Révolution, il y eut beaucoup d'amour dans les cœurs. Les nobles avaient eux-mêmes renoncé à leurs privilèges dans la nuit immortelle du 4 août 1789 [1]; le roi Louis XVI avait accepté le nouvel état de choses et reçu de l'Assemblée nationale le titre de Restaurateur de la Liberté. Les haines religieuses avaient disparu ; la liberté de conscience était établie : catholiques, protestants, juifs et libres penseurs étaient tous citoyens au même titre et avec les mêmes droits : il n'y avait plus que des égaux en France et une grande joie se répandit dans tout le pays.

1. Voir la Lecture précédente.

Dès les derniers mois de 1789, dans toutes les provinces, les citoyens, sentant que c'était une vie nouvelle qui commençait, sentirent le besoin de se réunir, pour se jurer mutuellement amitié, fidélité, fraternité. C'est ce qu'on appelait des *fédérations*. La première qui eut lieu fut celle du Rhône, qui se tint, le 29 novembre 1789, dans la plaine de l'Étoile près du Rhône : les gardes nationales des deux rives, réunies autour d'un autel de la patrie, prononcèrent ces mots à la face du ciel :

« Nous, citoyens français de l'une et l'autre rive du Rhône, réunis fraternellement pour le bien de la cause commune, jurons sur nos cœurs et sur ces armes consacrées à la défense de l'État, de rester à jamais unis, abjurant désormais toute distinction de province, offrant nos bras, nos fortunes et nos vies à la patrie, ainsi qu'au soutien des lois émanées de l'Assemblée nationale; et nous jurons de voler au secours de nos frères de Paris ou des autres villes de France qui seraient en danger. »

Par toute la France, des réunions semblables eurent lieu : à Orléans, à Limoges, à Lyon, en Bretagne, en Lorraine, en Alsace.

A celle du Vivarais [1], deux vieillards de quatre-vingt-treize ans et de quatre-vingt-quatorze ans, l'un noble et ancien officier supérieur, l'autre simple paysan, prêtèrent les premiers le serment civique, et s'embrassèrent devant le peuple en remerciant Dieu d'avoir prolongé leur vie jusqu'à ce jour. Le peuple ému vit dans cet embrassement des deux vieillards le signe de l'éternelle réconciliation des partis et des classes; tous les spectateurs se prirent par la main et se jetèrent dans les bras les uns des autres.

1. Le pays de l'Ardèche.

La plus belle fédération fut celle de l'Alsace, qui eut lieu le 13 juin 1790 : ce jour-là, le drapeau tricolore fut arboré aux quatre tourelles et à la flèche de la cathédrale [1], au milieu des acclamations de toute la population. On vit deux enfants, nés l'un dans la religion catholique, l'autre dans la religion protestante, tenus sur les fonts baptismaux par un parrain catholique et une marraine protestante. Le lendemain, 14 juin, on se rendit au bord du Rhin et l'on planta à la tête du pont de Kehl [2], en face de l'Allemagne encore esclave, un drapeau tricolore avec cette inscription : « Ici commence le pays de la liberté. » Jamais le monde n'avait offert un spectacle aussi noble, aussi grand et aussi touchant que celui que la France offrait alors. Un philosophe anglais, qui assistait à ces fêtes, écrivait : « J'ai vu vingt-six millions d'hommes repoussant l'esclavage avec indignation et appelant la liberté d'une voix irrésistible; j'ai vu ce miracle et j'ai béni Dieu. »

Toutes ces fédérations, à mesure qu'elles se formaient, envoyaient une adresse de dévouement à l'Assemblée nationale siégeant à Paris. Les Bretons ayant émis l'idée que toutes les fédérations vinssent se réunir à Paris pour former l'union indissoluble de tous les Français, un grand cri courut dans toutes les provinces : « A Paris! Union et France ! » Un comité se forma à Paris pour inviter les délégations de tous les départements et célébrer la fête de l'Union universelle. On choisit pour cette fête le 14 juillet, anniversaire du jour où la Bastille avait été prise par le peuple et où le despotisme avait été aboli. A la fin de mai, le maire de Paris, l'illustre sa-

1. Cette cathédrale, qui est la plus belle d'Europe et l'orgueil de Strasbourg, fut bombardée par les Prussiens au siège de 1870.

2. Kehl, petite ville du duché de Bade, en face de Strasbourg; les deux villes sont séparées par un pont.

vant Bailly [1], envoya à toutes les communes de France un appel où se trouvaient ces mots : « Dix mois sont à peine écoulés depuis l'époque mémorable où, des murs de la Bastille reconquise, s'éleva ce cri : *Nous sommes libres !* Qu'au même jour, un cri plus touchant se fasse entendre : *Nous sommes frères !* »

Les préparatifs commencèrent aussitôt. La fête devait avoir lieu sur le Champ de Mars, vaste terrain qui s'étend de la Seine à l'École Militaire. Les travaux à faire étaient immenses : il fallait des deux côtés du Champ de Mars relever les terres en talus pour supporter la masse des spectateurs, transformer ainsi la plaine immense en vallée, élever un arc de triomphe colossal sous lequel défileraient les délégations de la France et ériger au milieu l'autel de la patrie. On mit à l'œuvre quinze mille ouvriers; mais, le 7 juillet, on s'aperçut avec terreur qu'il fallait des mois pour achever le travail et qu'il était impossible d'être prêt pour le 14, à moins d'un miracle. Ce miracle se fit : un citoyen obscur écrivit à un journal une lettre où il proposait à tous les Parisiens de se transformer en ouvriers. Aussitôt la ville entière se porta en masse au Champ de Mars. Pendant toute une semaine, trois cent mille volontaires, hommes, femmes, enfants, vieillards, nobles et ouvriers, bourgeois et prêtres, grandes dames et soldats, riches et pauvres, travaillèrent sous la pluie et dans la boue, au bruit des chansons, creusant la terre, roulant les brouettes, maniant la pioche avec le même entrain que des soldats qui creusent la tranchée. Le 13 juillet tout était prêt.

Cependant les délégations des quatre-vingt-trois départements arrivaient de toutes parts, l'arme haute, le front en sueur, à l'ombre du drapeau de France. Il y avait

1. Mort sur l'échafaud pendant la Terreur.

là de vieux soldats criblés de blessures, qui, rajeunis par la liberté, s'en étaient venus à pied du fond de la France adorer l'autel de la patrie. Les hommes du Nord et du Sud, de l'Ouest et de l'Est, se rencontraient et s'embrassaient à Paris. Ils ne parlaient pas tous le même français, et quelques-uns même savaient à peine le français : il y avait là des Béarnais qui parlaient le basque, des gens du Morbihan qui parlaient breton, des Corses qui parlaient italien, des Alsaciens qui parlaient allemand : mais tous se sentaient frères, tous se sentaient fils de la même France, et quand ils entraient par les portes de Paris, agitant le drapeau national, un frémissement passait dans toutes les poitrines, comme quand les membres d'une même famille se trouvent réunis pour la première fois. Cent mille hommes étaient venus à Paris : bien peu y avaient des parents ou des amis, mais ils s'y trouvèrent dès le premier instant chez des amis et des frères.

Le 14 juillet arriva enfin. A huit heures du matin, les fédérations des quatre-vingt-trois départements, chacune avec sa bannière, partirent du boulevard du Temple, où était le lieu du rendez-vous, et traversèrent lentement la ville, tandis que les acclamations enthousiastes de la foule saluaient la France qui passait. A la place Louis XV, qui s'appelle depuis ce temps place de la Concorde, l'Assemblée nationale joignit le cortège : elle prit place entre un bataillon de vieillards et un bataillon d'enfants. A trois heures et demie on atteignit le Champ de Mars. Le champ formait un cirque immense, ouvert par un arc de triomphe, et couvert de quatre cent mille spectateurs. Au fond était une galerie où se tenait le roi avec les ministres. Il était vêtu simplement, sans sceptre, sans couronne, sans manteau de pourpre. Au centre du cirque s'élevait l'autel sacré, l'autel de la patrie.

A trois heures et demie, la cérémonie commença. Quand l'évêque d'Autun[1] eut béni les quatre-vingt-trois bannières, le général de la garde nationale de Paris, La Fayette, appuyant sur l'autel son épée nue, prêta serment à la Constitution, au nom des délégués.

Le roi alors prononça à voix haute ces mots : « Moi, roi des Français, je jure d'employer le pouvoir que m'a délégué l'acte constitutionnel de l'État, à maintenir la constitution décrétée par l'Assemblée nationale et acceptée par moi. » Au même instant le ciel, qui avait été sombre jusque-là, s'éclaircit; la pluie qui tombait s'arrêta; un rayon de soleil perça les nuages et fit étinceler joyeusement cent mille baïonnettes et mille bannières. Alors les tambours battirent, cent pièces de canons éclatèrent, un cri enthousiaste s'échappa de quatre cent mille poitrines : *Vive la France!* et tous les bras se tendirent vers l'autel de la patrie.

Telle fut cette fête, la plus belle que la France ait jamais vue. Beaucoup de ceux qui y prirent part devaient mourir bientôt, les uns à la frontière et dans la victoire; d'autres, moins heureux, dans les horreurs de la guerre civile, dans l'exil ou sur l'échafaud. Mais si les fautes de quelques-uns ont amené de longs jours de deuil après ce beau jour, nous pouvons maintenant reprendre les sentiments de nos pères de 1790, puisqu'à présent, grâce à l'établissement de la constitution républicaine, le temps des guerres civiles est passé pour toujours.

Aussi, le gouvernement de la République a rétabli la belle fête du 14 juillet. Une loi, votée en 1880 par la Chambre des députés et par le Sénat, a décidé que la

1. Plus tard célèbre comme diplomate, sous le nom de M. de Talleyrand.

fête de la Nation serait désormais le 14 juillet; et le 14 juillet 1880, quatre-vingt-dix ans après la fête de la Fédération, la France, unie sous le drapeau de la République, célébra de nouveau la fête de l'union française et de la fraternité.

C'est ce jour-là que le Président de la République a distribué leurs drapeaux aux nouvelles armées formées depuis nos désastres de 1870. Ce sont ces drapeaux qui à présent flottent sur les côtes et sur les montagnes de la Tunisie.

XXXVIII. — Valmy (20 septembre 1792).

Le roi de Prusse avait envahi la France, pour rendre le pouvoir absolu à Louis XVI et détruire la Révolution française. Il franchit la frontière à la fin du mois d'août 1792 : la première ville forte qu'il rencontra, Longwy, ouvrit ses portes aux premières bombes : le gouverneur de la ville était royaliste et avait désorganisé la résistance. Les Prussiens prirent possession de la ville au nom de Sa Majesté le roi de France. Ils s'imaginaient d'ailleurs assez sottement que la Révolution n'était voulue que par une infime minorité dans la nation, et que la France opprimée leur tendrait les bras comme à des libérateurs. Verdun, dont le conseil municipal était royaliste, ouvrit aussi ses portes : mais le commandant de la place, BEAUREPAIRE, s'écria : « J'ai juré de sauver la place ou de périr, et je tiendrai mon serment », et il se brûla la cervelle.

En entrant dans la ville, la nouvelle du suicide de Beaurepaire frappa les Prussiens comme un acte de folie. Mais il se produisit presque aussitôt un nouvel incident qui les étonna encore et troubla un peu leur confiance dans la sympathie du peuple. Comme ils pénétraient dans la ville, un grenadier français avait tiré sur eux un coup de fusil qui ne blessa personne : il ne s'était point caché pour tirer, ne chercha pas à fuir et ne songea pas à nier. C'était un beau jeune homme, au regard assuré, à la contenance tranquille. On le saisit et on le conduisit au poste, où on le laissa en liberté en attendant que son sort fût décidé. Le poste était sur un pont de la Meuse : il s'assit sur le parapet du pont, demeura quelque temps immobile, puis se renversant en arrière, se laissa tomber dans la rivière. Il en fut retiré mort.

Chez l'ennemi, ceux qui réfléchissaient commencèrent à se dire que peut-être bien toute la France n'était pas avec eux.

Les Prussiens, au sortir de Verdun, s'avancèrent dans l'intérieur de la France. Ils s'étonnaient de ne pas voir, comme les émigrés le leur avaient promis, les troupes françaises accourir pour se ranger de leur côté et marcher avec eux à la délivrance du roi de France. Ils voyaient en revanche, çà et là, les habitants des villages tirer des fenêtres sur leurs avant-gardes : ils répondaient en mettant le feu aux villages. Une fois ils trouvèrent, dans un train de bagages qu'ils avaient enlevé, un journal de Paris, du commencement de septembre, où se trouvait cette ligne : « Les Prussiens pourront venir à Paris, mais ils n'en sortiront pas ». La plupart en rirent : mais quelques-uns devinrent sérieux.

Il pleuvait à torrents et le terrain détrempé offrait un obstacle presque insurmontable aux mouvements de la cavalerie et de l'artillerie. Mais ce n'était, se dirent les Prussiens, qu'une affaire de patience et l'on allait bientôt trouver à Châlons, à Epernay, et dans les bonnes caves du pays champenois, l'oubli des fatigues de la route.

Mais ils ne devaient voir ni Châlons, ni Épernay, ni les bonnes caves du pays champenois.

Cependant, l'armée de la nation s'organisait : les volontaires affluaient de tous les côtés ; deux mille partaient chaque jour de Paris, et, enrégimentés au camp de Châlons, devenaient du jour au lendemain de vrais soldats, sous la main ferme et énergique de DUMOURIEZ[1]. Dumouriez se porte en avant et occupe les défilés de l'Argonne, en disant à ses lieutenants : « Voici les Thermopyles de la France[2]. »

Les Prussiens saisirent par surprise un des défilés, de sorte que la route de Châlons était ouverte : Dumouriez ne bougea pas et resta solide à son poste, de sorte que les Prussiens se trouvaient entre Paris et lui, et qu'en cas d'échec la retraite leur était barrée. Les Prussiens le laissèrent là, s'imaginant lui avoir coupé le chemin : ils ne furent pas peu étonnés de rencontrer un lieutenant de Dumouriez, l'Alsacien KELLERMANN[3], posté sur les hauteurs de Valmy et les attendant de pied ferme. Ils pensaient que ces conscrits qui n'avaient jamais vu le feu, ce ramassis de tailleurs et de savetiers, comme les appelaient les nobles émigrés, ne tiendraient pas au premier coup de canon, et ils lancèrent la mitraille de soixante bouches à feu : mais il se trouva que ces courtauds de boutique respiraient, comme de vieux soldats, l'odeur de la poudre et ils restèrent immobiles et silencieux sous la mitraille. A un certain moment, les obus prussiens mi-

1. Né en 1739, sauva la France en 1792, la trahit en 1793 et mourut en exil en 1823.

2. Les Thermopyles sont un défilé en Grèce, où trois cents Spartiates, combattant pour la liberté, arrêtèrent trois cent mille Perses, il y a de cela environ deux mille trois cents ans.

3. Né à Strasbourg en 1735, mort en 1820. Il demanda en mourant que son cœur fût enterré à Valmy.

rent le feu à deux caissons qui éclatèrent et firent beaucoup de ravages dans les rangs français : un boulet tua le cheval de Kellermann et le jeta lui-même à terre : le désordre se mit dans quelques bataillons. Le général prussien, le duc de Brunswick, saisit l'instant favorable et lance son infanterie en colonne d'attaque. Kellermann remonte à cheval, et fait dire sur toute la ligne : « Pas un coup de feu, attendez, et recevez-les à la bayonnette. »

Les Prussiens montent en masses sombres et fermes. Mais, pour aborder Valmy, il fallait passer devant le feu plongeant de Dumouriez, qui les prenait de flanc; la mitraille creusait des trous dans leurs lignes, qui se reformaient en se resserrant, mais pour se rouvrir de nouveau. Cependant, elles approchent toujours, malgré le feu qui les décime. Kellermann les laisse avancer sans qu'un seul coup de feu parte de ses lignes; puis, se plaçant au premier rang et agitant son chapeau au bout de son sabre, il pousse le cri de : *Vive la Nation!* que toute la ligne répète, et s'apprête à charger à la bayonnette. Ce cri immense, qui se prolonge pendant plusieurs minutes, étonne les assaillants : Brunswick fait arrêter le feu, et devant l'attitude menaçante des Français, les Prussiens redescendent en toute hâte les flancs de la colline, poursuivis par les boulets de Dumouriez.

Une consternation profonde se répandit parmi les Prussiens. Le matin encore, avec leur présomption ordinaire, ils ne parlaient que d'embrocher et de manger tous les Français; et voici que cette cohue qu'ils devaient chasser à coups de cravache avait battu l'armée prussienne, la plus belle alors de l'Europe, et mis en déroute les vieux généraux du grand Frédéric.

Il y avait dans l'armée prussienne un poète célèbre,

nommé Gœthe[1], et qui avait suivi l'expédition par curiosité. Chaque soir, un certain nombre d'officiers qui l'admiraient, avaient l'habitude de faire cercle autour de lui et de l'écouter. Le soir de Valmy, à la nuit tombante, on se réunit comme d'habitude. Le cercle était triste : l'on avait essayé d'allumer le feu; le feu ne prenait pas. Les uns se taisaient, les autres discouraient contre les généraux, contre le roi de Prusse, contre les émigrés. L'on demanda à Gœthe ce qu'il pensait de tout cela; le poète allemand répondit ces simples mots : « Messieurs, de ce lieu-ci et de ce jour-ci date une nouvelle époque dans l'histoire du monde, et vous pourrez dire : *J'y étais.* »

Le grand poète avait deviné : il avait compris tout ce que contenait ce cri nouveau de : *Vive la Nation!* poussé par Kellermann et les volontaires français et qui avait fait reculer une armée. Le lendemain même de Valmy, le 21 septembre 1792, se réunissait au palais des Tuileries la Convention nationale, dont le premier décret abolissait la royauté et fondait la République.

Le 23 septembre, le roi de Prusse envoya un parlementaire à Dumouriez; il déclarait qu'il n'avait pas l'intention de faire la guerre à la France et il offrait d'évacuer le territoire si Louis XVI était rendu à la liberté. Dumouriez tendit au parlementaire une dépêche qu'il venait de recevoir : elle portait ces mots : « 21 septembre 1792. La Convention nationale a décrété à l'unanimité que la royauté est abolie en France. » Dumouriez transmit les offres du roi à la Convention qui répondit : « La République française ne peut entendre aucune proposition, tant que les troupes prussiennes n'ont pas éva-

1 Né à Francfort-sur-le-Mein en 1749, mort en 1832; c'est le plus grand écrivain de l'Allemagne.

cué le territoire. » Il fallut battre en retraite ; la maladie et la faim ravageaient les rangs prussiens. Il était facile à la République de détruire les envahisseurs jusqu'au dernier homme : mais elle ne voulut pas profiter de ses avantages et accorda un armistice. Les Français avaient des vivres, les Prussiens mouraient de faim, et les Français partagèrent avec eux.

XXXIX. — Condorcet.

Condorcet[1] appartenait à une famille de la haute noblesse. Comme il vivait dans un temps où la première condition pour arriver était d'être noble, il aurait pu aisément parvenir aux plus hautes charges dans l'armée ou dans l'Église. Mais ses goûts le portaient vers l'étude, et il se livra aux mathématiques avec tant d'ardeur et de succès qu'à l'âge de vingt ans les premiers mathématiciens de France et d'Europe le traitaient comme un égal, et qu'il fut reçu à vingt-six ans à l'Académie des sciences. Il était aussi grand comme écrivain que comme savant, et il fut bientôt appelé à ce titre à l'Académie française. Sa réputation était universelle : toutes les grandes Académies de l'Europe avaient tenu à honneur de le compter parmi leurs membres, et c'était un des hommes qui devant l'étranger faisaient honneur à la France.

Mais ce n'était pas seulement un savant et un lettré, c'était aussi un citoyen. En considérant l'état des choses dans la société où il vivait, il avait reconnu qu'il y avait beaucoup d'injustices, auxquelles il était nécessaire et possible de porter remède. Bien qu'il eût le titre de mar-

1. Marie-Jean, marquis de Condorcet, né en 1743 à Ribémont, près de Saint-Quentin.

quis et que toute sa famille fût fort entichée des droits de la noblesse, il avait reconnu qu'il n'y a de vraie noblesse dans le monde que celle du talent et de la vertu, et il voulait que les privilèges de la naissance et de la fortune disparussent de la société française. Pendant vingt ans, il écrivit et prêcha en faveur des principes d'égalité et de liberté, et fut au premier rang dans la grande guerre que les philosophes dirigeaient contre l'injustice et l'intolérance, sous les ordres de Voltaire et de Rousseau. Vieilli avant l'âge par le travail et l'étude, en cheveux blancs à quarante ans, d'un abord froid et réservé, il semblait, dans le commerce du monde, indifférent et sec; mais son ami D'Alembert, qui le connaissait bien, disait de lui : « C'est un volcan sous la neige. » C'est un des hommes qui firent le plus pour amener le triomphe de la Révolution, et il eut le bonheur de la voir.

Paris envoya Condorcet comme représentant à l'Assemblée législative, et toutes les fois que l'Assemblée voulait adresser des paroles solennelles soit au pays, soit à l'armée, soit aux puissances étrangères, c'est Condorcet qu'elle chargeait de parler en son nom. C'est lui qui rédigea la célèbre déclaration par laquelle l'Assemblée législative menaçait les princes allemands de porter la Révolution chez eux, s'ils continuaient à soutenir contre nous les émigrés et à fomenter en France la guerre civile : « Dites-leur, s'écriait-il, que, s'ils continuent à favoriser des préparatifs dirigés contre les Français, les Français porteront chez eux, non pas le fer et la flamme, mais la liberté! C'est à eux de calculer quelles peuvent être les suites de ce réveil des nations! »

A cette époque commençait déjà cette lutte fratricide des Girondins et des Montagnards, qui devait en quelques années faire périr tant de nobles cœurs, priver la France de ses plus héroïques enfants, et en laissant ainsi le champ libre aux ambitieux et aux intrigants, amener enfin le triomphe du despotisme et la chute de la première République. Condorcet s'efforça jusqu'au bout de rétablir l'union entre ces frères ennemis ; mais la fureur des adversaires était trop grande. Il n'appartenait à aucun des deux partis, parce qu'il n'appartenait qu'au parti de la France et de la République ; mais quand la Commune de Paris, violant l'enceinte de la Convention nationale, vint arrêter et proscrire les Girondins, Condorcet, indigné, passa au parti des proscrits [1] et protesta avec énergie contre cet attentat. Un nommé Chabot, ancien moine, devenu démagogue, qui avait des obligations à Condorcet, le dénonça et demanda sa mise en accusation.

Des amis, qui voyaient le danger auquel il s'exposait, lui ménagèrent une retraite à Paris même. Ils le conduisirent rue Servandoni, chez une veuve nommée Mme Vernet, qui, bien qu'elle ne connût pas Condorcet, lui offrit un asile dans sa maison et pourvut à tous ses besoins. Il apprit là qu'il était condamné à mort, que les Girondins étaient montés sur l'échafaud ; enfin, qu'une loi nouvelle punissait de mort ceux qui donnaient asile à un proscrit. Condorcet vint trouver Mme Vernet : « Madame, dit-il, je vous expose à la mort ; je suis hors la loi. Je ne resterai pas ici.

— Monsieur, répondit la noble femme, la Commune peut vous mettre hors la loi, mais elle ne peut vous mettre hors l'humanité. Vous resterez. »

Le dévouement est contagieux. Des ennemis politiques de Condorcet conspirèrent avec Mme Vernet pour le

1. Étant proscrit, il écrivit ces vers dans une lettre adressée à sa femme :

> Ils m'ont dit : choisis d'être oppresseur ou victime.
> J'embrassai le malheur et leur laissai le crime.

sauver. Un jour, Condorcet, en montant l'escalier de sa chambre, rencontra un nommé Marcos, qui appartenait au parti qui l'avait proscrit et qui logeait dans la même maison. Si Marcos le reconnaissait, il était perdu : Mme Vernet, sans hésiter, va frapper chez Marcos et lui dit :

— « Citoyen, Condorcet demeure ici. S'il est arrêté, je croirai que c'est vous qui l'avez dénoncé, et, s'il périt, c'est vous qui aurez fait tomber sa tête. »

Marcos, ému de ces paroles, se dévoua au salut de Condorcet, et, avec une délicatesse admirable, sans marquer à Condorcet lui-même qu'il l'avait reconnu, veilla, sans mot dire, pour écarter de lui tous les dangers et détourner toutes les perquisitions.

Condorcet se rongeait de douleur et d'inquiétude dans sa retraite. Il songeait aux malheurs de la France et aux dangers de sa protectrice; il songeait aux souffrances de sa jeune femme et de sa petite fille, âgée de quatre ans à peine, et qui étaient tombées de la fortune dans la misère la plus complète; car tous les biens de Condorcet avaient été confisqués. Mme de Condorcet, qui venait le visiter furtivement dans sa retraite, le voyant dépérir dans l'inaction, lui conseilla de travailler et d'écrire. Il suivit son conseil et écrivit un livre intitulé : *Tableau historique des Progrès de l'esprit humain.* C'était comme son testament; car il exprimait dans ce livre l'idée pour laquelle il avait vécu et pour laquelle il donnait sa vie, l'idée du progrès. Il montrait comment les hommes, d'abord barbares et sauvages, s'étaient civilisés peu à peu et étaient devenus plus éclairés et meilleurs, et comment un jour heureux viendrait où la raison et la science seraient les souveraines du monde. Aussi, en attendant la mort, il prévoyait que les orages de la révolution passeraient à la fin, mais que ses bienfaits resteraient. Il oubliait son sort pour saluer le règne prochain de la justice, et ce condamné à mort, que le bourreau guettait dans les rues, n'avait que des paroles d'espoir et de bénédiction pour ceux qui lui survivraient.

Il termina ce livre en mars 1794. Il était chez Mme Vernet depuis juillet 1793. Sentant alors qu'il avait dit aux hommes tout ce qu'il voulait dire, il résolut de ne pas exposer plus longtemps sa protectrice. Il écrivit à ses amis quelques pages d'adieux, avec des conseils pour l'éducation de sa fille. Il disait d'elle : « Qu'elle soit élevée dans l'amour de la liberté, de l'égalité, dans les mœurs et les vertus républicaines. Qu'on éloigne d'elle tout sentiment de vengeance ; qu'on le lui demande en mon nom ; qu'on lui dise que je n'en ai jamais connu aucun. »

Le 5 avril 1794, il quitta son asile, en déguisement d'ouvrier, sans avertir personne. Il réussit à sortir de Paris sans être inquiété, et se dirigea vers Fontenay-aux-Roses. Fatigué de la course, car, dans sa longue réclusion, il avait perdu l'habitude de la marche, il arriva à Fontenay vers la nuit et frappa à la porte d'un ancien ami à qui il avait rendu des services pendant vingt ans ; il demandait un abri pour la nuit : on lui refusa. On ne sait comment il passa la nuit du 5 ni la journée du 6. Le 7 avril, vers le soir, on vit entrer à Clamart, dans un cabaret, un homme en costume d'ouvrier, traînant la jambe et la figure hâve. Son aspect excita les soupçons : on lui demanda ses papiers : il n'en avait pas ; on lui demanda son métier ; il répondit : charpentier ; mais la finesse et la blancheur de ses mains le démentirent. On l'arrêta et on l'emmena en prison. Le lendemain matin, 8 avril, quand le geôlier ouvrit la porte, il ne trouva qu'un cadavre. Condorcet s'était dérobé à l'échafaud en aspirant quelques gouttes d'un poison concentré qu'il portait depuis longtemps dans le chaton de sa bague.

XL. — Mort de Camille Desmoulins.

Il est triste de mourir dans la guerre civile, sous les coups de ses frères; mais il est beau de mourir en essayant d'arrêter la guerre civile et en prêchant la réconciliation et le pardon. Ainsi périt Camille Desmoulins.

CAMILLE DESMOULINS était le hardi jeune homme qui avait donné le signal de la Révolution; car c'est à sa voix que le peuple s'était levé, en juillet 1789, pour défendre l'Asssemblée nationale menacée par le roi. Seul et inconnu, il était monté sur une table au Palais-Royal en appelant le peuple aux armes, et, deux jours après, la Bastille était détruite et l'Assemblée nationale était maîtresse de la France. Il fut ensuite un des premiers à réclamer la République et il consacra à sa défense toute son énergie. Dans les luttes ardentes qui suivirent, il ne montra pas toujours l'esprit de justice qui est la première vertu du républicain, et il se laissa souvent entraîner par la passion à des excès qu'il regretta amèrement plus tard. Il contribua, par ses attaques mordantes, à la chute des Girondins, dont il aurait dû admirer le talent et le patriotisme, et qu'il pleura inutilement quand ils périrent. Cette catastrophe lui ouvrit les yeux; il reconnut qu'il avait frappé les plus nobles amis de la liberté et que la République s'engageait dans des voies qui n'étaient point celles qu'il aurait voulues pour elle. La république qu'il voulait, disait-il, était une république de liberté et de fraternité, une république que tout le monde eût adorée. Malheureusement les dangers de l'extérieur, les révoltes des royalistes à l'intérieur, enfin la cruauté et le fanatisme de quelques hommes tels que

Marat, Robespierre, Hébert, avaient amené l'établissement d'un régime abominable, nommé la Terreur, qui couvrait la France de sang et de honte. Sous prétexte de terrifier les ennemis de la liberté, les terroristes envoyaient à l'échafaud, non seulement les insurgés pris les armes à la main, mais des milliers d'innocents, parmi lesquels des femmes et des vieillards. Tout suspect était jeté en prison et de là poussé à l'échafaud, et l'on était suspect pour un mot, pour un geste, pour le nom qu'on portait, pour être le parent ou pour avoir été l'ami d'un proscrit. Rien qu'à Paris il y avait douze mille prisonniers; il y en avait deux cent mille sur toute l'étendue de la France. Nul n'osait protester contre ces horreurs : ce que nul n'osait, Camille Desmoulins le fit.

Il fonda un journal, nommé *le Vieux Cordelier*[1], où il demandait si c'était pour établir une tyrannie pire que l'ancienne qu'on avait fait la révolution et renversé la royauté. « Non, s'écriait-il, la liberté, cette liberté descendue du ciel, ce n'est point un bonnet rouge, une chemise sale ou des haillons; la liberté, c'est la raison, c'est l'égalité, c'est la justice, c'est le droit, c'est la loi, c'est la Constitution. Voulez-vous que je la reconnaisse, que je tombe à ses pieds, que je verse tout mon sang pour elle? ouvrez les prisons à ces deux cent mille citoyens que vous appelez des suspects. Vous voulez exterminer tous vos ennemis par la guillotine! Quelle folie! Pouvez-vous en faire périr un seul sur l'échafaud sans vous faire dix ennemis de sa famille ou de ses amis? Croyez-vous que ce soient ces femmes, ces vieillards, ces

1. Camille Desmoulins était un des fondateurs du club des Cordeliers, qui fut un des clubs les plus ardents de la révolution; ce club étant tombé ensuite sous l'influence de Hébert, de la Commune et du parti de la guillotine, Camille s'intitulait *le Vieux Cordelier*, par opposition à ces nouveaux Cordeliers qu'il reniait.

infirmes que vous enfermez qui sont dangereux? De vos ennemis, il n'est resté parmi vous que les lâches ou les malades : les braves et les forts ont émigré; ils ont péri à Lyon[1] et en Vendée. » Ces lignes firent tressaillir de joie et d'espérance tous les bons citoyens, tous ceux qui voulaient une république digne de la France. Mais les terroristes furent indignés : Hébert, l'auteur d'un journal immonde nommé le *Père Duchêne*, qui semblait écrit avec de la boue et du sang, car chaque ligne était une nouvelle calomnie contre les vrais patriotes et un appel à de nouveaux massacres, dénonça Camille Desmoulins comme conspirant avec les royalistes. Les amis de Camille s'inquiétèrent; l'un d'entre eux, nommé Brune, ancien ami de collège, vint le supplier d'être prudent et d'arrêter la publication de son journal, et lui montra qu'il risquait sa vie. La femme de Camille, Lucile, était là; ils étaient mariés depuis trois ans, ils avaient un enfant, ils s'adoraient l'un l'autre et ils étaient heureux : c'était plus que sa vie que Camille risquait, c'était le bonheur et peut-être l'existence même de celle qu'il aimait plus que lui-même. Lucile pâlit aux paroles de Brune, resta un instant silencieuse et pensive, puis elle se jeta au cou de son mari en l'embrassant, et se tournant avec un sourire plein de fierté vers Brune : « Laissez-le, dit-elle, laissez-le faire son devoir et sauver la France. »

Le lendemain parut un nouveau numéro où Camille demandait qu'à côté du tribunal révolutionnaire qui condamnait on établît un *Comité de clémence*.

« Que de bénédictions, écrivait-il, s'élèveraient alors de toutes parts! Je pense bien différemment de ceux qui vous disent qu'il faut laisser la terreur à l'ordre du jour. Je suis certain, au contraire, que la liberté serait con-

1. A l'insurrection royaliste de Lyon en 1793.

solidée et l'Europe vaincue, si vous aviez un comité de clémence. C'est ce comité qui finirait la Révolution, car la clémence est une vertu révolutionnaire et la plus efficace de toutes. »

La nuit du 31 mars, il entendit frapper à coups de crosse à sa porte. « On vient m'arrêter » dit-il à Lucile, et il l'embrassa ; c'était pour la dernière fois, car il ne devait plus la revoir. Il se fit peu d'illusion sur son sort et il prévoyait bien que les bourreaux qu'il avait flétris ne lui pardonneraient pas. En entrant à la prison de la Conciergerie, il dit : « Je vais à l'échafaud pour avoir versé quelques larmes sur des milliers de malheureux et d'innocents. Mon seul regret en mourant est de n'avoir pu les servir. » A son arrivée, tous les prisonniers, sans distinction d'opinion, royalistes et républicains, accoururent au-devant de lui, et saluèrent celui qui avait essayé de les sauver et qui allait mourir pour eux.

Lucile espérait que Robespierre sauverait Camille : ils avaient été camarades de collège et Robespierre lui avait servi de témoin à son mariage. Jusqu'au dernier instant il s'était donné comme l'ami de Camille ; jamais il ne lui avait témoigné plus d'affection que la veille de son arrestation ; et c'est lui pourtant qui donna l'ordre d'emprisonnement, heureux de se débarrasser d'un ami qui aurait pu devenir un rival et l'arrêter sur le chemin de la dictature. Camille fut condamné à mort, en compagnie de Danton, le grand révolutionnaire. Ils moururent ensemble, calmes, au milieu des insultes de la populace. Camille avait trente-trois ans.

Quelques jours après, les lâches qui avaient tué le mari tuèrent la femme. Lucile fut condamnée à mort à son tour pour un complot imaginaire. Elle se montra digne de Camille. Avant de monter à l'échafaud, elle écrivit ce mot à sa pauvre vieille mère : « Bonsoir, ma chère maman; une larme s'échappe de mes yeux, elle est pour toi. Je vais m'endormir dans le calme et l'innocence. »

Ils laissaient un fils, Horace, âgé de deux ans. Sa grand'-mère l'éleva dans le souvenir de son père et de sa mère. Il ne quitta jamais leur deuil et mourut de tristesse et de souvenir à vingt ans.

Camille avait deux frères et une sœur. Ses deux frères avaient péri pour la République, un an avant lui, l'un sur les bords du Rhin, l'autre en Vendée. Sa sœur lui survécut longtemps : dans sa vieillesse elle était réduite à mendier son pain : vers 1840, le gouvernement, apprenant sa misère, lui fit une petite pension.

En 1881, la ville de Guise[1], où Camille était né, a voté l'érection d'une statue en son honneur. Cet honneur était bien dû à l'homme qui mourut en enseignant à la Révolution les beautés de la clémence et du pardon.

XLI. — Les Martyrs de la liberté.

Un moment vint où les hommes qui avaient fait ensemble la Révolution commencèrent à s'entre-déchirer, parce que ceux qui voulaient aller plus vite considéraient comme traîtres ceux qui étaient plus modérés ou plus sages. Les partis libéraux s'exterminèrent donc les uns les autres et la Révolution dévora ses enfants. Mais s'il faut déplorer l'aveuglement de ces hommes qui tous aimaient si sincèrement la patrie et qui pourtant frappaient ses fils les meilleurs, il y a une chose admirable qui nous force à leur pardonner : c'est qu'ils restèrent tous fidèles jusqu'au bout à la cause de la liberté et de la République, même quand leurs adversaires les égorgeaient au nom de la liberté et de la République.

1. Département de l'Aisne.

Le grand philosophe CONDORCET, proscrit par les Jacobins et condamné à mort, passe les derniers jours de sa vie à écrire un livre où il glorifie la liberté et le droit, et défend aux siens de le venger[1].

MADAME ROLAND avait été la belle et éloquente inspiratrice du parti républicain : elle avait été comme la bonne fée de la République. Les Jacobins la condamnèrent. Elle se rendit à l'échafaud, vêtue d'une robe blanche, en signe d'innocence, et comme elle passait devant la statue de la Liberté que l'on avait dressée en face de la guillotine, elle fixa sur elle ses beaux grands yeux noirs, et s'inclinant devant elle, lui dit avec douceur et douleur : « O Liberté, que de crimes on commet en ton nom! »

Les Girondins[2] avaient été les premiers apôtres et les fondateurs de la République; ils étaient l'éloquence, la jeunesse, la beauté de la France. Proscrits par la Commune de Paris et condamnés à mort, ils célébrèrent en prison, la veille de leur exécution, un banquet funèbre en l'honneur de la République. Ils étaient vingt-deux : Vergniaud présidait. Il avait du poison sur lui; mais n'en ayant que pour lui seul, il n'avait pas voulu s'en servir et déserter devant l'échafaud. Le lendemain, ils traversèrent en charrette les rues de Paris pour se rendre à la guillotine. La foule sur leur passage criait : *A bas la Gironde! Vive la République!* et les Girondins répondaient en criant, eux aussi : *Vive la République!*

1. Voir plus haut, page 188.

2. Les Girondins portaient ce nom parce que leurs principaux orateurs étaient de la Gironde. Le plus éloquent d'entre eux fut Vergniaud, dont les discours amenèrent la chute de la royauté. Les Girondins commirent plus tard de graves fautes : la plus grave fut de repousser l'alliance de Danton. L'alliance de Danton avec les Girondins eût épargné à la France le triomphe de Robespierre et le régime de la Terreur.

Arrivés au pied de la guillotine, ils entonnèrent d'une seule voix la *Marseillaise*. D'instant en instant, le bruit du chœur devint plus faible, car à chaque minute une tête tombait et une voix s'éteignait. Bientôt on n'entendit plus qu'une voix, celle de Vergniaud : il jeta un dernier cri de : *Vive la République!* et tout fut fini.

Danton, le Montagnard, avait le premier organisé la défense nationale : « De l'audace, disait-il, encore de l'audace, toujours de l'audace et la France est sauvée! » Mais c'était contre l'étranger avant tout qu'il voulait de l'audace, et il était las de voir tant de bons citoyens périr par le fanatisme de Robespierre et de la Commune : « J'aime mieux être guillotiné que d'être de ceux qui guillotinent, » disait-il. Robespierre le dénonça comme royaliste. Les amis de Danton le pressaient de s'enfuir : mais il aimait mieux mourir en France que vivre à l'étranger : « Croyez-vous, dit-il, qu'on emporte la patrie à la semelle de ses souliers? » Et il attendit la mort.

XLII. — Mort de Bonchamps.

Les Vendéens étaient égarés et luttaient pour une cause mauvaise. Il y eut pourtant parmi eux de grands cœurs dont la France peut être fière. Tel fut Artus de Bonchamps.

Artus de Bonchamps [1] avait servi avec distinction dans la guerre d'Amérique et était capitaine quand la Révolution éclata. Il donna sa démission, mais il ne voulut pas émigrer, et se retira à la campagne où il vécut tranquillement. Quand les paysans vendéens se soulevèrent, ils le pressèrent de se mettre à leur tête, parce qu'il était uni-

1. Né à Jouverdeil en Anjou, en 1760.

versellement respecté pour son honnêteté et son courage : il résista longtemps, car il sentait que c'était une guerre sacrilège que celle que des Français faisaient à la France, sous l'œil et avec le secours de l'étranger. Il céda enfin, entraîné par un faux point d'honneur chevaleresque, et craignant d'être déshonoré s'il refusait de donner son sang à la cause pour laquelle ses amis périssaient sur le champ de bataille et sur l'échafaud. En prenant congé de sa femme, il lui dit : « Nous ne devons pas prétendre à la gloire : les guerres civiles n'en donnent point. » Dans les horreurs de cette guerre fratricide où tant d'atrocités furent commises de part et d'autre, les troupes de Bonchamps furent les seules dans l'armée vendéenne qui ne se souillèrent point du sang des vaincus : les Vendéens de Bonchamps ne massacraient pas leurs prisonniers.

Bonchamps se battait avec courage et habileté, mais avec tristesse, cherchant le péril et peut-être la mort, et il y eut peu d'engagements où il ne fût blessé. Il prit part à presque toutes les grandes victoires qui marquèrent le début de l'insurrection vendéenne. Mais il rencontra enfin à Cholet le redoutable adversaire qui devait mettre un terme à la fortune des rebelles, Kléber et les Mayençais (17 octobre 1793)[1]. Bonchamps, en essayant d'arrêter la déroute, tomba frappé à mort. Les républicains avaient été eux-mêmes trop éprouvés pour poursuivre les vaincus, qui purent emporter leur général à cinq lieues de là, à Saint-Florent. Il y avait là cinq mille prisonniers républicains enfermés dans l'église : c'étaient tous les prisonniers que Bonchamps avait faits pendant la campagne. Les Vendéens, ne pouvant les emmener dans leur retraite, veulent se débarrasser d'eux

1. Voir page 214.

et se venger en même temps par un massacre en masse: les portes de l'église sont ouvertes et des pièces de canon sont braquées sur les prisonniers. Mais le mourant apprend le massacre qui se prépare, il se soulève sur le matelas où il est étendu, et il s'écrie : « Grâce pour les prisonniers ! C'est le dernier ordre que je vous donnerai, ajoute-t-il, jurez-moi qu'il sera exécuté. »

Le mot du mourant court dans les rangs des Vendéens : un cri s'élève : « Grâce aux prisonniers ! Bonchamps l'ordonne. » Le lendemain les républicains rencontrent une colonne désarmée qui vient au-devant d'eux en criant : *Vive Bonchamps! Vive la République!* C'étaient les prisonniers de Saint-Florent.

Le nom de Bonchamps resta honoré parmi les républicains. Quelques jours après, Mme de Bonchamps, qui avait pris une part active à l'insurrection, ayant été arrêtée, les troupes républicaines, devant qui elle passait en se rendant à la prison, lui présentèrent les armes. Elle fut condamnée à mort par le tribunal révolutionnaire de Nantes, où dominait l'infâme Carrier[1] : mais une pétition signée par des prisonniers de Saint-Florent fut envoyée à la Convention qui ordonna que Mme de Bonchamps fût rendue à la liberté.

Un magnifique tombeau a été élevé à Bonchamps à Saint-Florent: c'est l'œuvre du grand sculpteur républicain, David d'Angers[2]. On voit Bonchamps à moitié

1. Carrier était dictateur à Nantes qu'il inonda de sang. Il fit horreur à Robespierre lui-même qui le rappela : il monta sur l'échafaud en 1795. Kléber, dans une bataille, le voyant se mettre aux dernières lignes, cria à ses soldats : « Laissez Carrier se cacher à l'arrière : il reviendra tuer après la victoire. »

2. David d'Angers, le plus grand sculpteur de notre siècle, né à Angers, représentant du peuple en 1848, proscrit par Napoléon III, mort en exil en 1856. Il ne faut pas le confondre avec le peintre David, membre de la Convention, républicain comme lui et mort comme lui en exil (en 1825, sous la Restauration).

étendu et se soulevant dans un suprême effort : il s'appuie péniblement sur sa main gauche, et lève la main droite avec autorité; on voit sa blessure béante, son visage contracté par la souffrance, mais qui s'éclaire d'un dernier rayon d'énergie pour commander la générosité, et ses lèvres sont entr'ouvertes pour laisser tomber les paroles sacrées : *Grâce aux prisonniers !*

XLIII. — Les Volontaires de 92 et les Soldats de l'an II.

Le 11 juillet 1792, comme l'Allemagne voulait intervenir pour rétablir la monarchie absolue en France, l'Assemblée nationale prononça ces mots : « Citoyens, la patrie est en danger ! » Dans toutes les villes de France, le décret de l'Assemblée fut proclamé solennellement sur la place publique, au bruit du canon d'alarme et du roulement des tambours. Devant la mairie, on posait une planche sur deux tambours entre des drapeaux, et le maire, en écharpe, recevait les enrôlements sur cette table. Des milliers de volontaires se faisaient inscrire, des jeunes gens à peine sortis de l'enfance, des vieillards près de la mort ; et après avoir prêté serment de lutter et de mourir pour la patrie, ils se rendaient à leur camp, aux frontières, aux accents de la *Marseillaise*. Parmi ces jeunes gens se trouvaient tous ces héros dont le nom, dans une année ou deux à peine, allait retentir dans toute l'Europe et dont la gloire ne périra pas : Marceau, Hoche, Kléber, Desaix, Jourdan, Joubert, Masséna, et tant d'autres. Les enrôlements volontaires continuèrent tant que la France fut en péril, et en 1793, quand la Convention ordonna une levée de trois cent mille hommes, il y eut des départements où le nombre des volontaires seuls dépassa celui du contingent demandé.

Arrivés au camp, ces hommes, qui n'avaient jamais touché une arme, devenaient du jour au lendemain des soldats endurcis à la peine et pliés à la discipline. Prêts à donner leur vie pour la liberté, à l'heure et à l'instant où la patrie le demandait, pleins de confiance dans les chefs que la Convention leur donnait, ils savaient tour à tour escalader aux cris de la *Marseillaise* les redoutes ennemies et emporter les batteries à la bayonnette, ou supporter les longues journées de marche dans le froid et la faim. Mal vêtus, mal nourris, jamais on ne les entendit murmurer ni se plaindre, et ils faisaient joyeusement offrande à la République de leurs souffrances et de leur sang. Comme ils ne se battaient ni pour la conquête, ni pour le butin, ni pour la gloire de la guerre, mais pour la liberté, pour les droits de l'homme, pour la foi républicaine, nul revers ne pouvait les décourager, et nulle force humaine ne pouvait les abattre.

Contre toute l'Europe avec ses capitaines,
Avec ses fantassins couvrant au loin les plaines,
Avec ses cavaliers,
Tout entière debout, comme une hydre vivante[1],
Ils chantaient, ils allaient, l'âme sans épouvante
Et les pieds sans souliers.

Au levant, au couchant, partout, au sud, au pôle[2],
Avec de vieux fusils sonnant sur leur épaule,
Passant torrents et monts,
Sans repos, sans sommeil, coudes percés, sans vivres,
Ils allaient, fiers, joyeux, et soufflant dans des cuivres[3]
Ainsi que des démons.

1. L'hydre, dans les contes de fées anciens, était un serpent à sept têtes. L'Europe, coalisée contre notre République, était comme une hydre dont les têtes étaient la Prusse, l'Autriche, l'Angleterre, la Russie, l'Espagne, l'Italie, la Hollande.
2. Au nord.
3. Dans leurs clairons.

La liberté sublime emplissait eurs pensées.
Flottes prises d'assaut[1], frontières effacées
Sous leur pas souverain;
O France, tous les jours c'était quelque prodige,
Chocs, rencontres, combats; et Joubert sur l'Adige[2],
Et Marceau sur le Rhin[3].

On battait l'avant-garde, on culbutait le centre;
Dans la pluie et la neige, et de l'eau jusqu'au ventre,
On allait en avant!
Et l'un offrait la paix, et l'autre ouvrait ses portes,
Et les trônes, roulant comme des feuilles mortes,
Se dispersaient au vent!...

La Révolution leur criait : — « Volontaires,
Mourez pour délivrer tous les peuples vos frères! »
Contents, ils disaient *oui*.
« Allez, mes vieux soldats, mes généraux imberbes! »
Et l'on voyait passer ces va-nu-pieds superbes
Sur le monde ébloui[4]!

Ces *généraux imberbes* étaient pour la plupart des enfants du peuple, qui la veille encore étaient simples soldats, qui avaient révélé leur génie sur le champ de bataille et qui, sans avoir même le temps de changer leurs galons, passaient du commandement d'un peloton ou d'une compagnie à celui d'un régiment, puis d'une armée.

1. Dans les premiers jours de 1795, Pichegru, le conquérant de la Hollande, apprenant que la flotte hollandaise était retenue dans les glaces du Texel, envoya un escadron de hussards, qui chargea au galop sur la mer de glace, et emporta d'assaut les vaisseaux immobilisés.

2. Joubert, né en 1769, volontaire en 1792, colonel en 1795, conquérant du Tyrol, mort à trente ans à la bataille de Novi. Le Corps législatif prit le deuil à la nouvelle de sa mort.

3. Voir page 202.

4. Vers de Victor Hugo.

Tous les peuples ont eu leurs victoires et leurs héros : mais en vérité aucun peuple n'a jamais eu dans son histoire rien de si beau ni de si grand que les soldats de l'an II. Beaucoup de ces généraux plus tard devinrent ducs, comtes ou rois à la cour de Napoléon : mais combien ils étaient plus grands, quand ils emportaient les redoutes prussiennes au cri de : *Vive la Nation!* et qu'ils conquéraient la Belgique, la Hollande, la Savoie, avec des appointements de trois francs par jour! Heureux ceux d'entre eux qui moururent alors dans leur gloire, avec la joie de tomber pour la liberté et pour les droits du peuple, et non, comme les braves qui périrent plus tard, pour la gloire et la puissance d'un seul homme! Heureux les Dampierre, les Hoche, les Marceau, les Kléber!

Dampierre.

Dampierre était noble; mais, au moment de la Révolution, ayant à choisir entre ses privilèges de noble et la France, il choisit la France. C'est lui qui, à la bataille de Jemmapes[1], qui nous donna la Belgique, décida de la victoire, en chargeant à la tête de quinze cents volontaires Parisiens qu'il précédait de cent pas. Il déploya une telle valeur que les blessés, s'oubliant eux-mêmes, demandaient : Le général Dampierre a-t-il survécu? Quand Dumouriez trahit la France et passa à l'ennemi (avril 1793), la Convention nomma le marquis de Dampierre pour le remplacer. Le 9 mai, il reçoit de la Convention l'ordre d'attaquer l'armée autrichienne, campée entre Maubeuge et Saint-Amand. Il n'avait que 25,000 hommes, les Autrichiens en avaient le double. Cinq fois nos colonnes s'élancent sur les Autrichiens : cinq fois

1. Le 6 novembre 1792.

elles sont repoussées. Dampierre voit que le succès est impossible, mais il ne veut pas revenir vaincu, et, qui sait? peut-être flétri par les Jacobins du nom de traître. Il s'élance à cheval, à la tête d'un détachement d'élite, sur une redoute ennemie. « Mon père, s'écrie son fils, qui lui servait d'aide de camp, vous courez à la mort, et à une mort inutile! — Oui, à la mort; mais j'aime mieux périr sur le champ de bataille que sous le couteau de la guillotine! » A l'instant un boulet de canon lui casse la cuisse et le jette expirant sur la poussière.

La Convention lui décerna les honneurs du Panthéon. « Un jour, dit Victor Hugo :

Un jour on déterra l'un de ceux de l'An Deux,
Un vieux républicain, le général Dampierre;
On le trouva couché tout armé sous la pierre,
Et portant, fier soldat que nul n'avait vu fuir,
L'épaulette de laine et la dragonne en cuir. »

La mort de Marceau (21 septembre 1796).

Marceau était fils d'un homme de loi; mais ayant peu de goût pour le métier d'avocat, il s'engagea à seize ans. Se trouvant en congé à Paris, le 14 juillet 1789, il prit part à la prise de la Bastille, et ce fut là son premier fait d'armes : il était alors sergent et avait vingt ans. La garde nationale de Chartres, sa ville natale, le prit pour officier instructeur, et, quand la guerre éclata, en 92, il fut nommé capitaine des volontaires d'Eure-et-Loir. Il était à Verdun au moment du siège, parla énergiquement en faveur de la résistance, et, à la mort de Beaurepaire, eut la douleur d'être envoyé au roi de Prusse pour porter la capitulation de la ville. Il accomplit sa mission, la rougeur au front et les larmes dans les yeux. Envoyé avec le grade de lieutenant-colonel contre les royalistes de Vendée, il sauva le représentant en mission, Bourbotte[1], à la défaite de Saumur : le cheval de Bourbotte venait d'être abattu par un boulet, et le représentant allait tomber aux mains des Vendéens : Marceau, mettant pied à terre, lui offrit le sien et dit : « J'aime mieux être pris ou tué, que de voir un représentant du peuple aux mains des rebelles. » Cet acte ayant appelé sur lui l'attention de la Convention, il fut nommé général de brigade à vingt-deux ans, et il se montra digne de cette confiance par son énergie et son talent. Il rassembla toutes les forces disponibles et fondit sur le Mans dont les Vendéens s'étaient emparés et avaient fait leur quartier général. Après avoir combattu toute la journée du 13 décembre 93, et chassé l'ennemi de ses positions, il s'arrêta à portée de canon de la ville, remettant au lendemain la bataille décisive : « C'est dans le Mans même qu'il faut profiter de la fortune, lui dit le représentant Westermann[2]. — Tu joues gros jeu, répond Marceau en lui serrant la main ; n'importe ! marche, je te suis. » On se battit toute la nuit : le lendemain, au matin, la ville était aux républicains. Marceau s'honora autant par son humanité que par son courage ; il arrêta les excès des vainqueurs et arracha à l'échafaud une femme royaliste prise les armes à la main. Ses ennemis le dénoncèrent à la Convention

1. Mort sur l'échafaud en mai 95.

2. Né à Molsheim, en Alsace, en 1751 : il fut un des auteurs du 10 août, et un ami de Danton. Quelques semaines après la prise du Mans, Robespierre le fit monter à l'échafaud, en l'accusant de conspirer contre la République. Westermann, en entendant cette accusation, s'écria devant le tribunal révolutionnaire : » Moi, conspirateur? Je demande à découvrir ma poitrine devant le peuple. J'ai reçu sept blessures par devant et elles sont encore saignantes. Malheureux, attendez au moins pour m'accuser qu'elles soient cicatrisées. »

comme royaliste, et l'échafaud l'attendait au lendemain de la victoire : mais le représentant Bourbotte, à cette nouvelle, quitte l'armée, vole à Paris et sauve celui qui l'avait sauvé au péril de sa vie.

En 1794, il fut envoyé à l'armée de Sambre-et-Meuse ; il soutint le premier l'effort des Autrichiens à Fleurus et décida de la victoire en indiquant à Jourdan une manœuvre décisive. Bientôt il entra à Coblentz dont les habitants gardèrent longtemps un souvenir reconnaissant de sa modération et de sa douceur : il faisait aimer la France sur les bords du Rhin.

En 1796, an IV de la République, il commandait une des divisions de l'armée de Jourdan, en Allemagne. Jourdan, attaqué à la fois par deux armées autrichiennes, l'une commandée par le général Kray, l'autre, par l'archiduc Charles d'Autriche, qui était le meilleur général de la coalition, avait été forcé de battre en retraite. Nos troupes étaient arrivées au défilé d'Altenkirchen. Les Autrichiens approchaient : Marceau reçut l'ordre de couvrir la retraite et d'arrêter les Autrichiens à tout prix, pendant que l'armée passait. Il prit le commandement de l'arrière-garde et installa des batteries légères sur les hauteurs qui dominaient l'entrée du défilé : mais comme il s'avançait avec quelques éclaireurs pour reconnaître les positions de l'ennemi, il fut frappé presque à bout portant par un chasseur tyrolien embusqué derrière une haie. Il tomba de cheval dans les bras de ses hommes. C'était le 19 septembre 1796.

La nouvelle fatale se répand dans l'armée : le général Jourdan accourt à Altenkirchen, et trouve son ami expirant. Les médecins déclarent qu'il n'y a plus d'espoir et qu'on ne peut le transporter sans le tuer sur l'instant. Tous pleuraient autour de lui, en se rappelant ses exploits, sa jeunesse, ses services, son noble cœur, tout ce que l'avenir lui promettait encore de gloire, et tout ce qu'il promettait de services à la République. Marceau seul restait calme au milieu du deuil universel : « Mes amis, disait-il, pourquoi tant me regretter? Pourquoi me plaindre? N'ai-je pas assez vécu, puisque je meurs pour la patrie ? »

Cependant, il fallait quitter Altenkirchen et continuer la retraite. Jourdan dut laisser Marceau dans la ville : il laissa auprès du mourant deux officiers, deux médecins et deux hussards d'ordonnance, et envoya un mot aux généraux ennemis pour recommander Marceau à leur courtoisie. Cette recommandation était presque inutile. La nouvelle que Marceau était frappé à mort était arrivée au camp autrichien et y avait répandu une tristesse profonde, car les Autrichiens et les populations allemandes avaient appris à connaître Marceau par sa générosité, son humanité, sa douceur, autant que par son héroïsme et son génie. Ils ne se dirent pas que celui qui mourait était un ennemi redouté, mais que c'était un homme qui faisait honneur à l'humanité. Dès le matin du 20 septembre, un capitaine de hussards de l'empereur, qui commandait aux avant-postes, était venu s'informer de l'état du blessé. Bientôt, le général en chef de l'armée ennemie, le général Kray, un vieux soldat qui avait assisté à vingt campagnes, vint, les yeux en pleurs, presser les mains mourantes de Marceau.

Les officiers des divers régiments autrichiens envoyaient d'heure en heure des députations pour apprendre s'il y avait encore quelque espoir et pour rendre un dernier hommage au jeune héros : à leur émotion et à leur attitude, on les eût pris pour des soldats de Marceau. Enfin, on vit le fils de l'empereur d'Autriche, l'archiduc Charles, s'avancer vers le lit du fier et doux républicain. Il amenait avec lui son chirurgien : mais tout était inutile et le 21 septembre, à cinq heures du matin, le jeune général de la République expirait au milieu de son état-major autrichien. Les deux officiers français qui étaient restés près de lui demandèrent à l'archiduc que les restes de leur général fussent rendus à ses frères d'armes. Le prince y consentit sur-le-champ, et un détachement de cavalerie autrichienne, en deuil, escorta le corps de Marceau jusqu'au Rhin, à la ville de Neuwied, qui était aux mains des Français. Le prince demanda qu'on l'avertît du jour où les restes de Marceau seraient inhumés, afin que l'armée impériale pût se joindre à l'armée républicaine dans un suprême hommage à sa mémoire.

Le corps de Marceau fut déposé près de Coblentz, dans la redoute de Pétersberg, qui prit le nom de fort Marceau. On écrivit ces mots sur sa tombe : « Ses cendres sont ici, son nom est dans l'univers. » Des salves d'artillerie éclatèrent à la fois des deux rives du Rhin, de la terre française et de la terre allemande; les unes annonçaient à la France qu'elle avait perdu l'un de ses plus nobles enfants et de ses plus héroïques défenseurs; les autres annonçaient au monde qu'une des âmes les plus pures qui aient paru parmi les hommes venait de s'éteindre.

Ainsi mourut Marceau : la France l'adorait, l'Allemagne l'admirait et toutes deux le pleurèrent. Il mourait à vingt-sept ans, mais il avait vécu assez pour l'immortalité. En 1816, le plus grand poète du siècle en Angleterre, lord Byron, visitant sa tombe, écrivait ces lignes :

« Ici sont les cendres d'un héros. Il fut notre ennemi [1],

1. C'est-à-dire, l'ennemi de l'Angleterre.

mais, n'importe! honneur à Marceau! Sa tombe, trop

Mort de Marceau.

tôt ouverte, a fait couler des larmes, de grosses larmes

des paupières du rude soldat, qui pleurait son sort et qui en même temps l'enviait, parce qu'il était tombé pour la France, et en luttant pour lui rendre ses droits.

« Courte, héroïque et glorieuse fut sa jeune carrière. Il eut pour le pleurer deux armées, ses amis et les ennemis. Et le voyageur qui s'arrête près de cette tombe peut sans crainte prier pour le repos et la gloire de cette âme vaillante : car il fut un champion de la Liberté et il fut l'un de ceux-là, si peu nombreux, qui n'ont point outrepassé en frappant pour elle les droits qu'elle confie à ceux qui portent son glaive [1]. Il avait gardé la blancheur de son âme et c'est pour cela que les hommes ont pleuré sur lui. »

Hoche.

LAZARE HOCHE naquit le 24 juin 1768, à Versailles ; il était fils d'un pauvre garde du chenil de Louis XV et fut élevé chez sa tante qui était fruitière. A quatorze ans, il se fit palefrenier, et deux ans plus tard, dégoûté de son état, il s'engagea dans l'armée. Avide de s'instruire, il faisait toutes les corvées dont ne voulaient pas des camarades plus aisés, afin de gagner un peu d'argent et d'acheter des livres. En 1789, il était sergent, et il serait probablement toujours resté à ce grade sans la Révolution. Il l'accueillit avec joie, et généreux comme tous les vrais amis de la Révolution, il sauva au péril de sa vie, à la journée du 5 octobre, la reine Marie-Antoinette ainsi que les gardes du corps qui la défendaient contre les insultes de la foule. Il devint rapidement adjudant, puis lieutenant, et se distingua au siège de Thionville. Après la défaite de Nerwinde, Dumouriez ayant passé à

1. Allusion à la générosité de Marceau envers les vaincus.

l'ennemi, Hoche fut arrêté avec le général Laveneur, dont il était l'aide de camp et qui faisait partie de l'état-major de Dumouriez. Hoche remit au gendarme qui l'arrêtait le plan d'une campagne en Belgique qu'il avait rédigé pour le soumettre à Carnot[1] : « Voici, lui dit-il, la preuve écrite du complot que nous dressions contre la République. » Carnot lut le mémoire et dit : « Voici un sous-officier qui ira loin. » Et il l'envoya bientôt après avec le grade de général de brigade à l'armée de Houchard, avec la mission de défendre Dunkerque qu'assiégeaient les Anglais; Hoche pénétra dans la ville et dirigea une sortie écrasante, qui aurait amené la perte de toute l'armée ennemie si Houchard avait su profiter de ses avantages.

Hoche.

De Dunkerque, Hoche fut envoyé à l'armée de la Moselle : le nouveau général en chef de vingt-cinq ans frappa immédiatement l'esprit du soldat : « J'ai vu le nouveau général, écrivait un de ses officiers. Son regard est celui de l'aigle, fier et vaste. Il est fort comme le peuple et jeune comme la Révolution. » L'Alsace était envahie par les Autrichiens, contre lesquels l'armée du Rhin, commandée par Pichegru, se défendait avec peine : l'armée de la Moselle avait devant elle les Prussiens qui bloquaient Landau et menaçaient la frontière du nord-est.

1. Voir la vie de Carnot, Lecture XLIV, page 217.

Hoche marche sur Landau aux cris de « Landau ou la mort! » En plein décembre, l'armée va sans bagages, sans tentes pour passer les nuits. Repoussé plusieurs fois, Hoche revient à la charge et emporte enfin Landau. Les Prussiens reculent, et l'armée de la Moselle fait sa jonction avec l'armée du Rhin; Hoche prend le commandement des deux armées réunies et déloge les Autrichiens des lignes de Wissembourg en cinq jours de combat : il les rejette au delà du Rhin et l'Alsace est rendue à la France.

Hoche faillit expier ses victoires sur l'échafaud. Les représentants du peuple, en mission à l'armée de la Moselle, Baudot et Lacoste, avaient réuni le commandement des deux armées dans les mains de Hoche, contre l'avis de Saint-Just qui voulait le donner à Pichegru. Saint-Just était représentant en mission à l'armée du Rhin, où il avait déployé une énergie admirable : mais il connaissait peu les hommes, il ne savait pas que les patriotes les plus sincères ne sont pas ceux qui crient le plus fort, et il avait plus de confiance en Pichegru[1], qui protestait à toute occasion de son zèle républicain et se donnait pour un jacobin exalté, qu'en Hoche qui se contentait d'agir en républicain[2]. Saint-Just, dans son rapport à la Convention, attribua tout le mérite de la campagne à Pichegru, qui disait être entré le premier à Landau. Hoche, indigné, proteste contre ce rapport et vient à Paris confondre le mensonge. Saint-Just, craignant un soulèvement de l'armée s'il le fait arrêter, le déplace, le fait nommer à l'armée des Alpes, et à peine arrivé, il est

1. Pichegru, né en 1761, mort en 1804; il fut d'abord séminariste, puis professeur de mathématiques, enfin soldat. C'était un général habile, mais sans feu. Jacobin en 1793, il complota plus tard pour le rétablissement de la royauté : il se tua en prison.

2. La devise de Hoche était : « Des actes, non des paroles ».

arrêté, envoyé à Paris et emprisonné. La chute de Robespierre et de Saint-Just[1] sauva seule Hoche de l'échafaud.

Au sortir de prison, il fut envoyé en Vendée : il eut la gloire de la pacifier. Ce fut là peut-être son plus beau titre de gloire, car il déploya là, non seulement les talents du général, mais les vertus du citoyen et du républicain. Pour étouffer l'insurrection sur tous les points à la fois, il occupa toute l'étendue du territoire révolté, c'est-à-dire cent cinquante lieues de côtes, en fractionnant ses troupes en un nombre infini de petits corps, qu'il établit dans des camps retranchés. Mais pour couper la révolte dans sa racine, en même temps qu'il prouvait aux insurgés que la République avait la force[2], il leur montrait qu'elle avait le droit en leur enseignant pourquoi l'on avait fait la Révolution, et quels bienfaits elle leur apportait à eux-mêmes, puisqu'elle venait les affranchir de la corvée et de la dime et faisait de tous les Français des citoyens et des égaux. Il les traitait, non plus en brigands, comme on l'avait fait auparavant, mais en frères égarés, et les paysans, honteux et en larmes, se disaient : « C'est contre nos meilleurs amis que nous avons pris les armes, c'est la main qui nous guérissait que nous avons mordue. » La Vendée, dès ce jour, fut plus que reconquise, elle fut réconciliée : Hoche avait montré par un exemple éclatant la vérité du mot de Camille Desmoulins : « la clémence est la vertu révolutionnaire par excellence[3]. »

Envoyé en 1797 à l'armée de Sambre-et-Meuse, il passe le Rhin, et en quatre jours gagne deux batailles, trois combats, et avance de trente-cinq lieues; il mettait ainsi

1. Au 9 thermidor où Saint-Just succomba avec Robespierre.

2. A l'affaire de la descente de Quiberon : un corps de cinq mille émigrés, débarqué dans la presqu'île de Quiberon le 15 juillet 1795, y fut écrasé le 26 juillet.

3. Voir plus haut, page 192.

en action un de ses principes : « la réflexion doit préparer et la foudre doit exécuter. » Il pénètre au cœur de l'Allemagne et est près d'envelopper une armée autrichienne, quand il est arrêté par les préliminaires de Léoben que venait de signer Bonaparte victorieux en Italie (avril 1797). Quelques mois plus tard, il mourait d'un mal étrange dans son camp de Wetzlar, le 15 septembre 1797. L'opinion générale fut qu'il était empoisonné. Il avait vingt-neuf ans.

La France fit à Hoche de splendides funérailles ; une cérémonie funèbre fut célébrée en son honneur dans toutes les armées, dans toutes les places fortes, dans tous les chefs-lieux de canton. Son corps, tranporté de Wetzlar à Coblentz, reçut au passage les hommages de toute l'Allemagne : on déposa ses restes à Coblentz, dans le fort où reposaient déjà ceux de son émule de gloire, le jeune Marceau[1]. Son armée lui érigea un cénotaphe[2] près d'Andernach, sur le Rhin, à l'endroit où, le 18 avril 1797, il avait jeté un pont sur le fleuve sous le feu de l'ennemi : le monument porte ces simples mots qui disent tout : « L'armée de Sambre-et-Meuse à son général en chef, HOCHE. » Le Directoire lui fit à Paris des obsèques splendides au Champ de Mars : son vieux père conduisait le deuil ; le poète Joseph Chénier, l'auteur du *Chant du Départ*, avait composé en son honneur un hymne chanté par des chœurs. Voici le chœur chanté par les vieillards :

Aspirez à ses destinées,
Guerriers, défenseurs de nos lois!
Tous ses jours furent des années,

1. Voir page 207.

2. *Cénotaphe* est un mot dérivé du grec et qui signifie *tombeau vide;* c'est un monument élevé en souvenir d'un mort dont les restes ne sont pas là.

Tous ses faits furent des exploits.
La mort qui frappa sa jeunesse
Respectera son souvenir :
S'il n'atteignit point la vieillesse,
Il sera vieux dans l'avenir.

Le citoyen en Hoche valait l'homme de guerre, et c'est pour cela qu'il est devenu le modèle du soldat dans une République. « Je vaincrai les ennemis de la République, disait-il, et quand j'aurai sauvé la patrie, je briserai mon épée. » Il ne comprenait la force qu'au service de la loi. La statue qui lui a été élevée à Versailles porte ces mots : « Mort trop tôt pour la France. S'il eût vécu, sa gloire toujours croissante n'eût rien coûté à la liberté de la patrie[1]. » Sa mort fut un malheur national, car elle supprima devant Bonaparte un obstacle infranchissable, qui l'eût arrêté dans son usurpation. Bonaparte lui-même le sentit et fit cet aveu : « Si Hoche avait vécu, je l'aurais brisé ou je me serais rangé de moi-même. » C'est le plus bel éloge qui ait jamais été fait de Hoche.

Kléber.

Parmi tant de vaillants enfants que l'Alsace a donnés à la France, KLÉBER fut l'un des plus vaillants et des plus nobles.

Né à Strasbourg, le 9 mars 1753, il avait trente-six ans quand éclata la Révolution. Il avait commencé par étudier l'architecture ; puis, il avait servi en Autriche,

1. La face du piédestal porte ces mots :
LAZARE HOCHE, NÉ A VERSAILLES LE 24 JUIN 1768
SOLDAT A 16 ANS,
GÉNÉRAL EN CHEF A 25,
MORT A 29,
PACIFICATEUR DE LA VENDÉE.

sous les ordres de généraux qu'il devait battre plus tard. Bientôt, las du métier militaire, il rentra en France, et vécut à Béfort de son état d'architecte jusqu'en 1789. En 1792, il fut élu commandant d'un bataillon de volontaires alsaciens; quelques mois plus tard il était colonel et dirigeait, contre le roi de Prusse, l'héroïque défense de Mayence avec Aubert Dubayet, Meunier et Beaupuy et les représentants du peuple Rewbell[1] et Merlin de Thionville[2]. Ce siège fut célèbre dans les annales de la Révolution : 22,000 hommes tinrent tête quatre mois entiers à toutes les forces de l'Allemagne, à la famine, à la maladie, et à toutes les fausses nouvelles que les Prussiens faisaient circuler dans la ville[3]. Kléber vécut là quatre mois sous une voûte de feu, assistant à toutes les sorties, résistant à toutes les attaques, sans savoir si

1. Rewbell était Alsacien comme Kléber. Il resta républicain jusqu'au bout. Bonaparte, encore simple général, essayait de le séduire, et, comme il n'y réussissait pas, lui dit un jour. « Vous ne m'aimez pas, Rewbell. — Non, répondit Rewbell, parce que je crois que vous aspirez à la tyrannie. »

2. Merlin était né en 1762, à Thionville, que les Allemands appellent à présent Diedenhofen. Il fut l'un des plus braves représentants du peuple en mission aux armées; quand les Prussiens apercevaient dans la fumée son panache tricolore, ils disaient : « Voilà le démon de flamme » et s'attendaient à quelque sortie furieuse. Il se retira à la chute de la République et ne reparut qu'en 1814 au moment de l'invasion : il reprit alors le fusil et organisa à ses frais un régiment de francs-tireurs.

3. Les Prussiens annonçaient aux assiégés que la République était renversée. Ils allèrent jusqu'à imprimer un faux journal officiel qui annonçait ces nouvelles, et qu'ils envoyaient à Mayence comme venant de Paris. Les assiégés reconnurent le faux au mauvais français de ces journaux.

Les Prussiens employèrent des moyens analogues au siège de Béfort, en 1870, sans plus de succès. Ils avaient formé des compagnies spéciales, composées en entier de soldats qui parlaient français et qui, dans les rencontres, répondaient aux sommations des nôtres en criant : Français! On les reconnaissait à leur mauvais accent et on leur répondait à coups de fusil.

la France existait encore. La garnison, réduite d'un quart, sortit avec tous les honneurs de la guerre, et défila devant l'armée prussienne, avec armes et bagages, aux accents menaçants de la *Marseillaise*. En tête marchait Kléber, accompagné de Merlin, qui salua l'état-major prussien en disant : « A bientôt, messieurs! » Et, en effet, quatre ans plus tard, une nouvelle armée républicaine rentrait à Mayence.

Les Mayençais, — c'est ainsi qu'on appelait la garnison française qui venait de défendre Mayence, — s'étaient engagés à ne pas combattre d'une année contre la coalition. La Convention les envoya écraser l'insurrection vendéenne. Kléber, comme Marceau, se distingua dans cette horrible guerre civile par son humanité autant que par sa bravoure. Il n'oublia jamais, comme d'autres l'avaient fait trop souvent, que les Vendéens étaient des Français.

D'une taille élevée, le regard étincelant, le corps robuste, Kléber fascinait le soldat dans la bataille. Bonaparte, qui l'aimait peu, le sachant républicain ardent, disait : « Personne n'est beau comme Kléber un jour de combat. » Le plus timide devenait brave à le regarder. Il savait inspirer les dévouements et les sacrifices les plus sublimes : à la bataille de Torfou, il est attaqué avec deux mille cinq cents hommes par vingt-cinq mille Vendéens : il bat en retraite, passe un pont, et poste à la tête de ce pont le capitaine alsacien Schwerdein, en lui disant : « Tu te feras tuer ici pour arrêter l'ennemi. » Le capitaine obéit à la lettre : il périt avec tous ses hommes jusqu'au dernier, et l'armée fut sauvée.

Bonaparte avait entraîné Kléber avec lui en Égypte : quand il vit la conquête compromise, il déserta son poste sans ordre et retourna en France pour faire le coup d'État du 18 brumaire. En partant, il avertit par lettre

Kléber qu'il lui laissait le commandement. Kléber, convaincu de l'impossibilité de la résistance, avait signé avec le général anglais Sidney Smith une convention honorable, en vertu de laquelle l'armée française évacuerait l'Égypte et serait transportée en Europe sur les vaisseaux anglais. Il apprend subitement que Smith a été désavoué par l'Angleterre, et il reçoit de son successeur, lord Keith, une lettre déclarant que l'Angleterre refuse toute convention et que l'armée française doit se rendre prisonnière de guerre et livrer tout son matériel. En même temps la flotte anglaise débarquait en Égypte une armée turque de 80,000 hommes. Il fallait se rendre ou périr. Kléber, qui préparait tout pour le retour, prépare tout aussitôt pour le combat, et pour avertir le soldat de son devoir, met à l'ordre du jour la lettre du général anglais qu'il fait suivre de ces simples mots :

« Soldats !

« On ne répond à de telles insolences que par des victoires : préparez-vous. »

Il marche au-devant des Turcs, les rencontre à Héliopolis et dit le matin à ses soldats : « Mes amis, vous ne possédez plus en Égypte que le terrain sous vos pieds ; si vous reculez d'un pas, vous êtes perdus. » La bataille d'Héliopolis[1] fut une victoire splendide, et le soir la domination française était plus solidement affermie en Égypte qu'elle ne l'avait jamais été. Malheureusement, quelques semaines plus tard, Kléber périt sous le poignard d'un fanatique (14 juin 1800), et, avec Kléber, la France perdit l'Égypte.

Kléber fut enseveli le 17 juin 1800 au Caire, au bruit du canon et de la mousqueterie. Un membre de l'Insti-

1. Le 20 mars 1800.

tut, le savant Fourier, prononça son éloge funèbre du haut d'un bastion qui dominait l'armée rangée en bataille, et l'on déposa son corps dans un fossé creusé dans le bastion.

Un an plus tard, à l'évacuation de l'Égypte, le général Belliard ramena le corps à Marseille, où il fut déposé au château d'If. Mais Strasbourg réclama les cendres de son illustre enfant, et elles y rentrèrent en grande pompe en 1818. En 1840, on lui éleva à Strasbourg, sur la place d'Armes, une statue en bronze. Il est debout, il vient de recevoir la lettre de lord Keith; il la serre fiévreusement dans la main, et l'on croit voir l'héroïque Alsacien, sa haute taille rejetée en arrière, lancer le défi, et annoncer à l'ennemi, au nom de la France, le châtiment qui l'attend.

XLIV. — Carnot.

Lazare CARNOT naquit en 1753, en Bourgogne, dans la petite ville de Nolay (Côte-d'Or). Son père, qui avait une grande famille, — dix-huit enfants, — le destinait à l'état ecclésiastique : mais les goûts de l'enfant ne le portaient pas de ce côté. Un jour, sa mère, pour le récompenser de s'être bien conduit, le conduisit au spectacle où l'on jouait une pièce militaire : Lazare suivait la pièce avec intérêt; tout à coup, il se lève avec animation, interpelle l'acteur qui représentait le général français, et lui adresse des reproches énergiques; il lui montre par ses cris et ses gestes que son artillerie est mal placée, que ses canonniers sont exposés au feu de l'ennemi, et lui montre du doigt un rocher derrière lequel il doit abriter ses batteries. L'enfant de dix ans venait de révéler qu'il serait un des premiers hommes de guerre du siècle.

En 1771, Carnot entra à dix-huit ans à l'école du génie et en sortit en 1773 avec le titre de lieutenant du génie.

Il se distingua par un grand nombre de découvertes scientifiques qui le plaçaient au premier rang des savants français; mais, malgré son mérite reconnu, il ne put arriver aux grades supérieurs, parce qu'il n'était ni noble ni courtisan. Il eut même l'honneur d'être envoyé sans jugement à la Bastille, pour avoir émis sur l'art du génie des idées nouvelles qui blessaient ses supérieurs. En 1789, il n'était que capitaine du génie, à l'ancienneté.

En 1791, il fut envoyé par le département du Pas-de-Calais à l'Assemblée législative. Il ne prit point part aux luttes de parti, il ne fut ni Girondin ni Montagnard : il était simplement républicain et Français. En 1793, quand les dangers croissants de la situation forcèrent la Convention de concentrer tous les pouvoirs aux mains du fameux *Comité de salut public*, il fut un des neuf membres qui le composaient, et ses collègues le chargèrent de toutes les affaires militaires.

La situation était désespérée. La trahison de Dumouriez avait ouvert à l'ennemi la frontière française; la France était envahie au nord et à l'est par les Anglais, les Autrichiens et les Prussiens; les Piémontais avaient franchi les Alpes, et les Espagnols les Pyrénées; les royalistes avaient livré Toulon aux Anglais; Lyon, la Vendée et la Bretagne étaient en armes. L'armée était désorganisée; la trahison de Dumouriez avait ébranlé toute confiance; les soldats se défiaient de leurs chefs, et, à chaque échec, criaient à la trahison. Un miracle seul pouvait sauver la France : l'énergie de la Convention, le génie de Carnot et le patriotisme de nos soldats firent ce miracle. La Convention leva quatorze armées de cent mille hommes chacune : Carnot les organisait; il choisissait les chefs, allant chercher les généraux de ses nouvelles armées dans les rangs les plus obscurs, devinant à un mot, à un regard d'un simple sergent le vainqueur des batailles du lendemain. Du fond de son cabinet à Paris, il faisait les plans des campagnes, indiquant les marches à suivre, les lieux où il fallait livrer bataille, la place où il fallait vaincre. Il avait inventé une méthode nouvelle de combattre, celle que plus tard appliqua Napoléon : c'était de marcher par grandes masses, de tomber avec toutes ses forces réunies sur les forces dispersées de l'ennemi et de l'écraser en détail. Il donna lui-même l'exemple de sa méthode à un moment décisif, à la bataille de Wattignies.

C'était l'instant le plus critique de l'année terrible : le prince de Cobourg avec 100,000 hommes bloquait Maubeuge : Maubeuge une fois pris, rien n'arrêtait plus les Autrichiens sur la route de Paris. Cobourg était retranché dans le village de Wattignies et occupait une position formidable, bordée de deux rivières et de gorges étroites. Il y avait à Guise une armée française de 45,000 hommes, commandée par un capitaine d'infanterie, Jourdan, que Carnot avait nommé malgré lui général : le général en chef, Houchard, venait d'être condamné à mort pour n'avoir vaincu qu'à moitié [1]. Carnot écrit à Jourdan de marcher sur Maubeuge et de livrer bataille ; Jourdan hésitait : Carnot quitte Paris, accourt, et lui ordonne, au nom de la Convention, de marcher sur Wattignies. Le prince de Cobourg, voyant les bataillons français s'ébranler, jeta un coup d'œil satisfait sur ses positions et dit à son état-major : « Les républicains sont braves : mais, s'ils me délogent d'ici, je consens à me faire républicain. » L'on se battit toute la journée, le 15 octobre ; les premiers retranchements sont emportés à la baïonnette, et pendant quatre heures on avance sur la gauche : mais l'aile

1. Il venait de battre les Anglais à Hondschoote et les avait forcés à lever le siège de Dunkerque, mais il n'avait pas profité de sa victoire et avait laissé échapper l'ennemi qu'il pouvait anéantir.

droite de notre armée est décimée et laisse une partie de ses canons aux mains de l'ennemi. L'on tint conseil le soir : « Il faut renforcer l'aile droite », disaient les vieux officiers. — Non! s'écrie Carnot, le front illuminé de génie ; il faut la dégarnir ; qu'importe par quel côté nous remportons la victoire? » Carnot prend vingt mille hommes de la droite et du centre, qu'il laisse dégarnis et réduits à une ligne mince, sûre d'être battue, et il les reporte à gauche : le lendemain matin, trois colonnes françaises gravissent les hauteurs de Wattignies : une des colonnes, dont le chef a mal suivi les instructions de Carnot, est repoussée et recule en désordre : Carnot rallie les soldats, destitue solennellement, à la face de l'armée, le général qui a désobéi, s'empare d'un fusil de grenadier, et marche, à la tête de la colonne vaincue, dans son costume de représentant du peuple. Wattignies est emporté, Maubeuge délivré, la France évacuée et la guerre reportée hors des frontières.

Quand Carnot eut fait toutes ces choses et que le danger fut passé, on voulut l'envoyer à l'échafaud. Deux fois il fut menacé, d'abord par Robespierre, puis par ceux qui avaient renversé Robespierre. Robespierre avait abattu tous ceux qui étaient plus grands que lui, les Girondins et Danton ; le génie et le grand cœur de Carnot lui faisaient ombrage. Carnot avait protesté contre la proscription des Girondins ; il refusait de s'occuper des affaires intérieures, parce qu'il ne voulait pas s'associer à la politique de sang de Robespierre et des Jacobins ; il voulait bien, comme eux, la Terreur ; mais il y avait cette différence, qu'ils voulaient la Terreur à l'intérieur, contre les Français, et par la main du bourreau ; et que lui voulait la Terreur, mais à l'étranger, contre l'ennemi, sur les champs de bataille de l'Europe ; il voulait la Terreur glorieuse inspirée par la République française aux vieilles monarchies coalisées. Tant que la frontière fut menacée, Robespierre se contenta d'insinuations calomnieuses; quand les dangers extérieurs furent conjurés et qu'il sentit la situation au niveau de son courage et de son talent, il se disposa à frapper Carnot[1] : la révolution du 9 thermidor, qui mit fin à la Terreur en renversant Robespierre, sauva Carnot. Mais alors les ennemis de la République, qui commençaient à reprendre courage, et qui poussaient contre les vrais amis de la liberté la réaction commencée contre la tyrannie jacobine, résolurent de frapper en Carnot le plus pur et le plus glorieux défenseur de la République. Ils commencèrent par faire mettre en accusation ceux des membres du Comité de salut public qui avaient trempé dans la Terreur : Carnot prit généreusement la défense de collègues qu'il n'estimait point tous, et couvrant le Comité tout entier de son éloquence et de sa vertu, il s'écria : « Je ne sais qu'une chose, c'est que quand ils sont entrés au Comité de salut public, la France était aux abois, et qu'elle était sauvée quand ils en sont sortis. » Il ne put sauver ses collègues ; bientôt (le 9 prairial) on mit en accusation deux des plus illustres patriotes du Comité, Robert Lindet, qui avait organisé l'intendance, et Jean-Bon Saint-André qui avait créé la marine républicaine : puis une voix s'éleva pour demander qu'on joignît à ces noms sur la liste de proscription le nom de Carnot. Une émotion immense s'empara de la Convention et un silence plein d'anxiété s'établit sur tous les bancs : tout à coup, une voix indignée s'écrie : « Oserez-vous porter la main sur celui qui a organisé la

1. Il voulait en même temps que Carnot proscrire Cambon. CAMBON (né en 1754, mort en exil en 1820) est le plus grand financier que la France ait eu : il fit pour les finances ce que Carnot fit pour la guerre. Il trouva des ressources quand le trésor était vide, organisa la dette publique, fit honneur à tous les enga-

victoire[1] ? » Des acclamations enthousiastes s'élèvent de tout côté, l'on passe à l'ordre du jour, Carnot est sauvé, et du même coup il est récompensé par le titre immortel qui lui restera devant la postérité et devant l'histoire : *l'organisateur de la victoire.*

Un fait qui donne une idée de l'intégrité incomparable de ce grand citoyen, c'est que cet homme, qui avait dirigé quatorze armées et fait des centaines de généraux, entré aux affaires avec le grade de capitaine à l'ancienneté, se retirait avec le grade de commandant, à l'ancienneté. Mais les haines implacables que sa probité même et son génie avaient soulevées contre lui chez les hommes médiocres et chez les intrigants de tous les partis, n'étaient pas apaisées. En 1797, l'austère et ardent républicain qui avait sauvé la République fut proscrit comme royaliste par Barras[2], et dut fuir le pays qu'il avait sauvé. Il se réfugia à Nyon, en Suisse, et illuminait quand il apprenait une victoire française. Il revint en France sous le consulat, accepta le ministère de la guerre à l'invasion de 1800, mais donna sa démission aussitôt

gements légués par la monarchie, et par là fonda le crédit inébranlable de la France contemporaine. C'est à cause de Cambon que l'honnêteté financière de la France est devenue proverbiale en Europe, et cette confiance, comme nous l'avons vu dans les années de détresse qui ont suivi la guerre de 1870, est un trésor qui, aux heures de besoin, donne des produits plus riches que ne le feraient des mines d'or et de diamant.

1. On ne connaît pas le nom du Conventionnel qui poussa ce beau cri, qui était comme le cri de la France : selon les uns, c'est le Montagnard Bourdon de l'Oise ; selon d'autres, le Girondin Lanjuinais.

2. Le comte de Barras, étant criblé de dettes en 1789, se jeta avec fureur dans la Révolution, fut terroriste en 93, inonda Toulon de sang après la prise de la ville, et se retourna contre Robespierre au 9 thermidor; membre du Directoire au 18 brumaire, il se vendit à Bonaparte pour une pension de vingt-cinq mille francs par an.

qu'elle eut été repoussée. Il vota contre le consulat à vie, puis contre l'empire, et rentra dans la retraite, dont il ne sortit que quand commencèrent les revers de Napoléon et que la France fut menacée : il avait alors soixante ans. Napoléon accepta ses services et le nomma gouverneur d'Anvers, qui était assiégé par les Anglais. Il se rendit à son poste, le 2 février 1814, à travers le camp ennemi : en quatre jours, il mit Anvers en état de défense, et ne le rendit aux alliés qu'après la chute de Napoléon et sur les ordres réitérés du nouveau gouvernement (avril 1814). Il avait, dans les deux mois qu'il gouverna Anvers, inspiré une telle affection aux habitants, qu'au moment où il les quitta, ils le prièrent de leur envoyer un portrait de lui qui serait déposé en souvenir éternel dans l'église de Saint-Willibrod. Il revint au ministère, aux Cent jours; mais les Bourbons, rétablis après Waterloo, le renvoyèrent en exil. L'empereur de Russie et le roi de Prusse se disputèrent l'honneur d'offrir l'hospitalité à l'indomptable républicain qui avait signé l'arrêt de mort de Louis XVI et qui les avait fait trembler sur leur trône. Il se réfugia en Pologne, où il vécut quelque temps entouré du respect et de l'admiration de tout un peuple. Il erra quelques années encore en Europe et mourut enfin à Magdebourg, le 2 août 1823. C'est là qu'il repose, exilé sur la terre prussienne : la pierre de sa tombe porte ce seul mot : CARNOT.

XLV. — Le Vengeur.

La République n'avait point de marine; tous les officiers étaient nobles et avaient émigré ; il fallut en improviser une : ce fut l'œuvre du conventionnel Jean-Bon Saint-André, ancien pasteur protestant. Les équipages étaient formés de paysans réquisitionnés à la hâte : l'état-major était recruté parmi les capitaines du commerce, les officiers auxiliaires et les simples matelots.

La France étant menacée de la famine pour l'année 1794, le gouvernement avait fait acheter des grains en Amérique. Mais une flotte anglaise de trente-huit voiles guettait le convoi : la Convention envoya une flotte française de trente-six vaisseaux, commandée par l'amiral Villaret-Joyeuse, pour assurer l'entrée du convoi à Brest. Les deux flottes se rencontrèrent le 13 prairial an II (1er juin 1793). La *Montagne*, montée par l'amiral et par Jean-Bon Saint-André, entourée de six vaisseaux, leur tint tête victorieusement : « elle soutint son nom, dit le rapport de l'amiral, et jamais volcan n'avait vomi un pareil torrent de feu. » Après six heures d'une lutte sans exemple, une demi-douzaine de vaisseaux étaient hors de combat des deux parts; mais l'amiral français ne songea pas à remorquer ses vaisseaux désemparés, qui furent pris par les Anglais. Néanmoins, le résultat que se proposait la Convention était atteint : car le convoi passa et la France fut sauvée de la famine.

Un vaisseau fut coulé : il s'appelait le VENGEUR. Il était commandé par le capitaine François RENAUDIN[1]. Il avait à lui seul, en soutenant le feu de dix vaisseaux, empêché l'amiral anglais de couper la ligne française. Plus tard, pendant qu'il se défendait contre deux vaisseaux, un troisième, le *Brunswick*, l'accrocha avec son ancre, et les deux navires commencèrent à bout portant un combat qui ne pouvait se dénouer que par la destruction de l'un des deux. L'équipage du *Brunswick*, fusillé par celui du *Vengeur*, fut bientôt presque tout entier hors de combat : le feu prend au vaisseau, et plusieurs marins du *Vengeur* passent pour l'éteindre sur le *Brunswick* qu'ils considèrent

1. Né en 1750, mort en 1809.

déjà comme français, quand deux nouveaux ennemis fondent sur Renaudin : la lutte recommence et le *Vengeur* en sort encore victorieux : les deux anglais se retirent.

Mais le *Vengeur* sortait en lambeaux de sa victoire ; tous ses mâts étaient abattus, le tiers de l'équipage était mort, il n'y avait pas un décimètre carré dans la quille où il n'y eût un trou de boulet, les soutes étaient inondées, l'eau montait de toutes parts. L'eau monte, elle gagne l'entrepont ; les pompes sont impuissantes. On jette les canons à la mer : l'eau monte toujours ; le vaisseau va s'enfoncer, les Français sont trop loin pour le secourir. Les Anglais voient le vaisseau qui descend lentement dans le gouffre : ils envoient des embarcations qui recueillent quelques-uns des naufragés. Mais il reste deux cent dix hommes sur le pont : ils sentent le vaisseau qui s'enfonce, et la mort qui monte ; alors, sûrs de périr, ils jettent, au moment où la vague bondit sur le pont, un cri immense de *Vive la nation! Vive la République!*

C'est ainsi que disparurent les héros du *Vengeur*, immortels par leur héroïsme dans la lutte et par leur dernière pensée dans la mort. La Convention, ne pouvant leur décerner à tous les honneurs du Panthéon, décréta qu'un modèle en bois du *Vengeur* serait suspendu à la voûte du temple national, et un poète, nommé Lebrun[1], célébra avec éloquence ce qu'il appela « le naufrage victorieux du *Vengeur* » :

> Sous le flot qui les couvre, entendez-vous encore
> Ce cri : Vive la liberté!
>
> Ce cri!... c'est en vain qu'il expire,
> Étouffé par la mort et par les flots jaloux.
> Sans cesse il revivra, répété par ma lyre.
> Siècles! il planera sur vous!

1. Écouchard Lebrun, né en 1729, mort en 1807.

Et vous, héros de Salamine[1]
Dont Thétis[2] vante encore les exploits glorieux,
Non! vous n'égalez point cette auguste ruine,
Ce naufrage victorieux.

XLVI. — Les Enfants de la République.

Le dernier couplet de la Marseillaise est chanté par un chœur d'enfants qui s'écrie :

Nous entrerons dans la carrière,
Quand nos aînés n'y seront plus :
Nous y trouverons leur poussière
Et la trace de leurs vertus.
Bien moins jaloux de leur survivre
Que de partager leur cercueil,
Nous aurons le sublime orgueil
De les venger ou de les suivre.
Aux armes, citoyens! Formez vos bataillons!...

Il y eut des enfants qui n'attendirent pas pour entrer dans la carrière que leurs aînés en fussent sortis. Tels furent Viala et Bara.

I. — VIALA

En juillet 1793, les royalistes du midi, soulevés contre la Convention, s'étaient rendus maîtres de la rive gauche de la Durance, et se disposaient à la franchir pour marcher sur Avignon, qui est sur la rive droite. Les patriotes, inférieurs en nombre, car ils étaient huit cents contre quatre mille, ne purent les empêcher de s'emparer des pontons qui servaient à passer la rivière. Il n'y avait qu'un moyen d'empêcher le passage, c'était de couper

1. La bataille de Salamine est une victoire célèbre, remportée il y a environ deux mille trois cents ans par la petite république grecque sur toutes les forces de l'empire de la Perse.
2. Thétis était la déesse de la mer.

les câbles des pontons, qui auraient été ainsi emportés par le courant. Mais pour couper les câbles, il fallait s'avancer sous un feu terrible et courir à une mort certaine. Le capitaine demande un homme de bonne volonté; un enfant de treize ans se présente : il se nommait Agricole Viala et commandait une petite garde nationale d'enfants appelée l'*Espérance de la patrie*. Le capitaine repousse l'offre de l'enfant; mais, sans mot dire, Viala s'échappe, prend une hache et s'élance vers le poteau où le câble était fixé. Avec son léger mousquet, il fait feu quatre fois sur les insurgés; puis, arrivé au poteau, il jette son fusil et attaque le câble à coups de hache. Les balles pleuvent autour de lui et il s'affaisse blessé à mort, avant d'avoir pu couper le câble : « Ils ne m'ont pas manqué, dit l'enfant en mourant, mais cela m'est égal, je meurs pour la liberté. »

Par un décret du 18 floréal an II (10 mai 1794), la Convention décerna à Viala les honneurs du Panthéon. Son père et sa mère écrivirent à la Convention : « Il nous reste quatre enfants, pour qui votre décret du 18 floréal devient l'engagement sacré d'imiter leur frère. Nous donnerions notre vie pour préserver celle de nos enfants; mais la patrie est là : veut-elle de nouveaux sacrifices? Périssent nos enfants, et vive la République! »

II. — JOSEPH BARA

Joseph Bara était né à Falaise en 1780; il appartenait à une famille nombreuse et pauvre qui était venue s'établir à Palaiseau, près de Sceaux. En 1793, il voulut s'enrôler dans un régiment de hussards qui partait pour la Vendée; mais il n'avait que treize ans, et l'on n'admettait pas de volontaire au-dessous de seize ans; néanmoins le capitaine, frappé de sa décision, le prit à son service personnel, et le petit aide de camp de treize ans se battit comme un homme ; à la bataille de Cholet (17 octobre 1793), il fit prisonniers de sa main deux Vendéens. Il était aussi dévoué à sa mère qu'à sa patrie, et il lui envoyait tout le produit de sa solde.

Un jour, conduisant deux chevaux à l'abreuvoir, il est surpris par un parti de Vendéens qui veulent s'emparer des chevaux ; mais, comme ils appartiennent à la République, le petit soldat tire son sabre et défend jusqu'à la mort le dépôt qui lui est confié. On raconte que les Vendéens, touchés de sa jeunesse et de son courage, lui offraient la vie sauve s'il voulait crier *Vive le roi* ! L'enfant, se redressant de toute sa taille, cria fièrement *Vive la République* ! et tomba percé de coups, en serrant contre le cœur sa cocarde tricolore.

La Convention décréta qu'un buste du glorieux enfant serait placé au Panthéon, et qu'une gravure en l'honneur de Bara [1], accompagnée du récit de son héroïsme, serait envoyée dans toutes les écoles primaires de France. Pour remplacer Bara auprès de sa mère, la Convention déclara que la patrie l'adoptait pour sa fille et lui fit une pension de mille francs.

Le 10 prairial an II (2 juin 1794), une députation de la commune de Sceaux, accompagnée de la mère, de la sœur et des frères de Bara, et de quelques-uns des Avignonais qui avaient vu mourir Viala, vint présenter à la Convention le buste des deux enfants. L'Assemblée demanda que la mère de Bara fût placée à

1. *Explication de la gravure :* Barra, mort, presse la cocarde républicaine contre son cœur : le représentant du peuple en mission salue le jeune martyr et le montre aux soldats en exemple : la République dépose sur son front la couronne de gloire et d'immortalité. Sa tombe porte le mot *Patrie*.

Bara.

côté du président : elle s'avança en pleurs vers le fauteuil et le président l'embrassa au nom de la Patrie.

Enfin, le poète Joseph Chénier, composant en 1794 le *Chant du départ*, qui célèbre les victoires de la République, mit dans la bouche d'un chœur d'enfants les paroles suivantes :

De Barra, de Viala, le sort nous fait envie ;
Ils sont morts, mais ils ont vaincu ;
Le lâche accablé d'ans n'a pas connu la vie :
Qui meurt pour le peuple a vécu.

En 1881, le conseil municipal de Palaiseau vota l'érection d'une statue de Bara ; elle doit s'élever sur une hauteur, en avant d'un fort qu'on bâtit là et qui est la défense la plus avancée de Paris. Si jamais l'ennemi revient dans nos foyers, la statue de cet enfant sera là pour dire aux enfants : « Soyez des hommes ! » et pour dire aux hommes : « Soyez aussi braves, aussi nobles et aussi dédaigneux de la mort que le fut le petit soldat de l'an II ! »

XLVII. — Les Vieillards de la République.

Si les enfants étaient des hommes, les vieillards redevenaient des jeunes gens.

I. — LA TOUR D'AUVERGNE

Le comte de La Tour d'Auvergne était né à Carhaix, dans le Finistère, le 23 novembre 1743 : il appartenait à la famille de Turenne. Il était soldat et philosophe. Quand les Américains se révoltèrent contre l'Angleterre, il s'engagea comme simple volontaire, quoiqu'il eût le grade de capitaine dans l'armée régulière, afin d'avoir le bonheur et l'honneur de contribuer au succès d'une cause juste.

Deux actes d'héroïsme l'illustrèrent au siège de Mahon[1] : une fois il incendia un vaisseau anglais sous le feu des batteries anglaises de Mahon; une autre fois, ayant vu un de ses camarades tomber blessé sur un glacis, il alla seul le chercher sous le feu de l'ennemi et le rapporta sur le dos aux avant-postes. Le roi d'Espagne lui offrit une pension de 3,000 francs qu'il refusa, et le titre de général en chef des volontaires, qu'il refusa également. La paix signée, il rentra à son régiment et il occupait ses loisirs à étudier la langue des vieux Gaulois, nos ancêtres.

A la Révolution, tous les officiers de son régiment émigrèrent : son colonel et ses collègues voulaient l'entraîner avec eux; il répondit : « Quand toute l'armée émigrerait, je resterais en France. » En 1792, à la conquête de la Savoie, il entra le premier à Chambéry, à la tête de sa compagnie. En 1793, à l'armée des Pyrénées, les généraux l'appelaient au conseil, quoiqu'il fût toujours simple capitaine. Comme il refusait tout grade supérieur, on réunit en un seul corps tous les grenadiers de l'armée, au nombre de 8,000, et on le mit à leur tête ; il exerçait donc en fait les fonctions de général, mais il n'en accepta ni le titre, ni le traitement, ni les honneurs. Sa colonne fut bientôt la terreur des Espagnols, et elle est restée célèbre sous le nom de *colonne infernale.* Il la guidait à travers le feu avec une hardiesse et un calme que la fortune couronnait toujours. Il eut vingt fois son chapeau percé de balles, sans recevoir aucune atteinte : il semblait invulnérable et ses soldats croyaient qu'il charmait les balles. Il enleva vingt-sept redoutes formidables par la seule terreur de son nom. Ayant résolu d'empor-

1. En Espagne: l'Espagne était alliée à la France et à l'Amérique contre l'Angleterre.

ter le fort de Saint-Sébastien qui est dans la mer, bien qu'il n'eût ni flotte ni artillerie, il se jette sur une barque, aborde au fort et somme le commandant de se rendre sous peine d'être bombardé sur-le-champ. Le commandant effaré demande qu'on commence le feu pour qu'il ait un prétexte de se rendre : La Tour d'Auvergne fait tirer son unique canon; les cinquante bouches à feu du fort répondent une fois et le fort capitule. Ce capitaine redouté était adoré, pour sa douceur, des populations qu'il conquérait. Après la bataille, il passait les nuits sous la chaumière des bergers basques, à causer avec eux et leurs enfants, et à étudier leur langue.

En 1795, l'Espagne ayant reconnu la République française, la guerre prit fin, et La Tour d'Auvergne revint en Bretagne : mais s'y étant rendu par mer, il fut pris en route par les Anglais, et resta deux ans prisonnier sur les pontons. Il relevait le courage de ses compagnons de captivité par son enthousiasme, en leur apprenant à espérer et à souffrir avec patience et dignité. Une fois, les Anglais voulurent enlever aux prisonniers la cocarde tricolore, qu'ils portaient avec amour, en souvenir de la France et de la République : La Tour d'Auvergne enfila la sienne à son épée, qu'on lui avait laissée comme officier, et dit : « Qu'on vienne la prendre ! » Le vainqueur renonça à sa tentative et dut se résigner à voir triompher, dans ses prisons mêmes, les insignes de cette Révolution qu'il voulait anéantir.

Délivré en 1797, il se remit à ses chères études gauloises, décidé à leur consacrer le reste de ses jours. Élu député, il avait refusé de siéger en disant : « Je ne sais pas faire les lois, je ne sais que les défendre. » Il avait pour compagnon d'études un savant nommé Le Brigant. Un jour La Tour d'Auvergne, entrant chez son ami, le trouve tout en larmes. Le Brigant avait déjà donné à la patrie quatre fils qui avaient été pris ou tués, et voici que son cinquième et dernier enfant était appelé à son tour par la conscription. « Ne te désole pas, dit La Tour d'Auvergne, je partirai pour lui. » Et le voilà qui quitte ses études et son repos si bien gagné et se rengage : il avait près de soixante ans. A la bataille de Zurich [1], il fit prisonnier un régiment russe. Le 5 floréal an VIII (25 mars 1800), sur la proposition du grand Carnot, le consul Bonaparte le nomma « Premier grenadier des armées de la République » et lui décerna un sabre d'honneur : « Tant de vertus et de talents, disait Carnot dans son rapport, appartiennent à l'histoire ; mais il appartient au premier consul de la devancer. »

Quand La Tour d'Auvergne eut reçu son brevet, il vint remercier Carnot, et lui dit avec des larmes dans la voix : « Ce brevet d'honneur est un brevet de mort, citoyen ministre ; maintenant, je n'ai plus qu'à me faire tuer. » Il tint parole. Quelques semaines plus tard, le 27 juin 1800, comme il chargeait à la tête des grenadiers de la 46e demi-brigade, à Oberhausen, en Bavière, il fut frappé d'un coup de lance au cœur et tomba mort sans prononcer un mot. La consternation s'empara de ses grenadiers, qui étaient près de prendre la fuite, quand l'un d'eux, soulevant le corps du héros, s'écrie : « Il ne faut pas que celui qui de son vivant n'a jamais tourné le dos à l'ennemi, le tourne après sa mort, » et ils s'élancent avec furie sur l'ennemi, qui fuit de toutes parts.

La mort de La Tour d'Auvergne fut un deuil dans toute l'armée. Les tambours de toutes les compagnies de

1. Une des dernières victoires de la République et une des plus belles, car elle sauva la France de l'invasion russe. Elle fut gagnée par Masséna, le 19 septembre 1799, sur le général russe Souwaroff : les Russes perdirent 30,000 hommes, et là-dessus, se retirèrent de la coalition.

grenadiers furent voilés d'un crêpe pendant trois jours, et pour que son souvenir fût éternellement vivant dans l'armée française, le général Dessoles, qui commandait la division, fit un ordre du jour qui commençait par ces mots :

« Non ! grenadiers, La Tour d'Auvergne n'est pas mort, vous le verrez toujours à la tête de la 46e demi-brigade. Son nom sera conservé en tête du contrôle de la compagnie où il avait choisi son rang. Sa place ne sera point remplie. » Et, en effet, jusqu'au retour des Bourbons, chaque jour, à l'appel, l'officier appelait son nom le premier ; il criait : « La Tour d'Auvergne ! » et le porte-drapeau répondait : « Mort au champ d'honneur ! »

Un monument lui fut élevé à Oberhausen, à la place où il avait été tué : ce monument fut mis par la République sous la sauvegarde de tous les pays. Durant toutes les guerres qui suivirent, ce fut un lieu de pèlerinage pour les soldats qui passaient. Une fois, en octobre 1805, comme l'avant-garde de la grande armée traversait Neubourg, se rendant à Auserlittlz, le maréchal Oudinot vit une longue file de grenadiers s'écarter de la route qu'on leur avait tracée. Il s'étonne, il les fait suivre ; ils allaient en silence à Oberhausen aiguiser leurs sabres sur la pierre qui recouvrait les restes du premier grenadier de France.

II. — LE GÉNÉRAL DAGOBERT

Dagobert de Fontenille[1] était un vieil officier qui avait fait ses preuves au temps de la guerre de Sept ans : au moment de la Révolution, il avait trente-cinq ans de service. Quoique noble, il n'émigra pas, et la Convention le chargea de défendre le Roussillon contre les Espa-

1. Né à la Chapelle, près de Saint-Lô, en 1736.

gnols qui l'avait envahi. Il n'avait que des bataillons de volontaires inexpérimentés et sans discipline, et il fallait les habituer à la guerre la plus pénible de toutes, la guerre des montagnes. Il fit de ces volontaires une armée admirable de patience et d'enthousiasme, en se faisant adorer par sa bonté et admirer par son courage. Il les conduisait sous le feu de l'ennemi, nu-tête, ses longs cheveux blancs flottant sur les épaules, appuyé sur un bâton comme un pèlerin, et semblable à un grand-père qui conduit des enfants à la fête. Ce vieillard, toujours calme et souriant, était la terreur des Espagnols, qui le croyaient invulnérable et qui l'appelaient le *Démon*, parce que vingt fois ils l'avaient vu fondre sur leur tête du haut des montagnes, quand ils le croyaient à vingt lieues de là dans la plaine. Une fois, il avait franchi les Pyrénées et fait une pointe en Espagne : les Espagnols se massent sur ses derrières et lui ferment la retraite. Il prend 1,400 hommes d'élite, accourt à marches forcées, tourne les Espagnols par les montagnes, qu'il escalade pendant la nuit, et au point du jour, au milieu d'un épais brouillard, fond comme un épervier sur le camp espagnol : tout fut pris ou périt.

Les soldats, qui le voyaient toujours le premier au feu, l'appelaient le caporal Dagobert. Il faisait d'eux tout ce qu'il voulait, et plus les situations étaient désespérées, plus il avait d'entrain, et plus il inspirait de confiance. « Les généraux sont malades, écrivait-il à la Convention; les canons manquent, mais n'importe, *ça ira*, » et tout allait en effet. Une fois, au commencement de la guerre, un bataillon de volontaires qui battait en retraite allait plus vite que le général ne voulait, de sorte que leur retraite ressemblait à une fuite; il les arrête et leur dit : « Mes enfants, souvenez-vous qu'on ne prend le pas de charge que quand on présente la poitrine à l'ennemi, et qu'on prend le pas ordinaire quand on lui tourne le dos. » Ils n'oublièrent plus la leçon.

Les officiers nobles qui servaient la Révolution étaient dans une situation difficile : odieux à leurs anciens amis qui les traitaient de renégats, ils étaient suspects aux révolutionnaires, qui se défiaient toujours d'eux, en dépit de tous les services. Dagobert avait des ennemis et des envieux dans les clubs, et il apprit qu'il était suspect : en ce temps-là, il était rare qu'un général suspect échappât à l'échafaud. Dagobert court à Paris, se défend devant le terrible Comité de salut public, et la Convention, donnant à ce général noble une marque de confiance telle qu'elle n'en avait donné à aucun de ses généraux, lui donne carte blanche pour ses opérations. Il retourna sur le théâtre de ses exploits. Les Espagnols, pour ébranler sa fidélité, avaient pris pour général un émigré français, le comte de Saint-Hilaire : il alla le chercher et le battre dans les hauteurs de Monteille où il s'était retranché, et marcha à l'assaut le premier, à travers les neiges. Il prit là une fièvre dévorante, et revint de sa victoire, mourant, porté en litière par ses soldats en pleurs : il expira le 18 avril 1794. Les soldats transportèrent le corps de leur vieux général au camp de Mont-Louis, et comme il ne laissait rien pour payer les frais d'un tombeau, ils se cotisèrent : chacun donna son sou et on l'ensevelit dans une humble tombe, pareille à celle des pauvres; mais c'était au pied d'un arbre de liberté.

XLVIII. — Boissy d'Anglas.

Le 1er prairial de l'an III (20 mai 1795), le peuple des faubourgs, poussé par la famine et égaré par des agitateurs, entra en insurrection contre la Convention nationale. A onze heures du matin, au moment où la Convention entrait en séance, un secrétaire donna lecture d'un manifeste qui était affiché dans toutes les rues de Paris : les auteurs du manifeste demandaient en termes menaçants du pain et le rétablissement de la Terreur, et annonçaient qu'ils allaient dissoudre la Convention, si elle ne votait point les mesures qu'ils réclamaient. A la lecture de ce manifeste, un représentant se leva et s'écria : « La Convention saura mourir à son poste ». Tous les membres se levèrent et dirent : « Nous le jurons! »

Quelques instants après, on entendit un grand bruit aux portes; c'étaient les insurgés qui frappaient à coups de hache les portes du palais de la nation : les portes cédèrent avec fracas et laissèrent passage à la foule. Le député CLAUZEL, découvrant sa poitrine, cria aux envahisseurs : « Ceux qui nous remplaceront en marchant sur nos cadavres auront-ils plus de zèle que nous pour la cause du peuple? » La foule, sans écouter, avança et repoussa les gardes de la Convention. Le député FÉRAUD, qui avait été plusieurs fois représentant en mission aux armées de la République et avait été blessé plus d'une fois par les balles ennemies, s'élance au-devant de la foule, essaye de l'arrêter, et lui crie : « Tuez-moi, si c'est du sang qu'il vous faut! » Il est jeté à terre, foulé aux pieds, et relevé évanoui.

BOISSY D'ANGLAS présidait. Quand les insurgés parurent, battant le tambour, agitant leurs drapeaux et criant les mots inscrits sur ces drapeaux, *du pain et la Constitution de* 93! le président se couvrit, en signe que la séance était interrompue, parce que la Convention n'était pas libre. Un insurgé dirige son fusil sur le président, prêt à faire feu : mais un homme se jette devant le président et le couvre de son corps; c'était Féraud, qui, revenu à lui, retournait au poste du danger. Alors un autre insurgé tire un coup de pistolet à bout portant sur le vaillant conventionnel qui tombe au pied de la tribune. Les insurgés traînent son cadavre hors de la salle et lui tranchent la tête.

Boissy d'Anglas restait sur son siège, calme et impassible au milieu des injures, des menaces et des fusils dirigés sur lui. Profitant d'un moment de calme qui s'était produit, il prend la parole pour rappeler les insurgés au respect de la loi; il est aussitôt interrompu par des cris de fureur : « Du pain, coquin ! qu'as-tu fait de notre argent? A bas le président ! » Alors un homme entra dans la salle, portant au bout d'une pique la tête de Féraud, qu'il tendit vers le président. Le président, prêt à la mort, se découvrit avec un respect religieux, et salua cette tête sanglante.

La Convention fut enfin délivrée par le peuple qui vint chasser les insurgés. Ce seul jour a suffi pour rendre à jamais immortel le nom du président Boissy d'Anglas, parce qu'il donna en ce jour-là un exemple sans pareil de courage civique et de grandeur morale.

XLIX. — Desgenettes et Larrey.

1. — DESGENETTES

Desgenettes[1], étant riche et ayant du goût pour la médecine, l'avait étudiée pour son plaisir, sans exercer. Quand la patrie fut en danger, il sollicita un brevet de médecin militaire et se rendit à l'armée d'Italie. C'était un temps où le génie perçait vite, et l'année suivante, 1794, il était médecin en chef de l'armée. Il rem-

1. Nicolas-René Dufriche Desgenettes, né à Alençon (Orne) en 1762, mort en 1837.

porta, lui aussi, des victoires aussi éclatantes et plus difficiles que celles de Bonaparte; car c'étaient des victoires remportées sur la mort. Il suivit l'expédition d'Égypte, et là, il eut à lutter contre un ennemi plus redoutable que tous ceux dont avaient triomphé nos armées : la peste. L'hôpital de Jaffa, en Syrie, était rempli de pestiférés; la mort décimait les rangs et le moral de l'armée était ébranlé. Les vainqueurs de la bataille des Pyramides étaient bien prêts à affronter les charges furieuses des Mamelouks : mais que faire contre cet ennemi invisible qui se glisse dans les veines et anéantit toute la vigueur de l'âme avant de tuer le corps? La contagion gagnait; un jour, Bonaparte fit appeler Desgenettes dans sa tente et lui dit qu'il n'y a pas d'espoir de sauver les pestiférés et que ce serait un acte de pitié d'abréger leurs souffrances, que le salut du reste de l'armée autorise ce sacrifice et l'exige même; il conclut en demandant au médecin de terminer le supplice de ces malheureux avec quelques gouttes d'opium. Desgenettes répondit froidement : « Général, mon devoir à moi est de conserver. »

Dans une épidémie, la crainte prédispose à la contagion, et l'on peut dire que sur dix malades qui meurent, un seul est tué par la peste; car c'est la peur qui tue les autres. Desgenettes résolut de montrer aux soldats que la peste elle-même n'est pas un ennemi contre lequel le courage soit impuissant. Il entre dans l'hôpital, s'approche d'un malade dont le salut était désespéré, ouvre un abcès purulent, et, se faisant deux entailles profondes dans la chair, il y inocule le sang empoisonné du mourant. On croyait Desgenettes perdu : il n'eut pas le moindre symptôme du mal. Il sembla que la peste eût eu peur de lui, parce qu'il n'avait pas eu peur d'elle : aussi, dès ce jour, les soldats cessèrent de craindre et le mal perdit de sa fureur.

Quelques jours après, il donna un nouvel exemple de cet héroïsme calme. Il discutait à l'hôpital avec un autre médecin, le célèbre Berthollet, sur les causes de la contagion. Berthollet prétendait que les maladies contagieuses se propagent par les sécrétions[1]. Desgenettes, pour lui prouver qu'il a tort, s'approche d'un mourant qui venait de porter à ses lèvres une coupe de potion et de la vider à moitié; il saisit cette coupe où les lèvres et la langue du malade ont déposé le poison, il la porte à son tour à ses lèvres et la vide lentement. Un éclair d'espoir passa dans les yeux du mourant, tandis que tous les assistants reculent et pâlissent d'horreur.

Cette campagne de Desgenettes en Égypte est cent fois plus belle et plus glorieuse pour l'humanité que toutes celles de Bonaparte. Elle excita l'admiration de toute l'Europe : « Le nom de Desgenettes, dit le général anglais Robert Wilson qui combattait contre nous en Égypte, devrait être inscrit en lettres d'or sur le temple de l'humanité. »

II. — LARREY

Le nom de Jean-Dominique LARREY[2] est inséparable de celui de Desgenettes.

Le 1er avril 1792, Larrey était à Strasbourg, avec les fonctions de chirurgien-major de l'armée du Rhin. Dès les premiers pas, dès les premières victoires de l'armée républicaine, il fut frappé de l'imperfection des services médicaux. C'est à une lieue du champ de bataille, hors de portée du canon, que se tenaient les ambulances. Elles n'arrivaient qu'après la lutte, et souvent les blessés avaient à attendre vingt ou trente heures les soins du

1. La sueur, la salive.
2. Né près de Bagnères-de-Bigorre (Hautes-Pyrénées) en 1766, mort en 1842.

médecin. L'absence de soins tuait dix fois plus d'hommes que les balles, et c'était, non point le jour de la bataille, mais dans la nuit qui suivait, que se décimaient les armées et que la mort faisait le plus de victimes. Larrey fit une révolution. Il veut que le secours soit aussi prompt que le mal, et il invente les *ambulances volantes,* aussi légères que l'artillerie, et qui, comme elle, se transportent en un instant où elles veulent, pour emporter les blessés ou leur apporter la guérison. Le médecin devient ainsi un soldat, mais un soldat qui ne va au feu que pour sauver et guérir, un soldat plus exposé que tous les autres, car là où la mitraille fait le plus de victimes, c'est là qu'est sa place. C'est ainsi que, du milieu même des horreurs de la guerre, le génie de la Révolution française faisait jaillir une source nouvelle de charité et d'incomparable dévouement.

Larrey ne se contenta pas d'organiser les ambulances volantes, il les dirigea lui-même sur tous les champs de bataille de la République et de l'Empire, avec un dévouement qui ne se lassa pas un seul jour. Pendant vingt ans, on le vit, pendant la bataille, voler sous les balles et les boulets pour ramasser les blessés. A Eylau, il resta trente heures debout, sans nourriture, auprès des morts et des blessés. Napoléon qui l'avait vu le matin de la bataille, sans abri, les pieds dans la neige, prodiguant ses soins aux blessés, le retrouva le lendemain à la même place, pansant les dernières victimes. On l'appelait la *Providence du soldat,* et Napoléon disait :« Si jamais l'armée élève un monument à la reconnaissance, c'est à Larrey qu'elle le consacrera. »

L'armée ne lui éleva pas de monument, mais elle lui témoigna sa reconnaissance d'une façon plus glorieuse et plus éclatante dans une circonstance sinistre. C'était au passage de la Bérésina : la foule des fuyards, poursuivie par les Cosaques, se pressait vers le pont dans une confusion inexprimable, soldats, chevaux, artillerie, femmes, bagages. Des soldats qui étaient sur le pont aperçurent Larrey dans la foule qui n'y était pas encore arrivée. Alors, dans ce moment de détresse et d'affaissement moral, où chacun ne songeait plus qu'à son propre salut, les cœurs refroidis se rallument par la reconnaissance et chacun s'oublie pour Larrey : « Sauvons celui qui nous a sauvés! qu'il vienne, qu'il approche! » La foule qui encombre l'entrée du pont s'écarte : Larrey touche le pont, le voilà dans les bras des soldats, qui le font passer de main en main d'une rive du fleuve à l'autre : il est sauvé. A l'instant même, un bruit effroyable retentit, accompagné des gémissements de cent mille voix : le pont surchargé venait de s'écrouler en engloutissant tout ce qu'il portait.

A Waterloo, Larrey se jeta dans la mêlée, fut fait prisonnier, pris pour un espion et on l'entraîna pour être fusillé. Voyant qu'il avait affaire à des gens hors d'eux-mêmes, il n'essaya pas de les détromper, et haussant les épaules, se laissa conduire à la mort en silence. En route, il fut reconnu, par hasard, par un chirurgien prussien, qui le conduisit au général Blücher : il avait autrefois sauvé le fils de Blücher, blessé à la bataille de Leipzig. Le général Blücher le délivra avec des excuses et le fit conduire sous la protection d'une escorte à Bruxelles, où il reprit son rôle sacré et soigna les malades des deux armées. Il mourut à la tâche, à soixante-seize ans, d'une maladie contractée en visitant les hôpitaux d'Algérie où il avait été envoyé en mission, et l'on peut dire de lui comme de La Tour d'Auvergne : « Mort au champ d'honneur! »

L. — Fraternité.

C'était pendant la guerre d'Espagne, au soir d'une bataille. Les Espagnols étaient en déroute : le général Hugo [1] parcourait à cheval le champ de bataille, accompagné d'un seul hussard. Il lui sembla entendre un faible bruit : c'était un Espagnol qui se traînait, sanglant, livide, la mort sur le front, et disait en râlant : « A boire, à boire, par pitié ! » Le général, ému, tendit à son hussard une gourde de rhum qui pendait à sa selle, et lui dit : « Tiens, donne à boire à ce malheureux. » Tout à coup, au moment où le hussard se penchait vers l'homme et approchait la gourde de ses lèvres, l'autre, se redressant, saisit un pistolet qu'il serrait dans sa main et visa au front le général. La balle effleura la tête et le chapeau tomba. Le général dit doucement au hussard : « Donne-lui tout de même à boire. »

LI. — Épisode de la retraite de Russie.

Dans l'histoire militaire de l'Europe il n'y a point de désastre comparable à celui de la retraite de Russie. Le 24 juin 1812, Napoléon, à l'apogée de la puissance et de l'aveuglement, franchit le Niémen à la tête de 500,000 hommes et envahit la Russie. Le 30 décembre de la même année, quelques milliers d'hommes en lambeaux et mourant de faim repassaient le Niémen : c'était tout ce qui restait de la grande armée. Le reste, après des victoires sanglantes, avait été détruit sans lutte par le froid, l'incendie, la faim, par les flots de la Bérésina et par la lance des Cosaques. On s'endormait dix mille, on

1. Né en 1774, mort en 1828 ; c'est le père du grand poète Victor Hugo.

se réveillait cent : vingt mille hommes périrent de froid en trois nuits.

> On pouvait, à des plis qui soulevaient la neige,
> Voir que des régiments s'étaient endormis là [1].

Napoléon, au milieu de la déroute, s'était enfui nuitamment pour se rendre à Paris, où son pouvoir était menacé par la conspiration du général Malet [2]. Le maréchal Ney, qui s'immortalisa en cette circonstance et justifia son surnom de *brave des braves* [3], commandait l'arrière-garde et repassa le dernier le Niémen, un fusil de grenadier à la main.

De l'arrière-garde faisait partie le 18e de ligne, commandé par le colonel Pelleport. De 3,000 hommes, le régiment était réduit à cinq cents. Depuis longtemps on ne chantait plus dans le bivouac et tout espoir était perdu. Mais le colonel était un homme de cœur et de devoir, ce qui fit que ses soldats, prenant exemple sur lui, restèrent jusqu'au bout fermes et disciplinés, tandis que dans d'autres régiments, où le colonel n'avait pas d'autorité morale sur ses hommes, tout allait à la débandade, et chacun ne songeait plus qu'à se sauver lui-même, ou s'abandonnait sans résistance à la mort.

Les chevaux ayant péri, on dut abandonner les four-

1. Vers de Victor Hugo.

2. Malet était un général républicain, un ancien soldat de l'an II, que Napoléon avait fait emprisonner en 1808. Il voulut profiter de l'éloignement de Napoléon pour le renverser, s'échappa de prison dans la nuit du 23 octobre, annonça que l'empereur était mort, prit possession de l'Hôtel de ville, arrêta le préfet de police et lança des décrets républicains. Mais reconnu à l'état-major par un général qu'il voulait arrêter, il fut pris lui-même, condamné à mort et fusillé. Le président du conseil de guerre lui demandait : « Quels sont vos complices? » Il répondit : « La France entière, et vous-même, si j'avais réussi. »

3. Né à Sarrelouis, en Alsace, en 1769.

gons et les voitures. Il ne restait pas même un cheval pour transporter la caisse militaire. Le colonel la fit ouvrir, elle contenait 120,000 francs en numéraire. Il en fit plusieurs parts; chacun des officiers, sous-officiers et soldats, reçut en dépôt une petite somme, et chacun, en la recevant, promit au colonel de ne point abandonner ce dépôt confié à son honneur et qui était la propriété de la nation : il promettait, s'il venait à succomber, de le remettre à un camarade. Le régiment périt presque tout entier : quand on arriva à la frontière, on n'était plus que cinquante, et cependant, quand on reconstitua la caisse du régiment et que l'officier payeur fit le rappel des fonds, il ne manqua pas un centime des 120,000 francs. Au milieu de cette misère épouvantable et de la désorganisation de l'armée, pas un de ces hommes n'avait songé à distraire un centime de la somme qui lui était confiée; chacun de ces malheureux, qui, le matin, se disaient : « Serai-je encore en vie ce soir ? » s'était dit aussi : « Je suis le caissier de la France. » Les mourants avaient transmis leur dépôt aux survivants, et les quelques survivants étaient venus rendre leurs comptes pour eux-mêmes et pour leurs camarades ensevelis sous la neige.

LII. — Paroles françaises.

Il y avait des cœurs de patriote même parmi les émigrés. L'empereur d'Autriche, François II, passait en revue les troupes réunies pour marcher contre la France en révolution. Tout fier de leur belle tenue, il se retourna vers un émigré français qui était là et lui dit : « Voilà, j'espère, de quoi bien battre les sans-culottes. — C'est ce qu'il faudra voir, » répondit le Français.

Au siège de Lille, six mille boulets rouges furent lancés par les Autrichiens. On apprend à un artilleur volontaire que sa maison est en feu : il reste à sa pièce, tire sur les Autrichiens et répond : « Feu pour feu. » Un boulet ayant traversé la salle de l'hôtel de ville où le conseil municipal était assemblé : « Messieurs, dit le président, nous sommes en permanence, » et la délibération continua (octobre 1792). Les Autrichiens, lassés par la constance des Lillois, levèrent le siège. Les commissaires de la Convention à Lille récompensèrent l'héroïque population par ces mots : « Citoyens, vous êtes dignes d'être en République. »

L'armée du Roussillon était en déroute et démoralisée ; un bataillon de volontaires avait déclaré qu'il ne voulait plus servir contre les Espagnols. Les généraux demandaient des renforts à la Convention : mais le nord même de la France était découvert et prêt à être envahi. La Convention répondit : « Vous demandez du lait à une mère épuisée ! N'attendez rien que de vous-mêmes. Votre courage nous paraît une barrière suffisante ; montrez-vous fier de cet abandon, et que cette fierté soit votre salut ! »

La sublime confiance de la Convention fut justifiée, et un vieillard, le général Dagobert, conduisit à la victoire cette armée découragée en qui il fit passer toute la chaleur de son cœur [1].

La Rochejacquelein [2], général des insurgés vendéens, aurait mérité le titre de héros, s'il avait déployé pour la défense de la loi le courage qu'il déploya contre elle.

Conduisant les Vendéens à l'attaque des colonnes ré-

1. Voir plus haut, page 234.
2. Né en 1772, mort en 1794.

publicaines, il leur dit : « Si j'avance, suivez-moi ; si je recule, tuez-moi ; si je meurs, vengez-moi ». Il mourut, mais ne fut pas vengé, parce qu'il s'était battu contre son pays.

Napoléon épuisait le sang de la France dans des guerres sans raison et sans justice, et changeait en haine l'amour qu'elle avait inspiré à l'Europe sous la Révolution et sous la République. Nul n'osait lui dire la vérité ; les uns étaient fascinés par son fatal génie, les autres avaient peur, et tous le laissaient marcher à l'abîme en entraînant la France avec lui. C'est alors qu'il reçut un avertissement solennel de la voix d'un mourant.

C'était le 22 mai 1809, à la bataille d'Essling. Le maréchal Lannes, un des volontaires de l'an II, eut la cuisse fracassée d'un boulet de canon : Napoléon vint le voir à son agonie ; Lannes, se soulevant péniblement, lui dit : « Au nom de Dieu, sire, faites la paix pour la France ; moi, je meurs. »

Le 2 décembre 1851, le prince Louis-Napoléon détruisit la République à laquelle il avait prêté serment de fidélité comme président, trois ans auparavant. Un comité de représentants du peuple se forma pour défendre la loi et réprimer l'insurrection du président. Un de ces représentants, Alphonse Baudin, alla au faubourg Saint-Antoine appeler le peuple à la défense de la Constitution. Un jeune ouvrier lui dit en ricanant : « Oui ! attendez un peu que j'aille me faire tuer pour vous conserver vos vingt-cinq francs par jour [1] ! ». Baudin répondit

1. Les représentants du peuple avaient une indemnité de vingt-cinq francs par jour. On a établi cette indemnité afin que ceux qui n'ont que leur travail pour vivre puissent aussi être représentants s'ils en sont jugés dignes : car, sans cela, les riches seuls pourraient remplir les fonctions de député.

avec un sourire amer : « Attendez un instant, mon ami, et vous verrez comme on meurt pour vingt-cinq francs ». Quelques instants après, les troupes parurent, et Baudin, ceint de l'écharpe tricolore de représentant, tomba frappé à mort en les rappelant au respect de la loi.

LIII. — René Bellot.

René Bellot[1] était fils d'un pauvre maréchal-ferrant de Rochefort. Comme il s'était fait remarquer par son intelligence à l'école primaire, il reçut du Conseil municipal une bourse au collège de Rochefort et entra à quinze ans et demi à l'école navale. Il en sortit deux ans plus tard parmi les premiers. A dix-huit ans, il quitta la France avec le grade d'aspirant sur la corvette le *Berceau*, qui se rendait en Afrique, à l'île Bourbon, et il se distingua, dans une expédition contre les pirates de Madagascar, par son courage calme et son initiative. Son capitaine écrivit au ministre de la marine : « Son poste est partout où il y a un bon exemple à donner et un danger à braver. » Il fut promu élève de première classe et chevalier de la Légion d'honneur : il n'avait pas encore vingt ans; il était enseigne à vingt et un ans.

Il rentra en France à la fin de 1850. La marine offrait à ce moment peu d'occasions de se distinguer. Bellot, ne pouvant supporter le désœuvrement, et désireux de s'illustrer pour venir en aide à ses parents, à son frère et à ses sœurs, qui luttaient péniblement contre la pauvreté, chercha une noble cause pour laquelle il pût donner son talent, ses forces et sa vie s'il le fallait. En ce moment, une noble dame anglaise, lady Franklin, armait une expédition pour aller dans l'Océan glacial à la recherche

1. Né le 28 mars 1826, mort le 13 août 1853.

de son mari, sir John Franklin, qui avait disparu en 1845 dans un voyage de découverte au pôle nord. Le gouvernement anglais avait déjà envoyé plusieurs expéditions à la recherche du voyageur, et lady Franklin elle-même avait frété, à ses frais, plusieurs navires dans ce but. Le cœur de Bellot battait d'enthousiasme à l'idée de prendre part à l'une de ces belles expéditions, et il demanda à lady Franklin l'honneur de prendre place sur le *Prince-Albert*, qu'elle envoyait au pôle sous les ordres du capitaine Kennedy.

Le voyage du *Prince-Albert* dura dix-sept mois : Bellot, quoique sans position officielle à bord du *Prince-Albert*, acquit sur l'équipage une autorité extraordinaire, non seulement par son courage, son sang-froid et son intelligence, qualités qui ne sont rares chez les marins d'aucune nation, mais par la noblesse et la grandeur le son caractère. Au milieu des privations les plus dures et des dangers les plus effrayants, au milieu des glaçons qui se heurtent contre le navire, au milieu des tempêtes de neige, dans les horreurs de la faim et du froid, Bellot, toujours calme, fort et doux, supportant ses propres souffrances comme une chose naturelle, mais cherchant toujours à soulager celles des autres, frappa l'imagination de ces rudes marins, qui se prirent pour le jeune étranger d'un sentiment d'admiration et de vénération. Ils l'admiraient comme un héros, le vénéraient comme un saint, et n'étaient pas loin de le considérer comme un être d'une autre nature.

Il ne se faisait pas adorer seulement des marins anglais, mais même des pauvres sauvages du Groenland. Voyant une fois un Esquimau qui avait la jambe cassée se traîner péniblement sur la glace, il lui avait dessiné et fait tailler par le charpentier du navire une jambe de bois, et quand les autres virent le malheureux marcher solidement sur la glace, ils adorèrent Bellot comme un Dieu bienfaisant.

Bellot, de retour à Londres, en octobre 1852, fut accueilli avec enthousiasme par toute la société anglaise. Tout le temps qu'il resta à Londres, le *Prince-Albert* arbora les couleurs françaises à côté du drapeau anglais. La Société géographique de Londres fit décerner le nom de *Détroit Bellot* à un détroit découvert par lui au cours de l'expédition. De retour à Paris, il demanda au gouvernement impérial la direction d'une expédition au pôle Nord. On lui répondit à peine. Lady Franklin, à cette nouvelle, écrit aussitôt à Bellot qu'elle lui offre le commandement d'un nouveau steamer, l'*Isabelle*, qu'elle avait réussi à fréter en rassemblant les débris de sa fortune : le capitaine du *Prince-Albert*, Kennedy, offrait de servir sous les ordres de son ancien lieutenant. Bellot refusa par délicatesse, craignant de blesser ses amis d'Angleterre. Mais de nouvelles démarches auprès du gouvernement impérial étant restées infructueuses, il partit, en juin 1853, pour une nouvelle expédition au pôle Nord, à bord du *Phœnix*, commandé par le capitaine Inglefield.

Le 12 août, le navire était dans la baie Erebus et Terror[1]. Ce jour-là, Bellot partit avec cinq hommes, à la recherche d'un capitaine anglais que l'on avait perdu de vue depuis un mois et à qui il y avait des dépêches urgentes à porter : il avait sollicité cette mission, parce qu'elle était dangereuse.

Au milieu du trajet, un glaçon se détacha et fut em-

1. Baie dans les mers polaires, nommée ainsi en souvenir des deux vaisseaux de lord Franklin qui portaient ces noms.

porté à la dérive ; deux des hommes étaient déjà passés, Bellot resta seul avec deux hommes sur le glaçon. Ils se taillèrent un abri dans la glace à l'aide de leurs couteaux : il disait à ses compagnons : « Nous devons nous estimer heureux de souffrir, puisque c'est pour le devoir. »

Un vent furieux poussait le glaçon vers le nord. Bellot rassura ses deux compagnons et leur dit : « Avec la protection de Dieu, pas un cheveu ne tombera de vos têtes. » A six heures et demie du matin, il voulut aller voir comment la glace flottait. Quelques minutes après, un des deux matelots, voulant le rejoindre, ne le trouva plus et l'appela en vain ; il retrouva son bâton enfoncé dans une crevasse de cinq toises de large. C'est là que Bellot avait glissé et disparu. Il avait vingt-sept ans, l'âge de Marceau à sa mort.

La nouvelle de la mort de Bellot fit le deuil dans tous les cœurs. Les sauvages du Groenland, en apprenant sa mort au retour du capitaine Inglefield, éclatèrent en sanglots. Lady Franklin, qui avait conçu pour lui l'affection d'une mère, écrivait : « Ce brave et généreux jeune homme, que j'aimais comme un fils, à qui je dois tant, et qui représentait si noblement l'honneur et le cœur chevaleresque de la France, qui fut aimé et respecté de nos marins comme un frère, hélas ! il n'est plus ! Il est mort comme il a vécu, en héros ! » La France et l'Angleterre s'unirent pour honorer sa mémoire : tandis que Rochefort lui élevait une statue, les Anglais lui érigeaient un trophée de bronze dans le musée de Londres, et l'on ouvrit une souscription pour lui élever un obélisque de granit sur le quai de l'hôtel des Invalides de la marine à Greenwich, à l'endroit où avant de s'embarquer il avait reçu les adieux de ses amis. L'admiration et les regrets de toute l'Angleterre justifièrent les paroles qu'il écrivait à ses parents, en 1851, avant de partir pour sa première expédition à bord du *Prince-Albert* : « Mettez de côté tous les journaux anglais où il sera question de moi : ce seront mes titres de noblesse. »

LIV. — Défense de Béfort (1870-1871).

La forteresse de Béfort couvre le passage ouvert entre les Vosges et le Jura, et connu sous le nom de *Trouée de Béfort*. C'est une position très importante, et dans toutes les invasions venues de l'est, l'ennemi l'a toujours assiégée.

En 1814, deux fois assiégé par les alliés, Béfort repoussa deux fois tous les assauts et n'ouvrit ses portes qu'après l'abdication de Napoléon.

A la fin d'octobre 1870, les Allemands étaient maîtres de tout l'est, sauf Béfort. Comme ils descendaient au sud dans la direction de Dijon, ils ne voulurent pas laisser derrière eux une place française. Le général Treskow reçut l'ordre de se porter sur Béfort et de l'enlever. Béfort n'a que 8,000 habitants ; la garnison montait à 16,000 hommes ; mais sur ce nombre il n'y avait guère que 4,000 hommes de troupes régulières : le reste se composait de mobiles et de gardes nationaux. Mais à la tête de la défense était un homme de tête et de cœur, le colonel du génie DENFERT-ROCHEREAU [1], qui, six ans auparavant, avait construit à Béfort deux forts redoutables, le fort des Barres et le fort des Perches. Il avait l'intelligence nette et rapide, l'énergie calme et indomptable, et, avec cela, un patriotisme ardent et une foi inébranlable dans la sainteté de la République.

Le 4 novembre 1870, le général allemand lui adressa

1. Né à Saint-Maixent (Deux-Sèvres), en 1823.

une sommation, conçue dans des termes d'une politesse obséquieuse. Il priait « le très honorable et très honoré commandant de Béfort de livrer la place pour épargner à la population les horreurs de la guerre. » Denfert répondit avec esprit que la retraite des troupes prussiennes était le seul moyen d'obtenir ce résultat qui conciliât l'honneur avec l'humanité.

Au lieu de se renfermer dans la forteresse, comme le voulaient les officiers, il résolut de disputer pied à pied toutes les positions situées dans le rayon du feu des forts. Il considérait la forteresse comme un point d'appui assuré pour les troupes de l'extérieur, comme une immense batterie de position qui leur permettait d'attaquer et de harceler l'ennemi, plutôt que comme une ligne de résistance à laquelle il fallût se restreindre. Il serait toujours temps de se renfermer dans ses lignes quand l'ennemi aurait réussi à prendre une à une toutes les positions avancées. Le siège de Béfort devenait par là une série de sièges, dont chacun coûterait à l'ennemi beaucoup de temps et de sang : il aurait à prendre une dizaine de Béforts avant de prendre Béfort même.

Le 10 novembre, Béfort était investi; le 16, les ouvrages allemands étaient à 1,300 mètres de la ville. Dans la nuit du 16, une sortie des assiégés, au nombre de 3,000, bouleversa tous les travaux de l'ennemi. Mais les Prussiens, ayant installé leurs batteries, bombardèrent la ville qui ne fut bientôt qu'un amas de ruines; mais c'était des ruines qui restaient inexpugnables. Le 6 décembre, l'état-major prussien télégraphiait à Berlin : « Béfort ne peut plus tenir que cinq jours au plus; » six semaines plus tard, Béfort tenait encore.

Le 15 janvier, on entendit le canon au lointain : c'était une armée française qui approchait. Une joie indescriptible s'empara de Béfort; on crut que c'était la déli vrance. Le lendemain, le bruit se rapproche; un bataillon sort de Béfort et décime les artilleurs allemands. Mais le bruit s'éloigne; hélas! l'armée de l'Est, après la brillante et stérile victoire de Villersexel, battait en retraite, et le cercle de fer et de feu se referma sur Béfort.

Cependant la France épuisée allait céder et l'on prévoyait l'instant où la guerre allait prendre fin. Les Prussiens voulurent brusquer la prise de Béfort, afin d'être maîtres de la place quand la paix se concluerait, et d'avoir, pour la garder, au moins le droit de la force, à défaut d'un autre meilleur. Aussi, dans la nuit du 26 janvier, deux jours avant la capitulation de Paris, ils tentèrent d'enlever de force le fort des Perches qui domine la citadelle. Huit fois ils revinrent à l'assaut, et huit fois ils furent repoussés avec perte. Le lendemain, au matin, il durent battre en retraite, laissant le sol jonché de morts; ils apprirent avec stupeur que le fort des Perches n'était défendu que par un bataillon. Les Français 'avaient perdu que trente hommes.

Le 5 février, les lignes prussiennes ne sont plus qu'à quatre-vingts mètres, le bombardement reprend avec fureur; les maladies et l'hiver fauchent la garnison; les planches manquent pour les cercueils. Mais parmi les survivants, soldats, bourgeois, femmes, nul ne parle de se rendre.

Le 12 février, le colonel Denfert apprend qu'un armistice a été conclu entre la France et l'Allemagne et il reçoit du gouvernement l'ordre de rendre Béfort. Le 13 février, à huit heures trente-cinq minutes du soir, la citadelle tire le dernier coup de canon. Les Prussiens entrent dans Béfort sans l'avoir pris, et le 18 février, le colonel, à la tête des débris de la garnison, sort fièrement de la ville en ruines, avec armes et bagages, sans avoir rendu son épée.

Ainsi, après 103 jours de siège, dont 73 d'un bombardement sans trêve, qui avait jeté sur la place près de 500,000 projectiles, Béfort était encore debout. Depuis seize jours déjà la France entière avait posé les armes et discutait les conditions de la paix; seul, depuis seize jours, le canon de Béfort rompait de sa voix, comme pour une dernière et solennelle protestation, le silence général du pays, et prouvait à l'ennemi et à l'Europe que la France était encore vivante.

Avant de quitter Béfort, le colonel avait adressé ces mots à la population : « On nous fait craindre qu'au mé-« pris des principes et des idées modernes le traité de « paix que nous allons subir ne consacre une fois de « plus le droit de la force, et n'impose à l'Alsace tout « entière la domination étrangère. Mais je reste con-« vaincu que la population de Béfort conservera tou-« jours les sentiments français et républicains qu'elle « vient de manifester avec tant d'énergie. En consultant, « du reste, l'histoire même du temps présent, elle y pui-« sera la légitime confiance que la force ne saurait pré-« valoir contre le droit.

« *Vive la France! vive la République!* »

L'habileté et l'énergie de M. Thiers conservèrent Béfort à la France, et le 9 mars 1871, le colonel Denfert, prenant congé de ses soldats, leur dit :

« Malgré tous vos efforts, les malheurs de la patrie « ont obligé la place de Béfort à subir la souillure de « l'étranger; mais, du moins, elle nous est conservée, et « elle pourra, dans l'avenir, nous servir de boulevard « contre de nouvelles attaques et nous aider à préparer « la revendication de l'intégrité de notre territoire.

« En attendant ce moment, que votre cri de rallie-« ment soit : Vive la France! et Vive la République! »

Le colonel Denfert n'a pas vu ses rêves réalisés [1]; mais il a entendu du moins, avant de mourir, le cri de *Vive la République!* devenir le cri de ralliement de tous les Français, et il a vu la France, régénérée par le règne de la liberté et de la loi, remonter rapidement au rang des grandes nations.

LV. — Les Savants français.

La puissance d'un peuple ne consiste pas seulement dans le nombre de ses bataillons et dans l'étendue de son territoire, mais aussi et surtout dans le nombre de ses savants. C'est, en effet, par la science seule que l'homme est vraiment fort. L'ignorant, qui ne sait rien, ne peut rien prévoir et n'a pour travailler et pour lutter contre les dangers que la seule force de ses bras : au contraire, l'homme qui sait se fait des domestiques de toutes les forces de la nature et devient puissant comme une sorte de dieu. Voyez toutes les choses prodigieuses que les savants ont faites dans notre siècle seul.

Les uns, en étudiant l'électricité, ont trouvé le moyen de désarmer la foudre au moyen du paratonnerre [2] et de faire communiquer, en un instant, les hommes d'un bout du monde à l'autre au moyen du télégraphe [3]. D'autres, en étudiant la vapeur qui se forme en faisant bouillir l'eau [4], ont créé les chemins de fer et les bateaux

1. Il est mort en 1878; il était représentant du peuple depuis 1872.

2. Inventé par l'Américain Benjamin Franklin, un des fondateurs de la République américaine.

3. Inventé par les Français; voir la Lecture suivante.

4. L'idée d'appliquer la vapeur aux machines vient du Français Denis Papin (né à Blois, en 1647, exilé comme protestant à la révocation de l'édit de Nantes, et mort de misère vers 1710). En 707, il lança un bateau à vapeur sur le Wéser; le bateau fut mis

à vapeur qui ont rapproché les distances d'une façon si merveilleuse. D autres, en découvrant les causes des épidémies, en ont découvert le remède : car, quand on sait d'où vient le mal, il est facile d'y porter secours. Il y a tel savant qui, en découvrant un métal nouveau ou des procédés nouveaux pour colorer les étoffes, a créé des industries qui font vivre des milliers d'ouvriers et gagner des milliards au pays.

Un pays qui honore les savants, qui encourage leurs recherches et leur donne les moyens de travailler, est sûr de marcher à la tête des nations. Dans toutes les branches de la science la France a produit un grand nombre de savants illustres, dont le nom est vénéré chez tous les peuples de l'Europe. Je ne pourrais vous citer tous les grands noms de savants français : je vous dirai du moins quelques-unes des grandes découvertes françaises du dernier siècle et de celui-ci.

L'illustre et infortuné LAVOISIER [1] inventa la chimie, cette science admirable qui décompose les corps en leurs éléments et les recrée à volonté. C'est la plus belle des sciences créées au siècle dernier, et c'est celle qui est la plus riche en résultats pratiques. Lavoisier fut envoyé à l'échafaud par les terroristes. Ses élèves, dont quelques-uns étaient membres de la Convention, vinrent dans sa prison lui apporter une couronne d'honneur, en souvenir des services qu'il avait rendus à l'humanité et de la gloire immortelle qu'il léguait à la France. Condamné à mort, il demanda un répit de quelques jours pour achever un travail où il voulait exposer de nouvelles découvertes : l'imbécile Fouquier-Tinville, l'accu-

en pièces par les bateliers allemands, qui craignaient la concurrence, et sa découverte fut un perdue pour tout siècle.

1. Né en août 1743, mort sur l'échafaud, le 8 mai 1794.

sateur public, répondit : « La République n'a pas besoin de chimistes. » Cet homme calomniait la République, qui est la protectrice née de toutes les sciences, et au moment même où il prononçait ces paroles ineptes, les disciples de Lavoisier, Fourcroy, Vauquelin, Guyton de Morveau, appliquaient la science nouvelle au salut de la République, faisaient sortir du sol le salpêtre [1], et fondaient le bronze des cloches pour faire des canons [2].

Georges CUVIER, le plus grand naturaliste qui ait jamais existé [3], embrassa dans son génie tous les êtres vivants de la nature; il découvrit les fossiles, c'est-à-dire des espèces d'animaux absolument différents de ceux qui existent aujourd'hui, qui ont vécu il y a des milliers de siècles et dont on retrouve çà et là les débris dans le sol : et par là, il fit l'histoire de la vie sur la terre.

L'astronome LAPLACE [4] fit l'histoire de la terre, des planètes et du soleil, et prouva que la terre et les pla-

1. La poudre se faisait autrefois avec du salpêtre tiré de l'Inde et l'on en fabriquait trois millions de livres par an. Le Comité de Salut public déclara aux chimistes qu'il en fallait dix-sept millions en six mois. La mer étant fermée par les Anglais, on n'avait plus de salpêtre : les chimistes offrirent d'extraire tout le salpêtre du sol de la République: ils rédigèrent une instruction d'une clarté parfaite, qui fut répandue dans toutes les communes du territoire, et chaque citoyen se trouva chimiste au service de la patrie : en même temps ils inventèrent de nouveaux procédés pour raffiner et sécher le salpêtre, de sorte que la poudre se fit en douze heures. Le salpêtre, cinq jours après avoir été extrait de la terre, allait foudroyer aux frontières les ennemis de la République.

2. Les anciennes manufactures étaient insuffisantes ou aux mains de l'ennemi: Fourcroy trouva le moyen d'adapter le bronze des cloches à la fabrication des canons. On ne savait pas fabriquer l'acier en France, on le faisait venir de Suède: la Suède étant trop loin, les chimistes inventèrent des procédés nouveaux pour faire l'acier.

3. Né à Montbéliard (Doubs), en 1769, mort en 1832.

4. Né en 1749, mort en 1827.

nètes faisaient autrefois partie du soleil, qui était des milliers de fois plus grand qu'aujourd'hui, et qu'elles sont comme des soleils refroidis et durcis.

Ampère découvrit que le magnétisme n'est qu'une forme de l'électricité, et inventa le télégraphe électrique [1].

L'histoire des peuples et des langues donna lieu à des découvertes aussi prodigieuses.

Tandis que Bonaparte conquérait l'Égypte, un jeune Français, Champollion, déchiffrait la langue inconnue que parlaient, il y a quatre mille ans, les habitants de ce vieux pays et qu'ils ont écrite sur leurs monuments, leurs temples, leurs obélisques [2]. Un de ses successeurs, Mariette, mort en 1880, faisant des fouilles sous le sol de l'Égypte, a découvert des centaines de temples magnifiques, peuplés de statues, remplis d'inscriptions et qui semblent aussi neufs que s'ils étaient d'hier. Nous sommes ainsi arrivés à connaître ce que faisaient, ce que croyaient, ce que disaient les hommes qui vivaient, il y a quarante siècles, au pied des Pyramides.

Un autre Français, Botta, frappant de la pioche, en 1841, des mottes de terre sur les bords de l'Euphrate et du Tigre, mit à nu les ruines de deux immenses cités : ce sont les ruines de Babylone et de Ninive, ces villes fameuses dont il est tant parlé dans l'histoire sainte. Il découvrit là des palais splendides, dont les portes étaient gardées par d'immenses taureaux de pierre, portant une tête d'homme et des ailes de vautour, et dont le corps était tout couvert d'inscriptions en caractères étranges, qui ont été déchiffrées et expliquées par nos savants.

1. Voir la Lecture suivante.

2. Un de ces obélisques à été transporté à Paris sur la place de la Concorde.

Bien des fois le savant risque sa vie pour la science aussi bien que le soldat. Au siècle dernier, un jeune homme nommé Anquetil Duperron [1], voulant découvrir les livres religieux d'un peuple de l'Inde, les Parsis, dont on parlait beaucoup en Europe, mais que personne ne connaissait, s'engage comme simple soldat pour l'armée française des Indes, parce qu'il était trop pauvre pour s'y rendre à ses frais. L'Inde n'était pas civilisée comme elle l'est à présent : il n'y avait pas de routes ni de chemins de fer, et les Anglais et les Français s'y faisaient une guerre acharnée. Anquetil, seul, sans secours, traverse à pied l'Inde d'un bout à l'autre, assailli par les tigres, les lions, les brigands, les ennemis, et par les maladies et les fièvres. Après trois ans de souffrances surhumaines, il trouve enfin les Parsis, étudie leur langue, arrive à comprendre leurs livres malgré eux, car ils ne veulent pas qu'un étranger les apprenne : il se procure leurs livres par mille ruses et enfin repart avec son trésor. Il est pris en route par les Anglais, qui lui offrent la fortune, s'il veut leur vendre ces livres inconnus en Europe : il refuse, parce que c'est pour la France qu'il a travaillé et souffert, et à la conclusion de la paix il vient apporter son trésor à la Bibliothèque nationale. Il refuse toutes les récompenses, toutes les pensions, et passe les derniers temps de sa vieillesse en vivant de six sous par jour.

Les conquêtes de la science ont cela de beau que toute l'humanité en profite et qu'il n'y a pas de vaincus. Une grande victoire coûte du sang au vainqueur comme au vaincu et lui attire des haines nouvelles et la jalousie des autres peuples : mais une grande découverte met aux pieds de celui qui l'a faite toute l'humanité reconnaissante.

1. Né à Paris en 1731, mort en 1805.

LVI. — Le Télégraphe.

Le 22 mars 1792, l'abbé Chappe proposa à l'Assemblée législative la création d'une ligne télégraphique. Une ligne télégraphique devait se composer d'une série de postes établis sur des hauteurs et séparés l'un de l'autre par une distance de douze à quinze kilomètres : à chaque station était un appareil en bois, armé de deux bras mobiles, susceptibles de produire un grand nombre de figures dont chacune avait un sens convenu. A chaque station était un guetteur armé d'une lunette et toujours prêt à recevoir les signaux d'une station et à les transmettre à l'autre.

L'Assemblée législative renvoya le projet de Chappe au Comité de l'instruction publique. Il fut examiné sous la Convention par le représentant Romme, mathématicien de talent[1], qui comprit aussitôt l'importance de cette invention, à un moment où la France était en guerre avec toute l'Europe, et où il importait tant d'être informé promptement de tout ce qui se passait sur toutes les frontières. Sur son rapport favorable, la Convention vota sur-le-champ un crédit de 6,000 francs pour les premières expériences, le 4 avril 1793. Ces expériences réussirent et la Convention fit établir une ligne entre Paris et la frontière du Nord. L'abbé Chappe fut chargé de l'organiser.

Le 30 août 1794, Carnot, délégué à la guerre au Comité de salut public, se présenta à la tribune, tenant à la main la première dépêche qui ait été transmise par le télégraphe ; c'était l'annonce d'une victoire.

1. Né en 1750, condamné à mort en mai 1795

« Citoyens, dit Carnot, voici la nouvelle qui nous arrive à l'instant par le télégraphe.

« Condé est restitué à la République. La reddition a « eu lieu ce matin à six heures ».

Des acclamations enthousiastes saluent cette lecture : il y avait dans ces acclamations à la fois la joie de la victoire et l'orgueil d'une invention merveilleuse. L'Assemblée répondit sur-le-champ par un décret déclarant que Condé s'appellerait désormais *Nord-Libre* et que l'armée du Nord avait bien mérité de la patrie. Avant la fin de la séance, le président recevait une nouvelle dépêche, signée de Chappe, accusant réception du décret de la Convention. Ainsi trois dépêches avaient été expédiées en une seule journée, entre Paris et la frontière. Les hommes de la Révolution avaient supprimé le temps et l'espace.

Le télégraphe de Chappe perfectionné était très rapide: une dépêche venait de Lille à Paris (222 kilomètres) en deux minutes; elle venait de Toulon à Paris (840 kil.) en quatorze minutes. Mais il avait un grand inconvénient, c'est qu'il ne pouvait fonctionner que de jour et par un temps clair, c'est-à-dire une petite partie seulement de l'année. Il était réservé à un autre Français d'imaginer l'application de l'électricité à la transmission des dépêches ; ce Français se nommait André AMPÈRE [1]; c'est le 2 octobre 1820 qu'il exposa à l'Académie des sciences les principes sur lesquels on a créé le télégraphe électrique.

Cette merveilleuse invention est arrivée à présent à sa perfection; l'électricité, qui fait le tour du monde en moins d'une seconde, nous apporte le jour même les nouvelles des pays les plus lointains, séparés de nous par

1. Né à Lyon en 1775, mort en 1836.

trois ou quatre mois de voyage. Nous pouvons lire chaque soir dans le journal ce qui s'est passé le matin à deux mille lieues d'ici, à New-York, à Péking, en Australie. L'univers entier n'est plus qu'une seule maison, et presque une même famille. Victor Hugo a dit :

Paris, Londres, New-York, les continents énormes,
Ont pour lien un fil qui tremble au fond des mers[1].
Une force inconnue, empruntée aux éclairs[2],
A travers les récifs, les vagues débordées,
Mêle au courant des flots le courant des idées[3].

LVII. — Les Ballons.

Un jour, un homme, voyant un tronc d'arbre flotter sur la rivière, osa se jeter sur ce débris et se livrer au courant ; ce jour-là, le domaine de l'homme fut centuplé, parce qu'il créait par là la navigation et prenait possession de l'Océan et de toutes les terres lointaines. L'on ne connaît pas le nom de l'audacieux qui fit cette chose, ni l'époque où elle se fit. Mais le premier jour où l'homme, en inventant le ballon, s'éleva de la terre dans les airs et prit possession du ciel comme un oiseau, est un jour aussi mémorable ; on connaît le jour où cette grande chose se fit et on connaît le nom de l'homme qui l'a faite ; c'est un Français ; il se nommait MONTGOLFIER et était marchand de papiers à Annonay[4].

C'est le 5 juin 1783, que le premier ballon, ou comme on disait alors, la première *montgolfière* fut lancée sur la place publique d'Annonay. C'était un simple sac de toile, doublé en papier, et gonflé d'air chaud ; comme

1. Ce fil est le câble sous-marin qui relie l'Amérique à l'Europe.
2. Il s'agit de l'électricité, qui produit l'éclair.
3. Parce qu'elle transmet au loin nos pensées à travers les flots.
4. Département de l'Ardèche.

l'air chaud est plus léger de moitié que l'air environnant, le ballon se soulevait en l'air.

Montgolfier imagina d'adapter une nacelle au ballon, et, le 21 novembre 1783, le physicien Pilatre de Rozier et le marquis d'Arlandes, partant du jardin de la Muette, s'élancèrent au-dessus de Paris en saluant la foule frappée d'admiration et de terreur. L'air chaud du ballon était fourni par un réchaud adapté au-dessous de l'appareil. Le 1er décembre eut lieu solennellement une nouvelle expérience d'un caractère grandiose. Le physicien Charles avait eu l'idée de remplacer l'air chaud par un gaz infiniment plus léger, le gaz hydrogène ou gaz inflammable, ce qui permettrait au ballon de s'élever infiniment plus haut. Cette expérience excita une émotion immense; c'était le moment où Franklin venait de découvrir la présence de l'électricité dans les nuages, et l'on craignait que dès que le ballon s'élèverait dans les hauteurs, le gaz inflammable, au contact des nuages chargés d'électricité et d'orage, ne prît feu et ne fît éclater la frêle machine. Charles semblait donc aller à la rencontre de la foudre et lui offrir le duel. Le roi Louis XVI, épouvanté, interdit l'ascension; mais Charles passa outre et au jour indiqué, sur le Champ de Mars, il s'éleva dans les airs, souriant et calme, au-dessus d'un foule immense qui couvrait les Tuileries, et toutes les rues, toutes les avenues, les toits de toutes les maisons des alentours. Un silence de mort régnait dans toute cette foule : puis, une immense acclamation retentit quand on vit le ballon se détacher des amarres et monter dans le ciel et que les salves du canon des Invalides saluèrent ce triomphe merveilleux de l'homme. Une sorte de délire s'empara des spectateurs; des hommes s'embrassaient sans se connaître; des femmes tombèrent évanouies; on voyait le ciel et l'espace s'ouvrir à l'homme, et chacun se disait

« Où l'homme s'arrêtera-t-il ? Le voilà roi du monde ! » Il y avait là, sur la terrasse des Tuileries, une vieille dame de quatre-vingts ans, incrédule et railleuse, la maréchale de Villeroy; elle ne croyait pas à la nouvelle invention et s'était fait porter là pour jouir de la déconvenue des aéronautes et de la foule; quand elle vit la barque aérienne s'élever dans le ciel, elle passa tout à coup de l'ironie et de l'incrédulité à un accès d'enthousiasme, et s'écria avec dépit : « Ils trouveront le moyen de supprimer la mort, et ce sera quand je serai morte! »

Le 7 janvier 1785, le mécanicien BLANCHARD, renchérissant de hardiesse sur ses devanciers, franchit la mer en ballon, et vint descendre de Calais sur les falaises anglaises de Douvres. Il était accompagné d'un Anglais, le docteur Jeffries; ils avaient chacun arboré le drapeau de sa nation. A un certain moment, comme le ballon descendait dans la mer, ils furent obligés, pour l'alléger et le faire remonter, de jeter tout leur lest et jusqu'à leurs vêtements; Jeffries jeta à la mer son pavillon, mais Blanchard ne voulut pas abandonner le drapeau de la France, qui continua à flotter seul triomphalement sur la mer.

La nouvelle invention eut bientôt ses martyrs. Le 15 juin de la même année, PILATRE DE ROZIER et ROMAIN voulurent renouveler la tentative de Blanchard; mais Pilâtre commit l'imprudence folle d'employer en même temps pour gonfler le ballon le réchaud de Montgolfier et le gaz inflammable de Charles. « C'était, dit Charles, mettre un réchaud sous un baril de poudre. » Le ballon prit feu, et les deux malheureux, précipités du ciel, se brisèrent sur les rochers de Boulogne.

Dix ans plus tard, la Révolution fit de la nouvelle invention une arme nouvelle au service de la liberté et de la République. Sur l'avis d'une commission de savants, la Convention organisa une compagnie d'*aérostiers* [1], qui fit partie de l'armée de Sambre-et-Meuse. L'aéronaute [2] COUTELLE, qui commandait cette compagnie, contribua pour une large part à la victoire de Fleurus [3], en observant du haut des airs, dans un ballon captif, les mouvements des ennemis, et en comptant leurs forces : il renvoyait aux généraux français les renseignements qu'il recueillait du haut du ciel, au moyen de billets attachés à des sacs de sable qu'il jetait à terre.

Mais c'est surtout pendant le siège de Paris, en 1870, que la grande invention française rendit de grands services à la patrie. Les ballons furent le seul moyen de communication entre Paris et le reste de la France. Du 23 septembre 1870 à la fin de janvier 1871, cinquante-deux ballons partirent de Paris, emportant les dépêches du gouvernement, les correspondances des particuliers, et parfois des préfets, des ministres, des généraux qui se rendaient à leur poste. Ils emportaient aussi ces fameux pigeons voyageurs, qui revenaient ensuite de la province dont ils rapportaient au cou les réponses : c'étaient les seuls amis et les seuls consolateurs, qui, dans toute la durée du siège, aient pu pénétrer dans la pauvre et héroïque cité.

Parmi les vaillants aéronautes, qui, par-dessus le feu des canons prussiens, franchirent les lignes ennemies, tous n'arrivèrent pas à leur but. Un ballon, *La Ville d'Orléans*, monté par deux marins, était parti de

1. *Aérostier* signifiait *celui qui dirige un aérostat;* le mot *aérostat* est formé de deux mots grecs qui signifient : *ce qui se tient dans l'air.*

2. *Aéronaute* est formé de mots grecs signifiant *marin de l'air.*

3. La victoire de Fleurus, remportée par Jourdan sur les Autrichiens, nous rendit la Belgique, perdue en 1793 (26 juin 1794).

nuit pour éviter les boulets prussiens; il fut emporté par les vents au-dessus de la mer. Des heures entières il courut avec une rapidité effrayante au-dessus des vagues, qui s'étendaient à perte de vue. Les aéronautes, pensant que tout était fini, lancèrent un pigeon voyageur qui revint en France avec cette dépêche : « *Nous sommes perdus. Vive la France!* » Enfin, ils aperçoivent la terre au-dessous d'eux, ils rasent des cimes d'arbres, ils descendent le long de la corde qui pend du ballon, et se jettent à terre où ils tombent évanouis. Revenus à eux, ils se trouvent sur la neige; des loups viennent les flairer et passent. Ils se traînent sur la neige, mourant de faim, pendant cinq heures; ils arrivent enfin à une cabane de bûcherons : « Où sommes-nous? » demandent-ils; les paysans les regardent avec étonnement, ne comprenant pas leur langue. Un bûcheron ayant tiré par hasard de sa poche une boîte d'allumettes, l'un des Français lit sur la boîte *Christiania*. Ils étaient en Norvège; en quinze heures, ils avaient fait plus de trois cents lieues et traversé toute la mer du Nord.

Les bûcherons conduisirent les deux Français dans un petit village voisin, où se trouvait un ingénieur qui parlait français. Dès ce moment, leur route en Norvège fut un triomphe continuel : les hommes du Nord ont toujours aimé la France depuis le temps de Richelieu qui s'allia avec eux, et à l'admiration qu'inspiraient les aventures et le courage des deux hommes, s'ajoutait la sympathie pour notre pays. On retrouva sur la côte leurs sacs de dépêches, leurs instruments et quelques pigeons qui avaient survécu.

Non moins héroïques, mais moins heureux, furent le pauvre marin PRINCE et le soldat LACAZE, qui partirent, l'un, le 30 novembre, sur le *Jacquard*, l'autre, le 27 janvier 1871, sur le *Wallace*, et dont on n'a plus entendu parler. On sait seulement que le *Jacquard* périt en mer : on retrouva le sac de dépêches de Prince sur la côte de France : le brave marin, se voyant entraîné vers l'Océan, avait jeté, au moment d'abandonner pour toujours la terre de France, les lettres qui lui étaient confiées et qui, ramassées par les paysans, arrivèrent à leur adresse; puis, ayant accompli sa tâche, il était allé périr dans les flots[1].

En temps de paix, des savants s'exposèrent pour le progrès de la science aux mêmes périls que bravaient les patriotes pour le salut de la patrie. En 1805, le grand chimiste GAY-LUSSAC s'éleva à 7,000 mètres de hauteur, dans des régions où la respiration est presque impossible, tant l'air y est rare; le sang lui coulait par le nez et par les oreilles : c'était afin d'étudier la composition de l'atmosphère et des nuages, et la direction des vents, et de rapporter aux hommes des nouvelles d'un monde inconnu. Il traversa des glaçons suspendus dans l'air, et vit des orages éclater à des milliers de mètres au-dessous de lui : il était si haut que la foudre, pour le frapper, aurait dû remonter. Le savant qui le premier se risquait ainsi, seul, non pour la gloire, mais pour le seul plaisir d'apprendre et de découvrir, a au moins autant de droit au titre de héros que ceux qui la même année remportaient la victoire d'Austerlitz.

A présent, il ne se passe point d'année chez nous que quelque savant ne monte là-haut et n'en rapporte quelque connaissance nouvelle. Mais plus d'un a payé de sa vie son dévouement à la science.

En 1875, la catastrophe du ballon le *Zénith* vint attrister tous ceux qui en France et dans l'Europe aiment

1. En décembre, M. LOUIS DE MONTCHAMPS, montant l'*Armée de l'Est*, tomba près de Saumur, se brisa les côtes, et, après avoir porté ses dépêches à Tours, mourut de ses blessures.

la science et admirent le courage. Trois aéronautes montaient le *Zénith* : ils voulaient s'élever aussi haut qu'il serait possible, et comme la cause qui avait arrêté leurs devanciers était l'absence d'air et l'impossibilité de respirer dans les régions supérieures de l'atmosphère, ils emportaient des ballonnets d'oxygène[1] dont ils aspiraient le gaz quand l'air commençait à leur manquer. Une première fois, ils s'étaient élevés de nuit à 7,400 mètres, et avaient fait le trajet de Paris à Arcachon en vingt-deux heures : tout s'était passé sans accident. Ils recommencèrent le 16 avril 1875 : partis à onze heures du matin, ils étaient à deux heures à 8,000 mètres de haut. Mais l'ascension avait été trop rapide, ils n'eurent pas le temps d'habituer leurs poitrines au changement de pression, et sentant qu'ils tombaient asphyxiés, ils ouvrirent la soupape pour faire échapper le gaz et redescendre ; le ballon redescendit alors avec une rapidité effrayante. Craignant de se briser contre la terre, un aéronaute jeta un poids énorme de quarante kilogrammes, et le ballon remonta avec une vitesse prodigieuse dans des régions plus hautes encore que celles où il s'était déjà élevé. A trois heures quinze minutes, un des trois voyageurs, revenant d'un évanouissement, vit ses deux compagnons étendus dans la nacelle et sans vie. Ces deux martyrs de la science se nommaient SIVEL et CROCÉ-SPINELLI. Paris leur fit de splendides funérailles et leur éleva un monument, et leur nom est inscrit au livre d'or de ceux qui ont donné leur vie pour une noble cause.

Malgré tant de victimes, il se trouvera toujours de nouveaux volontaires pour tenter l'aventure. Une grande

1. L'air est composé de deux gaz : l'un appelé *oxygène* et l'autre *azote*. C'est l'oxygène qui entretient la vie ; l'azote ne sert qu'à tempérer l'action de l'oxygène qui, sans cela, serait trop active : c'est comme de l'eau mise dans le vin.

découverte reste à faire, c'est le moyen de diriger les ballons : car ce jour-là seulement l'air nous appartiendra réellement, et le monde sera bien tout entier à l'homme : ce jour-là il n'y aura plus d'océans ni de déserts qui puissent nous arrêter. Beaucoup disent que ce moyen ne se trouvera jamais, et se raillent de ceux qui le cherchent : mais il y a un siècle à peine que les ballons sont découverts et vraiment c'est s'y prendre bien tôt pour désespérer. Le premier jour où l'homme s'abandonna au courant de la rivière, sur un radeau, pensait-il qu'un jour viendrait où il ferait de sa planche de bois tout ce qu'il voudrait et pourrait la diriger à travers les mers infinies, vers le point qu'il choisirait, au milieu des vents et des orages ? Un jour viendra où l'aéronaute gouvernera sa barque à travers les airs, aussi sûrement qu'un marin qui gouverne son navire : n'en doutez pas, et espérons que ce sera le génie d'un Français qui achèvera œuvre commencée par le génie et l'audace des Français.

LVIII. — Poètes français.

Les poètes de la France sont une de ses plus belles gloires. Il serait trop long d'énumérer tous ceux qu'elle a produits : je vous en citerai quelques-uns seulement.

Le plus ancien de tous, et c'est un des plus grands, est l'auteur de cette *Chanson de Roland* dont je vous ai déjà parlé [1]. Son nom est resté inconnu : mais c'était un bon Français, et quoiqu'il ait vécu il y a bien longtemps, on dirait, à le lire, qu'il a vécu hier, car il adorait les mêmes choses que nous, et il parle de la France presque dans les mêmes termes qu'en parlait, en 1794, le poète

1. Lecture IV, page 14.

Chénier, quand il composait le *Chant du départ*. Quand vous lisez ces mots, écrits il y a mille ans : « Nous devons tenir ici pour la France ! car pour elle tout Français doit souffrir ; pour elle il doit endurer les chauds « et les froids, perdre de son sang et de sa chair, et « frapper de grands coups, afin que l'on ne chante pas « de mauvaises chansons contre lui » ; ne vous semble-t-il pas entendre le refrain de la belle chanson républicaine :

La République nous appelle :
Sachons vaincre ou sachons mourir !
Un Français doit vivre pour elle,
Pour elle un Français doit mourir !

La France a produit au XVIIe siècle bien des écrivains de génie qui seront son éternel honneur : Pascal et Molière, Racine et La Fontaine, Bossuet et Fénelon, La Bruyère et Saint-Simon, et tant d'autres encore : mais le plus noble de tous est peut-être CORNEILLE[2], parce qu'il a toujours représenté les hommes tels qu'ils devraient être, et que tout ce qu'il a écrit nous parle du devoir, de l'honneur et de la patrie.

Une de ses plus belles pièces est intitulée *Horace*. En voici le sujet : la guerre ayant éclaté entre Rome et Albe, deux peuples voisins et parents, ils ont convenu de terminer la guerre par un combat singulier entre trois champions choisis par les deux partis : Rome choisit trois frères, les Horaces ; Albe choisit trois frères, les Curiaces : la ville dont les champions seront vaincus se soumettra à l'autre. Le père des Horaces apprend que deux

1. Voir plus haut, page 17.
2. Pierre Corneille, né à Rouen en 1606, auteur de quatre chefs-d'œuvre, le *Cid*, *Horace*, *Cinna*, *Polyeucte*, mort dans la misère en 1684.

de ses fils ont été tués et que le troisième a pris la fuite devant les Curiaces : il le flétrit et le maudit. On veut excuser son fils :

Que vouliez-vous qu'il fît contre trois?

— *Qu'il mourût !* s'écrie l'héroïque vieillard.

Montesquieu a dit que les républiques ne peuvent subsister que par la vertu : aussi Corneille est le vrai poète de la République, et une fois, en 1792, la scène que le vieux poète avait imaginée fut un événement réel à la Convention. C'était après la capitulation de Longwy, qui avait ouvert ses portes aux Prussiens sans résistance [1]. Les officiers et soldats du bataillon des Ardennes envoyèrent à la Convention une adresse où ils essayaient d'expliquer et de justifier l'abandon de la ville : le gouverneur qui était royaliste avait désorganisé la défense, les remparts n'étaient pas en état, on n'avait ni provisions, ni munitions, ni chefs ; et ils terminaient leur adresse en disant : « Que pouvions-nous faire ? » Un cri unanime s'éleva de toute l'Assemblée : « Mourir ! »

MOLIÈRE est notre premier poète comique. Nul n'a jamais raillé avec plus de verve et de vérité les ridicules de son siècle. Vivant dans un temps où la noblesse était tout, il a osé livrer à la risée du public ces gentilshommes, qui se figuraient être de grands personnages parce qu'ils étaient nobles et avoir de l'esprit parce qu'ils avaient un titre. On dit encore aujourd'hui *un marquis de Molière*, pour désigner un sot de grande famille. Son chef-d'œuvre est le *Tartufe*, qui est la pièce la plus courageuse qui ait jamais été jouée en France : car il s'attaquait là à l'ennemi le plus redoutable et le plus implacable : l'hy-

1. Voir page 179.

pocrisie religieuse. Au temps de Molière, comme le roi était bigot, les courtisans jouaient à la piété, et beaucoup se couvraient du manteau respecté de la religion pour satisfaire les passions les plus viles. Molière osa les démasquer et les flétrir, et venger ainsi la grande vertu française, la *franchise*.

Notre siècle a été fécond en grand poètes. Les deux plus illustres sont LAMARTINE et VICTOR HUGO. Une chose à remarquer, c'est que l'un et l'autre étaient nés royalistes, et que peu à peu, par l'ascendant de la raison et du cœur, ils sont devenus les poètes de la démocratie et de la République. C'est que, dans notre temps, la grandeur des idées proclamées par la Révolution est si éclatante et si invincible, que tous les nobles cœurs, tous les grands esprits des anciens partis, se sentent honorés de venir à elle. Mais la France doit être éternellement reconnaissante à ces poètes, parce que, grâce à eux, la fusion des classes s'est faite, les vieilles divisions se sont effacées, l'unité de la patrie s'est rétablie, et la France est devenue une grande famille, plus unie et plus serrée qu'elle ne le fut en aucun temps.

Lamartine, après avoir chanté dans sa jeunesse la royauté légitime, travailla quand il fut homme au triomphe de la démocratie. Il est le premier qui fit comprendre à la France toute la grandeur de la première République, par son *Histoire des Girondins*. Ce beau livre convertit tant de cœurs aux principes de la Révolution, que quelques années après, en 1848, quand tomba le gouvernement du roi Louis-Philippe, la République fut proclamée spontanément sur toute l'étendue de la France, et Lamartine, nommé représentant du peuple par dix départements, fut pendant trois mois le chef réel de la République. Grand poète, grand orateur, grand citoyen, il eut la douleur de se survivre à lui-même, et mourut en 1869, dans l'oubli et presque dans la misère.

Le nom de Victor Hugo est connu, non seulement de la France, mais du monde. Fils d'une mère vendéenne, il fut royaliste dans son enfance; puis, voyant la démocratie persécutée, il passa au parti des faibles, des pauvres, des proscrits. Il resta vingt ans exilé pour la cause de la liberté[1], et il soutint le courage de la France en flétrissant le crime et en prédisant le triomphe prochain du droit et de la justice, dans un poème intitulé les *Châtiments*, qui est l'œuvre la plus éloquente et la plus belle de la poésie française.

Nul n'a chanté comme lui la grandeur de la France, l'héroïsme des hommes de la Révolution et les beautés de la clémence, du pardon, de la fraternité. Aussi, de son vivant, il est déjà sacré et immortel, comme un grand homme des temps anciens. Le 25 février 1881, soixante-dix-neuvième anniversaire de sa naissance, le peuple de Paris et les délégations des départements et de l'étranger vinrent apporter au poète national les vœux de la patrie : la rue où il habite reçut son nom, et une souscription fut ouverte pour lui ériger une statue de son vivant. Le peuple de France sait, en effet, que la reconnaissance est la première vertu des peuples comme elle est la première vertu des particuliers, et une nation s'honore en honorant ses grands hommes [2].

1. Après le coup d'État du 2 décembre 1851.

2. Victor Hugo est né en 1802 à Besançon; il se mit au premier rang de nos poètes dès l'âge de dix-huit ans. Ses principaux chefs-d'œuvre sont, dans la poésie: les *Odes et Ballades*, les *Chants du crépuscule*, les *Feuilles d'automne*, les *Orientales*, la *Légende des siècles*, les *Châtiments*, l'*Année terrible* (poésies sur les événements de 1870-1871); au théâtre : *Hernani*, *Ruy Blas*, les *Burgraves*; dans le roman, *Notre-Dame de Paris*, les *Misérables*, *Quatre-vingt-treize*. Dans la vie politique, il fut membre de la Chambre

LIX. — Histoire du Drapeau français.

Puisque tous les Français sont frères, il leur faut un signe de ralliement auquel ils puissent se reconnaître : c'est le drapeau. Quand le soldat dans la bataille est égaré, il regarde où flottent les trois couleurs, et il y court, se disant : « C'est là qu'est la France; c'est là que mes frères luttent, vainquent ou meurent pour elle; c'est là que je dois lutter, vaincre ou mourir pour elle. » Le marin qui traverse les mers immenses, à mille lieues de sa patrie, voyant au loin flotter un pavillon tricolore, frémit de joie et se dit : « Voici la patrie qui passe. »

Le drapeau français a changé plusieurs fois de couleur. Au commencement du moyen âge, il était rouge ; ce drapeau avait été donné par un pape à Charlemagne, il était conservé à l'abbaye de Saint-Denis, et on l'appelait, à cause de sa couleur, l'oriflamme, c'est-à-dire la flamme ou banderole d'or. On l'abandonna à la fin des guerres contre les Anglais, parce que l'oriflamme avait été prise à la défaite honteuse d'Azincourt, et parce que les Anglais avaient un drapeau de la même couleur.

Comme le rouge est la couleur du sang, le drapeau rouge ne reparut que dans les temps de guerre civile. Pendant les guerres de religion, les catholiques prirent l'écharpe rouge comme signe de ralliement, et à la Saint-Barthélemy, les massacreurs portaient cet emblème avec une croix blanche. C'était aussi le drapeau que l'on arborait pour proclamer la *loi martiale*, c'est-à-dire

des Pairs sous Louis-Philippe, représentant du peuple de 1849 à 1851, exilé de 1851 à 1870, représentant du peuple en 1871, sénateur de Paris en 1875.

pour annoncer en temps de trouble que l'on allait employer la force armée. C'est pour toutes ces causes que le drapeau rouge est en horreur à la France.

Le drapeau rouge fut remplacé, vers la fin de la guerre de Cent ans, par un drapeau bleu. Plus tard, durant les guerres de religion, comme les protestants avaient pris l'écharpe blanche, le drapeau blanc devint le drapeau national, quand leur chef, Henri IV, devint roi de France. Il le méritait en ce moment, puisqu'il avait abrité les défenseurs de la liberté religieuse, et vaincu les soldats du fanatisme et de la persécution. Beaucoup de belles choses, qui furent dignes de la France, se firent à son ombre, et il flottait sur les navires qui portèrent en Amérique La Fayette et les volontaires français, dont le courage allait sauver et affermir la grande république américaine. Aussi, quand la Révolution éclata, elle ne supprima pas le drapeau blanc : elle ne voulait pas ôter de ses étendards les couleurs qui avaient guidé nos ancêtres à Ivry, à Rocroy, à Fontenoy, à York-Town, à tant de belles et glorieuses victoires que la France n'oubliera jamais. Elle supprima seulement les fleurs de lys, qui étaient le signe de la famille royale, et joignit à l'ancienne couleur les couleurs du peuple affranchi, le rouge et le bleu. Voici comment se fit ce grand changement.

Le 13 juillet, à la veille de la prise de la Bastille, le peuple, se préparant à la lutte du lendemain, avait arboré la cocarde parisienne, qui était rouge et bleue[1]. Le 16 juillet, le conseil municipal de Paris, pour marquer l'affranchissement de la France, ajouta à la couleur blanche qui était celle de la France ancienne, les deux couleurs qui venaient d'emporter la Bastille et de

1. C'était la cocarde qu'avait arborée cinq siècles auparavant le grand prévôt des marchands, Étienne Marcel.

détruire le despotisme. Ainsi naquit la cocarde tricolore. C'est ce jour-là que le général La Fayette, présentant la cocarde tricolore à la garde nationale, prononça ces paroles prophétiques : « Prenez cette cocarde tricolore : elle fera le tour du monde. »

La cocarde tricolore fut aussitôt adoptée dans toute la France, comme le signe de ralliement de tous les amis de la liberté, de tous les défenseurs des droits du peuple. Le 30 juin 1791, l'Assemblée nationale vota que le drapeau serait également tricolore. La disposition des couleurs était en partant de la hampe : rouge, blanc et bleu. La Convention nationale, en 1793, établit la disposition actuelle : le bleu à la hampe, le blanc au centre, le rouge flottant dans les airs.

Le drapeau tricolore, comme l'avait prédit La Fayette, fit le tour du monde, parce qu'il portait dans ses plis les principes de liberté et de droit, et en une seule année, l'an II de la République, on le vit flotter à la fois en Italie, en Belgique, en Hollande et en Allemagne, partout acclamé par les peuples, auxquels il apportait l'espérance de la justice.

Quand les Bourbons revinrent, ramenés par l'étranger, ils abolirent le drapeau tricolore et rétablirent le drapeau blanc fleurdelisé, qui n'avait plus rien de commun avec la France, puisque ceux qui le portaient s'étaient battus contre elle dans les rangs de l'ennemi. Le drapeau tricolore reparut en 1830 avec la liberté : il est toujours resté depuis le drapeau de la France.

En 1848, des exaltés eurent l'étrange idée d'exiger que le drapeau tricolore fût remplacé par le drapeau rouge, et ils vinrent assiéger l'Hôtel de Ville en criant : « Le drapeau rouge ! » Le membre le plus illustre du gouvernement provisoire, Lamartine, le grand poète et le grand orateur, sortit de l'Hôtel de ville, parla à la foule menaçante pendant quatre heures, la maîtrisa par le charme de l'éloquence et l'ascendant de la raison et du patriotisme, et enfin, rappelant le massacre du Champ de Mars de 1791[1], il s'écria : « Je repousserai jusqu'à la mort ce drapeau de sang, parce que le drapeau rouge que vous rapportez n'a jamais fait que le tour du Champ de Mars et trempé dans le sang du peuple en 1791 et en 1793, et le drapeau tricolore a fait le tour du monde avec le nom, la gloire et la liberté de la patrie ». A ces mots, une immense acclamation s'élève de toutes les bouches : « Vive le drapeau tricolore! » Le drapeau aux trois couleurs resta donc le drapeau de la France, et il le restera tant qu'il y aura une France républicaine, tant que nous aurons une mémoire pour nous rappeler les gloires de la Révolution et de la République, les hommes de la Constituante et les héros de la Convention.

Le drapeau français est comme un catéchisme patriotique écrit avec des couleurs.

Il a trois couleurs pour nous rappeler nos trois dogmes : liberté, égalité, fraternité.

Le rouge qui pend à terre nous rappelle que nous devons toujours être prêts à laisser couler notre sang pour la patrie. Le blanc est la couleur de la pureté, et il nous dit : « Soyez purs et sans tache; c'est-à-dire, soyez sans haine et sans envie, sans aucun des sentiments bas qui dégradent et qui souillent l'âme. » Enfin, le bleu qui est au sommet du drapeau est la couleur du ciel au-dessus de nos têtes, et il nous rappelle que nous devons toujours avoir le front haut, l'âme haute, que nous de-

1. Au mois de mai 1791, Louis XVI s'étant enfui à Varennes, une partie du peuple vint au Champ de Mars signer une pétition pour la déchéance du roi : l'autorité arbora le drapeau rouge et fit feu sur la foule.

vons toujours élever nos cœurs et dire pour la France : *Plus haut! toujours plus haut!*

LX. — Les destinées de la France.

La nation française est la nation d'Europe qui a eu la plus longue existence, car il y a déjà plus de vingt-cinq siècles qu'elle fait parler d'elle dans le monde, et pourtant elle est aujourd'hui encore aussi pleine de jeunesse et de vie qu'aux temps de Roland ou de Jeanne d'Arc. Bien des fois la France a semblé près de périr, et chaque fois elle a reparu plus grande, plus belle et plus vivante.

Vers l'an 1420, les Anglais étaient maîtres de la France par la force des armes et en vertu d'un traité en forme : à ce moment-là, une petite paysanne de Lorraine sortit de son village, chassa les plus redoutables capitaines de l'Angleterre, et il ne resta d'Anglais en France que ceux qui y périrent.

Deux siècles plus tard, les guerres civiles et religieuses qui déchiraient et déshonoraient la France l'avaient ouverte aux Espagnols, qui tenaient garnison à Paris, et une fille du roi d'Espagne Philippe II allait monter sur le trône de France. L'héroïsme de quelques patriotes sauva le pays, et quelques années après, la France, sous Henri IV, était l'arbitre de l'Europe, tandis que Philippe II mourait désespéré, léguant à l'Espagne la banqueroute et la ruine.

Louis XIV, par ses guerres de conquête insensées, avait amené la France à deux doigts de sa perte et l'Europe coalisée allait partager la France, quand la victoire de Villars à Denain (1712) brisa la coalition, et la paix, au lieu de se faire à Versailles, se fit sur la terre allemande.

En 1792, l'Autriche, la Prusse, l'Angleterre, la Russie, l'Italie, l'Espagne, la Hollande, toute l'Europe en armes fondait sur la France sans armée et déchirée par la guerre civile : trois ans après, la Prusse et l'Espagne imploraient la paix, et la République française s'étendait jusqu'au Rhin et jusqu'aux Alpes. Un de nos grands poètes, Auguste Barbier[1], comparant la France, au moment de la Révolution, à un vieux vaisseau battu par la tempête et désemparé, a dit :

Un jour que de l'État le vaisseau séculaire[2],
Fatigué trop longtemps du roulis populaire[3],
Ouvert de toutes parts, à demi démâté[4],
Sur une mer d'écueils[5], sous des cieux sans étoiles[6],
Au vent de la Terreur qui déchirait ses voiles,
S'en allait échouer la jeune Liberté[7] :

Tous les rois de l'Europe, attentifs au naufrage,
Tremblèrent que la masse, en heurtant leur rivage,
Ne mît du même choc les trônes au néant[8] ;
Alors, comme forbans[9] qui guettent une proie,
On les vit tous s'abattre, avec des cris de joie,
Sur les flancs dégarnis du colosse flottant[10].

Mais lui, tout mutilé des coups de la tempête,
Se dressa sur sa quille, et, relevant la tête,

1. Né à Paris en 1805.
2. *Séculaire*, qui a duré des siècles.
3. Les soulèvements populaires avaient usé l'État, comme le roulis use le navire.
4. Tous les services étaient désorganisés.
5. Au milieu de mille dangers.
6. Sans ressources et sans espérances.
7. La Liberté, née tout récemment (en 1789), allait périr dans l'orage de la Terreur.
8. Ils craignirent que la Révolution française ne se propageât chez eux et ne détruisît leurs trônes.
9. Comme des pirates.
10. Toute l'Europe coalisée s'abattit sur la France désorganisée.

Hérissa ses sabords d'un peuple de héros[1].
Et, rallumant soudain ses foudres désarmées[2],
Comme un coup de canon lâcha quatorze armées,
Et l'Europe à l'instant rentra dans son repos.

Rarement la France était tombée aussi bas qu'en 1871. Ayant commis la faute impardonnable d'abandonner sa liberté et de se soumettre au pouvoir absolu d'un seul homme[3], elle expia son erreur par des désastres sans nom, où elle faillit s'engloutir à tout jamais. Deux provinces perdues, une contribution de guerre de cinq milliards, une dette de quinze milliards, une guerre civile atroce, des discordes qui durèrent quatre années entières, tel fut le châtiment de la France. Et pourtant aujourd'hui elle compte encore dans le monde ; et dix ans à peine après l'année terrible, en 1881, elle était le pays le plus riche de l'Europe, le seul qui jouît d'une tranquillité intérieure absolue et celui qui avait le moins d'inquiétude pour l'avenir. C'est que la République avait établi la LIBERTÉ, fondé le règne de la LOI, et que chacun avait travaillé honnêtement et essayé de devenir plus sage et meilleur, afin de faire estimer la France et de lui rendre sa force.

Oui! La France est indestructible, et la justice éternelle veille sur elle, parce que de toutes les nations, c'est celle qui a fait le plus pour la justice. Un poète anglais a dit que la France est « le soldat de Dieu », ce qui veut dire que, quand il se produit une de ces choses divines et surhumaines par lesquelles le droit gagne dans le

1. Les volontaires de 92 et les soldats de l'an II.
2. Ses canons éteints et sans poudre.
3. Napoléon III, né en 1808, mort en 1873. Il se rendit maître de la France par un coup de force le 2 décembre 1851, et la lança dans une foule d'aventures, dont la dernière, la guerre de 1870, faillit perdre la France.

monde, la France est au premier rang. C'est en France qu'ont paru les deux plus grandes choses qui aient jamais paru sur terre, JEANNE D'ARC et la RÉVOLUTION. Vous devez en être heureux et en être fiers; mais vous devez aussi et avant tout comprendre les devoirs que le passé vous impose. Vous devez être dignes des grands Français qui vous ont précédés, afin que ceux qui viendront après vous puissent, à leur tour, vous être reconnaissants et être fiers de vous. Pour cela, il faut que vous fassiez de votre âme comme un temple dont votre pays sera le dieu, et où vous ne laisserez entrer que des pensées de justice, de dévouement, de raison et de fière obéissance à la loi. Il faut que dans toutes les circonstances douteuses où vous hésitez sur le parti à prendre, vous vous décidiez en vous demandant : « Quel est le parti le plus noble? » Il faut que vous vous disiez toujours : « Je veux agir de façon à faire honneur au nom de Français; » enfin, dans quelque situation que le hasard vous ait placés, riches ou pauvres, quelle que soit votre profession, ouvriers, commerçants, laboureurs, soldats ou savants, il faut que vous ne laissiez pas passer un jour sans travailler à vous rendre meilleurs, plus dignes de vivre en République, et plus capables de rendre service et de faire honneur à la France.

FIN DE LA TROISIÈME PARTIE.

TABLE DES MATIÈRES

PREMIÈRE PARTIE

Depuis les Origines jusqu'à Jeanne d'Arc.

DEUXIÈME PARTIE

Depuis Jeanne d'Arc jusqu'à la Révolution.

TROISIÈME PARTIE

Depuis la Révolution jusqu'à nos jours.

FIN DE LA TABLE DES MATIÈRES

PARIS. — IMP. P. MOUILLOT, 13-15, QUAI VOLTAIRE. — 25340.

A LA MÊME LIBRAIRIE

TABLEAUX D'HISTOIRE DE FRANCE

Précis de la Révolution française, par J. MICHELET. 1 vol. in-12 avec carte, br. .... 4 »

Tableaux d'histoire de France, d'après nos premiers artistes, et avec des compositions nouvelles, par MM. PERRODIN, BARON et MASSIAS. 24 sujets format petit carré : 0m50 sur 0m40.

Prix de la collection, en noir .... 7 »

— — coloriée avec le plus grand soin... 25 »

Les 24 feuilles, collées sur toile, vernies, montées sur gorge et rouleau, formant un grand tableau, se payent en sus 18 »

— collées sur 24 cartons, se payent en sus.......... 18 »

— montées sur onglets, en deux cahiers de chacun 12 sujets, se payent en sus.......... 1 50

Les Druides coupant le gui. — Vercingétorix se rendant à César. — Sainte Geneviève soutenant le courage des Parisiens. — Clovis à la bataille de Tolbiac. — Charles Martel à la bataille de Tours. — Charlemagne reçoit la soumission de Witikind. — Eudes fait lever le siège de Paris. — Les Communes. — La Chevalerie. — Prise de Jérusalem par les Croisés. — Saint Louis rendant la justice sous un chêne. — Mort de Duguesclin. — Philippe-Auguste et les milices des communes à la bataille de Bouvines. — Sacre de Charles VII à Reims. — Entrée de Charles VIII à Naples. — Bataille de Marignan : François Ier armé chevalier par Bayard. — Entrée de Henri IV à Paris. — Richelieu à la Rochelle. — Bataille de Rocroy. — La Fronde : Journée des Barricades. — Louis XIV et son siècle. — Bataille de Fontenoy. — Ouverture des États généraux. — Le vaisseau *le Vengeur*.

— Notice explicative des tableaux avec un questionnaire sur chaque sujet. Brochure in-12, contenant 24 vignettes reproduisant les tableaux.......... » 75

Tableau-image d'histoire de France, réduction des précédents, 24 sujets de 0m22 sur 0m16, formant un tableau de 1m20 sur 0m90.

Prix, en noir.......... 2 »

Colorié.......... 7 »

Le collage sur toile, avec vernissage et montage sur gorge et rouleau, se paye en sus.......... 5 »

Nos gloires nationales, grands hommes et grandes journées. Ouvrage reproduisant les 24 sujets ci-dessus, coloriés, avec un texte en regard et une couverture coloriée. in-4, cart. .... 3 »

Cartonné en percaline, titre doré sur le plat.......... 4 »

PARIS. — IMP. P. MOUILLOT, 13-15, QUAI VOLTAIRE. — 25502

www.ingramcontent.com/pod-product-compliance
Ingram Content Group UK Ltd.
Pitfield, Milton Keynes, MK11 3LW, UK
UKHW020439200726
13857UKWH00002B/495

9 782012 895867